Lieber Flo,

viel Spaß beim Schmökern
und dass Du bald
Dein eigenes "Werk"
in den Händen hälst.
Fühlt sich nämlich sehr
gut an :)

Viele Grüße
Cars

Schriftenreihe

Schriften zur Arbeits-, Betriebs- und Organisationspsychologie

Band 65

ISSN 1611-2806

Verlag Dr. Kovač

Lars Borgmann

Führung mit Kick

Transaktionale und transformationale Führung
im professionellen Fußball

Verlag Dr. Kovač

Hamburg 2013

VERLAG DR. KOVAČ GMBH
FACHVERLAG FÜR WISSENSCHAFTLICHE LITERATUR

Leverkusenstr. 13 · 22761 Hamburg · Tel. 040 - 39 88 80-0 · Fax 040 - 39 88 80-55

E-Mail info@verlagdrkovac.de · Internet www.verlagdrkovac.de

Bibliografische Information der Deutschen Nationalbibliothek
Die Deutsche Nationalbibliothek verzeichnet diese Publikation
in der Deutschen Nationalbibliografie;
detaillierte bibliografische Daten sind im Internet
über http://dnb.d-nb.de abrufbar.

ISSN: 1611-2806

ISBN: 978-3-8300-6919-5

Zugl.: Dissertation, Technische Universität Dortmund, Fakultät Humanwissenschaften
und Theologie, 2012

© VERLAG DR. KOVAČ GmbH, Hamburg 2013

Danksagung

„Ich sage nur ein Wort: Vielen Dank"
(Horst Hrubesch, deutscher Fußballspieler und Trainer)

An dieser Stelle möchte ich mich Horst Hrubesch anschließen, wobei ich mich nicht auf ein Wort beschränken will. Ich bedanke mich bei all den Menschen, die mich auf meinem Weg zur Promotion begleitet haben.

Zuerst möchte ich ganz herzlich Prof. Dr. Frank Lasogga danken, der sich unbürokratisch und spontan entschieden hat, mich bei der Fertigstellung dieser Arbeit zu unterstützen.

Mein weiterer Dank gebührt Prof. Dr. Jens Rowold, dass er mich bei der Wahl dieses unkonventionellen Themas großzügig unterstützt hat und mir stets mit inspirierenden Anregungen zur Seite stand.

Ganz großer Dank gilt den beteiligten Sportjournalisten und Fußballvereinen der Ersten und Zweiten Bundesliga. Deren Einschätzungen des Führungsstils der Trainer bilden die empirische Basis der vorliegenden Arbeit.

Vor allem sind an dieser Stelle meine Kollegen Carolin Abrell, Kai Bormann, Susanna Krisor und Claudia Krüger zu nennen. Der freundschaftliche Umgang und Zusammenhalt sowie die fachlichen Anregungen haben die Erstellung dieser Arbeit enorm gefördert.

Den größten Einfluss haben sicherlich meine Eltern, die mir über all die Jahre zur Seite gestanden haben und mich in jeder erdenklichen Situation, ohne zu zögern, unterstützt haben.

Zuletzt möchte ich Judith Schröder danken, die mir immer zur Seite steht, mir zuhört und mich stets motiviert und antreibt.

Inhaltsverzeichnis

x

Tabellenverzeichnis

Abbildungsverzeichnis

1 Einleitung

„Fußball ist wie Schach – nur ohne Würfel"
(Lukas Podolski, deutscher Fußballspieler)

Auch wenn diese Lukas Podolski zugeschriebene Aussage sicherlich nicht in allen Punkten der Wirklichkeit entspricht, weist sie doch auf einen wesentlichen Aspekt des Mannschaftssportes hin. Ähnlich dem Schachspieler ist der Trainer für Spielzüge, Strategien und Ziele verantwortlich und nimmt so entscheidend Einfluss auf den Erfolg im Spiel. Während aber im Schach die Aufgaben des Spielers und sein Beitrag zum Erfolg offensichtlich und klar definiert sind, ist die Rolle des Trainers im Fußball eine ungleich umfassendere und schwierigere.

Der Trainer stellt im Sport neben den Athleten die zentrale Person dar und ist in hohem Ausmaß entscheidend für Erfolg oder Misserfolg der betreuten Athleten (Brand, Schmidt, Klinger, Ranze & Wieneke, 2000, S.17). Er steht in der Verantwortung für die Entwicklung und Ausprägung der Leistungsfähigkeit und -bereitschaft der ihm anvertrauten Athleten (Ericcson & Hagemann, 2007). In der öffentlichen Wahrnehmung wird bei Mannschaftssportarten vor allem der Trainer als verantwortlich für sportliche Leistung und Erfolg der betreuten Athleten wahrgenommen (Horn, 2007). Besonders bei Misserfolg steht der Trainer in der Verantwortung. Jones (2002) merkt dazu an, dass Trainer „get sacked or hired based on their people's performance" (p. 271). Im englischen Profifußball wurde in der Saison 2004/2005 mehr als die Hälfte aller Trainer vorzeitig entlassen, was die Eigenarten und den Druck des Trainerberufs eindrucksvoll belegt. Die durchschnittliche Beschäftigungsdauer der Trainer bei einem Verein lag dort bei lediglich 2 Jahren (Crust & Lawrence, 2006). In der Ersten Bundesliga benötigten in der

Saison 2009/2010 von 18 Teams neun einen neuen Trainer. In dieser Spielzeit waren bei den 18 Bundesligavereinen insgesamt 30 verschiedene Trainer beschäftigt. Diese Zahlen zeigen, wie sehr die Rolle des Trainers mit der sportlichen Verantwortung verknüpft ist. Die Verantwortung des Trainers geht dabei weit über das rein Sportliche hinaus; als zentrale erfolgskritische Größe steht er ebenso für den ökonomischen Erfolg des Vereins in der Verantwortung. Dabei stellt der professionelle Vereins-fußball in Deutschland einen bedeutenden Wirtschaftsfaktor dar, bei dem der Erfolg direkt von der sportlichen Leistung abhängt (Schroeter, 2009). Die Finanzvolumina der Bundesligavereine liegen bei einem durchschnittlichen Jahresbudget von 85 Millionen Euro (Rehm & Sommerfeld, 2009). Darüber hinaus stellen die Proficlubs einen bedeu-tenden Arbeitgeber dar. In der Saison 2008/2009 waren 10.135 Personen direkt bei den Proficlubs beschäftigt, bei den Tochtergesellschaften waren es 3.574. Die Zahl der indirekt Beschäftigten, also Mitarbeiter von Sicherheits- und Wachdienst, Catering-Firmen, Sanitätsdienst und son-stigen Anbietern, beläuft sich auf 23.235 (DFL Deutsche Fußball Liga GmbH, 2011). Die damit verbundenen Ökonomisierungstendenzen ver-ändern das Verhalten der Akteure und setzen Verantwortliche und Akteure der Vereine unter enormen öffentlichen und internen Druck (Tippenhauer, 2010).

Obwohl sich der Trainer im professionellen Fußball im Zentrum verschiedenster sportlicher und ökonomischer Forderungen befindet, gibt es erstaunlicherweise bislang keine empirischen Studien, die sich mit der Person und speziell der psychologischen Mannschaftsführung des Trainers im professionellen Fußball befassen. Dabei wird von der wis-senschaftlichen Gemeinde die Bedeutung des Trainers und seines Füh-rungsverhaltens für den sportlichen Erfolg einer Mannschaft zunehmend erkannt und in den Blickpunkt des sportpsychologischen Forschungsinteresses gerückt. Es kann als gesicherter Befund gelten, dass der Trainer durch die Art seiner Führung entscheidenden Einfluss auf die von ihm betreuten Athleten, deren Zufriedenheit, Motivation und Leistung hat (Case, 1998; Chelladurai, 1981). Für den Bereich des Sports existieren mehrere Ansätze, die das Führungsverhalten von Trainern erklären (Horn, 2002). Das bekannteste und einflussreichste Modell der Führung im Sport ist das Multidimensional Model of Coach Leadership von Chelladurai (1978; 1990; 1993). Obwohl das Modell seit mehr als 30 Jahren existiert, sind die bislang gefundenen Effekte von Führung auf die Leistung der Athleten uneinheitlich und eher wenig empirisch beforscht.

Dagegen liegen im Vergleich dazu in der organisationalen Führungsforschung zahlreiche Befunde verschiedener Führungsparadigmen vor. Seit Mitte der 80er Jahre werden in der Führungsforschung verstärkt Ansätze der Transaktionalen und Transformationalen Führung diskutiert. Transaktionale Führung ist dadurch gekennzeichnet, dass die Führungskraft vorrangig nach klar definiertem und reguliertem Wertaustausch (Transaktion) mit dem jeweiligen Mitarbeiter (z. B. Leistung gegen Gehalt) strebt und klare Erwartungen formuliert. Transaktionale Führung entspricht dabei der bislang vorherrschenden sportpsychologischen Auffassung von Führung, bei der der Trainer klare Anweisungen und konstruktives Feedback gibt. Transformationale Führung hingegen beschreibt Führung, bei der die Geführten Vertrauen, Respekt, Loyalität und Bewunderung gegenüber der Führungskraft empfinden und dadurch überdurchschnittliche Leistungen erbringen. Transformational Führende erzeugen Begeisterung und Zuversicht und werden als mitreißende Vorbilder wahrgenommen. Der Zusammenhang zwischen Transformationaler Führung und Erfolg konnte für zahlreiche Kriterien wie Zufriedenheit, Motivation oder Commitment in mehr als tausend Studien nachgewiesen werden (Felfe, 2006a).

Erstaunlicherweise wurde der Führungsansatz der Transaktionalen und Transformationalen Führung trotz seiner Prominenz in der Sportpsychologie weitestgehend ignoriert und die oben beschriebenen Variablen wie Vertrauen und Respekt in sportspezifischen Führungsmodellen nicht aufgegriffen. Die Sportpsychologie kann daher eine Vielzahl von Erkenntnissen zur Transformationalen Führung übernehmen und somit das Verständnis von Führung erweitern und vertiefen. Vor allem die Betonung und Erklärung überdurchschnittlicher Leistungen durch Transformationale Führung scheint intuitiv im professionellen Sportkontext gewinnbringend. Obwohl Transformationale Führung bislang eher in organisationalen Kontexten untersucht wurden, entspricht diese Führung dabei den speziellen Führungsverhaltensweisen, die in Sportteams beobachtet werden können. Trotz der vereinzelten Berücksichtigung wird das Paradigma der Transaktionalen und Transformationalen Führung bislang in der sportspezifischen Führungsforschung weitestgehend ignoriert, sodass sich nur wenige empirisch belegte Studien zu diesem Führungsansatz im Sport finden lassen (Rowold, 2006; Yukl, 2007).

Das Ziel der vorliegenden Studie ist die Untersuchung Transaktionaler und Transformationaler Führung im professionellen Fußball. Von Interesse sind dabei Effekte der verschiedenen transaktionalen und transformationalen Führungsstile auf die Leistung und deren Entwicklung bei professionellen Fußballspielern in der Ersten und Zweiten Bundesliga. Beginnend mit der Einstellung des Trainers wird die Leistung der Mannschaft und der Spieler über eine halbe Saison hinweg analysiert. Auf Ebene der Mannschaft wird der Zusammenhang von Transaktionaler und Transformationaler Führung und Erfolg analysiert, auf Ebene der Spieler wird der Effekt der Führung auf die individuelle Leistung der Spieler betrachtet. Um bei der Analyse der individuellen Leistungsdaten das hierarchische Verhältnis von Trainer und Spielern zu berücksichtigen, erfolgt die Auswertung mittels Hierarchisch Linearer Modelle (Raudenbush & Bryk, 2001). Somit verfolgt die Studie zwei Zielsetzungen:

Erstens wird das Führungsparadigma der Transaktionalen und Transformationalen Führung hinsichtlich der postulierten Universalität beziehungsweise Kontextunabhängigkeit (s. Bass, 1997) überprüft. Es wird untersucht, ob sich in einem Leistungssportkontext Effekte auf die Leistung der Geführten – also der Mannschaft und der Athleten – finden lassen.

Das zweite Ziel ist eine Erweiterung des sportpsychologischen Führungsverständnisses und die Ableitung von Handlungsempfehlungen auf Basis Transaktionaler und Transformationaler Führung, da dieses Führungsparadigma bislang auf dem hier untersuchten Forschungsgebiet nahezu ignoriert wurde.

Im folgenden Kapitel wird zunächst auf Führung im organisationalen Kontext eingegangen. Dabei werden zunächst Aktivitäten und Tätigkeiten von Führungskräften detailliert beschrieben und darauf aufbauend verschiedene Definitionen des Führungsbegriffs präsentiert und diskutiert. Abschließend wird dargestellt, wie sich erfolgreiche Führung konstituiert.

Kapitel drei beschreibt die Entwicklung der verschiedenen Führungsansätze und der zugehörigen Führungstheorien. Dabei werden entsprechend der chronologischen Entstehung der Trait-Ansatz, der Behaviourale Ansatz, der Kontingenz-Ansatz und der New Leadership-Ansatz besprochen. Abschließend wird auf Gemeinsamkeiten und inhaltliche Konvergenzen eingegangen.

Kapitel vier befasst sich ausführlich mit dem Paradigma der Transaktionalen und Transformationalen Führung sowie der zugehörigen „Full Range of Leadership"-Theorie. Darauf folgend werden Instrumente und Messung Transaktionaler und Transformationaler Führung sowie die zentralen Befunde zur Transformationalen Führung dargestellt.

Das fünfte Kapitel beginnt mit der Beschreibung der Anforderungen an moderne Sporttrainer. Die sportspezifische Führungsforschung und deren Entwicklung werden kurz dargestellt. Als prominentestes sportspezifisches Führungsmodell wird das Multidimensional Model of Coach Leadership (MML) von Chelladurai detailliert dargelegt. Ferner werden die zugehörige Leadership Scale for Sport (LSS) und die Befunde zum MML erläutert.

Das sechste Kapitel zeigt die Parallelen organisationaler und sportspezifischer Führung auf, geht auf die sich überschneidenden Anforderungen klassischer Führungskräfte und Trainer ein und stellt die wenigen empirischen Befunde zur Transformationalen Führung im Sport dar.

Im Anschluss werden die Hypothesen auf Basis der vorherigen theoretischen Ausführungen abgeleitet.

Im achten Kapitel werden zu Beginn das Untersuchungsdesign, die verwendeten Führungs- und Leistungsmaße sowie die Stichprobe dargestellt. Die genutzten statistischen Verfahren und Gütemaße – vor allem der Ansatz der hierarchisch linearen Modellierung – werden ausführlich dargestellt und die Anwendung illustriert.

Die Ergebnisse der verschiedenen empirischen Analysen werden in Kapitel 9 dargestellt.

Abschließend werden zu Beginn des zehnten Kapitels die zetralen Befunde noch einmal kurz zusammengefasst. Die theoretischen und praktischen Implikationen der Befunde werden diskutiert und

Empfehlungen für das Führen einer professionellen Fußballmannschaft ausgesprochen. Abschließend werden Stärken und Schwächen der vorliegenden Untersuchung diskutiert und darauf aufbauend Empfehlungen für die zukünftige Forschung abgeleitet.

2 Führung

Führung gehört sicherlich zu den organisationspsychologischen Phäno-
menen, mit denen jeder Mensch in verschiedensten Kontexten bereits in
Kontakt gekommen ist. Führung vollzieht sich vor dem Hintergrund
verschiedener gesellschaftlicher Kontexte wie Familie, Schule, Hoch-
schule, Politik, Wirtschaft, Militär, Sport, innerhalb oder außerhalb einer
Institution oder Organisation (Rosenstiel, 2007). Nahezu jeder Mensch,
hat eigene Erfahrungen mit Führung, sei es als Führender oder Geführ-
ter, und hat demensprechend auch eine subjektiv geprägte Vorstellung
davon, was Führung ist und zu welchem Zweck geführt wird.

Von Rosenstiel, Regnet und Domsch (1999) merken dazu an, dass
Führung aus einer interdisziplinären Perspektive gesehen werden kann
und soll. Neben der organisationspsychologischen Betrachtung findet
Führung auch in der Biologie, Soziologie, Politik, den Rechtswissen-
schaften und der Philosophie Beachtung. In den letzten Jahrzehnten sind
zahlreiche Führungstheorien postuliert worden, die verschiedene Rahmenbedingungen, Strukturen, Prozesse und Konsequenzen der Führung
definieren.

Dabei ist aus führungspsychologischer Sicht zunächst vor allem die
Unterscheidung von Weibler (2001) bedeutsam, der zwischen personaler
und struktureller Führung unterscheidet. Personale Führung erfolgt da-
bei durch Führungskräfte – also Personen – während strukturelle Füh-
rung entpersonalisierte Einflussnahme und Steuerung beschreibt. Die
Arbeitsprozesse werden bei struktureller Führung durch bestimmte
Organisationsstrukturen wie Bürokratie (Regeln), Technologie (Fließ-
band), hierarchische Differenzierung (karriereorientierte Ausrichtung des
Verhaltens) und die Kultur (wertorientierte Verhaltensausrichtung an
Führungs- und Kooperationsgrundsätzen) determiniert. Die im Folgen-

den dargestellten Definitionen, Ansätze und Theorien beziehen sich auf die personale Führung.

Im Folgenden wird das Phänomen der Führung detailliert beleuchtet. Zunächst werden die Aktivitäten von Führungskräften beschrieben, aus denen sich die Notwendigkeit personaler und überfachlicher Führung ergibt. Anschließend wird auf die unterschiedlichen Definitionen von Führung eingegangen und diskutiert, was Führung erfolgreich macht, beziehungsweise, wie sich erfolgreiche von nicht erfolgreichen Führungskräften unterscheiden.

Zunächst werden im Anschluss die Aktivitäten und Tätigkeiten von Führungskräften beschrieben, aus denen sich die Notwendigkeit fundierter und systematischer Führungskonzeptionen ergibt.

2.1 Aktivitäten und Tätigkeiten von Führungskräften

Was machen Führungskräfte und welche Tätigkeiten bestimmen ihren Arbeitsalltag? Diese Fragen versucht die organisationale Forschung zu beantworten und hat verschiedene Konzepte zum Managementverhalten von Führungskräften formuliert. Von Interesse ist hierbei, welche Tätigkeiten von Führungskräften erfüllt werden müssen. Die Merkmale der Tätigkeiten und das Verhalten von Führungskräften sind seit den 50er Jahren ins Zentrum der empirisch-handlungsorientierten Forschung gerückt (Staehle, 1991).

Um die Fragen nach konkreten Tätigkeiten von Führungskräften zu beantworten, werden laut Staehle (1999) entweder die Selbstbeobachtung und die Tagebuchmethode (Stewart, 1967) genutzt, bei der die Führungskräfte alle Aktivitäten (Inhalt, Ort, Dauer, Teilnehmer) über eine längere Zeitperiode in standardisierter Form eintragen, oder es wird eine Fremdbeobachtung plus ein Interview (Mintzberg, 1973; Kotter, 1982; Stewart, 1982) durchgeführt. Dabei werden die Führungskräfte bei der Arbeit entsprechend einem zeitlichen Plan beobachtet und anschließend über ihre Arbeit befragt. Der Forscher verbringt einen längeren Zeitraum in der Organisation und protokolliert alle beobachteten Tätigkeiten der Führungskraft.

Hales (1986) hat in einem umfassenden qualitativen Review zahlreiche Studien zum Managerhandeln zusammengefasst und zentrale Forschungsthemen identifiziert:

1. Substanzielle Elemente der Tätigkeit als Führungskraft (What do managers do?)

2. Die Aufteilung der Arbeitszeit für die verschiedenen Arbeitsaufgaben (How do managers work?)

Die von Hales (1986) ermittelten Elemente der Tätigkeit als Führungskraft werden in Tabelle 1 dargestellt.

Tabelle 1: *Elements of Managerial Work (Hales, 1986)*

(Hemphill, 1959)	(Mintzberg, 1973)	(Pheysey, 1972)	(Sayles, 1964)	(Kotter, 1982)	(Stewart, 1967)
'Position elements'	'Managerial roles':	'Position elements':	'Managerial activities':	'Similarities in managerial behaviour'	A Recurrent managerial activities:
1. Providing non-operational staff service	A Interpersonal:	1. Trouble shooting	A Participation in external work-flows *via* relationships:	1. Setting agendas (planning)	1. Liaison/ contacts
2. Work supervision	A1 Figurehead	2. Forward planning	A1 Work-flow	2. Network building (contacts)	2. Maintenance of work
3. Internal business control	A2 Leader	3. Briefing subordinates	A2 Trading	3. Network using (persuading, getting things done)	3. Innovation, risk taking
4. Technical aspects of products markets	A3 Liaison	4. Conducting meetings	A3 Servicing	4. Implementing agendas (decision making)	4. Setting job boundaries
5. Human, community and personal	B Informational:	5. Reviewing subordinates' progress	A4 Advising		5. B Managerial jobs
6. Long-range planning	B1 Monitor	6. Interest in personal problems	A5 Auditing		
7. Exercise of authority	B2 Disseminator		A6 Stabilizing		
8. Business reputation	B3 Spokesman		A7 Innovating		
9. Personal demands	C Decisional:		B Monitoring		
	C1 Entrepreneur				
	C2 Disturbance handler				
	C3 Resource allocator				
	C4 Negotiator:				
10. Preservation of assets			C Leadership		

Auch wenn in den dargestellten Primärstudien unterschiedliche Begrifflichkeiten wie „Managerial roles" oder „Position elements" genutzt werden, beschreiben alle Autoren praktische Tätigkeiten von Führungskräften. Die Frage nach der Aufteilung der Arbeitszeit für die verschiedenen Tätigkeiten kann von Hales nicht abschließend beantwortet werden, da die verschiedenen Primärstudien zu höchst divergierenden Ergebnissen kommen und die spezifischen Tätigkeiten unterschiedlich gruppieren. Beispielsweise erwähnt Hemphill (1959) „nonoperational staff service" und weist auf überfachliche Tätigkeiten hin. Mintzberg (1973) und Sayles (1964) beschreiben die Rolle beziehungsweise Tätigkeit des „Leaders" und verweisen auf Führungstätigkeiten, die über rein operatives Management hinausgehen. Alle Autoren erwähnen dabei interpersonale Tätigkeiten, bei denen die Geführten im Mittelpunkt stehen. Dabei finden sich die beschriebenen Tätigkeiten auch in modernen Konzeptionen von Führung wieder (s. Kapitel 3) und zeigen deren anhaltende Relevanz.

Eine umfassende Studie zur Tätigkeit Führender von Mahoney, Jerdee und Carroll (1965) ist der Frage nach der Verteilung der Arbeitszeit von Führungskräften nachgegangen. Bei der Untersuchung der konkreten Tätigkeiten von Führungskräften befragten Mahoney und Kollegen 452 Manager aller Ebenen aus 13 Unternehmen, wie sich die Arbeitszeit eines Managers auf verschiedene Kategorien von Tätigkeiten verteilt. Wie aus Tabelle 2 ersichtlich, nimmt das Führen, Anleiten und Ent-wickeln von Mitarbeitern mit mehr als einem Viertel der zeitlichen Ressourcen den größten Anteil an der Arbeitszeit der Führungskräfte ein. Tengblad (2006) führte eine aktuelle Studie zur Tätigkeit von Führungskräften der obersten Ebene (CEOs) durch und verglich die aktuelle Verteilung der Arbeitszeit mit den Ergebnissen der klassischen Studie von Mintzberg (1973).

Tabelle 2: *Verteilung der Arbeitszeit einer Führungskraft (Mahoney, Jerdee & Carroll, 1965 nach Staehle, 1991, S.78)*

Managementfunktion	Zeitanteil am Arbeitstag (in %)
Führen, Anleiten, Entwickeln von Mitarbeitern	28.4
Planung (Ziele, Regeln, Programme)	19.5
Koordination (Kommunikation mit Managern gleicher/höherer Ebene und anderen Abteilungen)	15.0
Beurteilung von Vorschlägen, Leistungen, Personen	12.7
Informationen sammeln, aufbereiten, auswerten	12.6
Verhandeln mit Kunden, Lieferanten, Behörden, Gewerkschaften	6.0
Personalauswahl, Einstellung, Besetzung, Beförderung, Versetzung	4.1
Repräsentation, Vorträge, Öffentlichkeitarbeit	1.8

Tabelle 3 zeigt die zentralen Ergebnisse der beiden Studien und die gefundenen Differenzen hinsichtlich des Umfanges und der Verteilung der Arbeitszeit auf die einzelnen Tätigkeiten. Es zeigt sich, dass sowohl in der Arbeit von Mintzberg als auch bei Tengblad durchschnittlich 72% der Tätigkeiten verbaler Natur waren und in Interaktion mit anderen Menschen stattfanden, wobei der absolute Zeitumfang um 65% im Vergleich zu 1973 gestiegen ist. Tengblad führt die absolute Zunahme der Arbeitszeit für verbale Tätigkeiten auf eine gesteigerte Bedeutsamkeit personaler und überfachlicher Führung zurück.

Tabelle 3: *Total working time average values per participant*

	Tengblad			Mintzberg		Comparison
	h/week	Share	range	h/week	share	h/week
1. Meetings	45.7	63%	59–71%	28	64%	63%
2. Tours	0.9	1%	0–4%	1	2%	-10%
3. Telephone calls	5.4	7%	2–16%	2.6	6%	108%
1–3. Total verbal	52	72%	62–80%	31.6	72%	65%
4. Desk work	9	12%	4–23%	8.8	20%	2%
5. Transportation	11.2	16%	7–21%	3.6	8%	211%
Total working time per participant	72.2	100%		44	100%	64%
Total working time incl. a 7 hour trip	72.2	100%		45.4	103%	59%

Eines der bislang umfangreichsten Programme, welches Tätigkeiten von Führungskräften untersuchte, wurde 1974 von der Control Data Corporation durchgeführt (Tornow & Pinto, 1976). Die Autoren hatten das Ziel, spezifische Kategorien zu finden, anhand derer sich die Tätigkeiten von Führungskräften hinreichend beschreiben lassen. Über einen Zeitraum von 11 Jahren wurden mehr als 10.000 Führungskräfte standardisiert befragt. Es wurde untersucht, als wie wichtig die Führungskräfte bestimmte Tätigkeiten der täglichen Arbeit einschätzen und wieviel Zeit sie damit verbringen. Die Autoren ermittelten faktoranalytisch die folgenden Tätigkeitskategorien:

Supervising: Die Führungskraft verbessert die Leistung der Mitarbeiter, indem die Stärken und Schwächen gemeinsam analysiert werden, Training angeboten wird, Fähigkeiten entwickelt werden und Ziele gesetzt werden.

15

Planning and Organizing: Beschreibt das Formulieren von kurzfristigen Zielen, die Abwicklung von Projekten, die Entwicklung von Budgets und das Übersetzen von langfristigen Zielen in kurzfristige Handlungen.

Decision Making: Meint das Treffen von Entscheidungen in unstrukturierten Situationen und die Autorisation, mehr oder minder von etablierten Prozessen und Routinen abzuweichen, wenn neue Situationen dies erfordern.

Monitoring Indicators: Ist das Überwachen von Leistungsindikatoren wie Finanzen, Marktbedingungen sowie des kulturellen, sozialen und politischen Klimas.

Controlling: Umfasst die Entwicklung von Plänen und Kostenschätzungen in Bezug auf Produktion oder Dienstleistung sowie das Sicherstellen der Qualität der Produkte beziehungsweise der Effektivität der Dienstleistung.

Representing: Die Führungskraft beantwortet Fragen und bearbeitet Anfragen von außenstehenden Dritten, sie kommuniziert mit Dritten, um Beziehungen zu anderen Organisationen zu pflegen und herzustellen, und sie pflegt das Image der Organisation.

Coordinating: Meint die Kommunikation mit Anderen innerhalb der Organisation, um Informationen auszutauschen, das Lösen von Problemen und das Erreichen von Zielen.

Consulting: Die Führungskraft ist mit aktuellen technischen Entwicklungen vertraut, sie führt neue Techniken und Technologien in die Organisation ein und agiert als Experte, Berater oder Problemlöser für andere Führungskräfte.

Administering: Die Führungskraft führt grundlegende administrative Aktivitäten aus; dies umfasst Informationsbeschaffung zu Firmenpraktiken und -prozeduren, das Analysieren von Routineinformationen und das Führen detaillierter und akkurater Aufzeichnungen und Dokumente.

Zusammenfassend hält Yukl (2007) bezüglich der Anforderungen und Aktivitäten von Führungskräften fest, dass diese vier verschiedene Typen von Tätigkeiten umfassen:

(1) das Aufbauen und Erhalten von Beziehungen,

(2) das Erhalten und Weitergeben von Informationen,

(3) die Beeinflussung von Mitarbeitern und

(4) das Fällen von Entscheidungen.

Diese Zusammenfassung deckt sich mit Grotes Einschätzung (2008), dass Kernelemente der Aktivitäten von Führungskräften vor allem mitarbeiterbezogene Funktionen sind. Diese unterstützen die soziale Kohäsion in der Gruppe und fördern aufgabenbezogene Funktionen, welche die Lokomotion in Richtung auf Ziele betreffen (Burke et al., 2006; Rosenstiel, 2003). Insgesamt zeigen die verschiedenen Studien zum Inhalt der Führungstätigkeiten die Wichtigkeit und Notwendigkeit personaler Führung auf. Laut Mintzberg (1991) konnten nahezu alle Arbeiten zu Führungstätigkeiten verdeutlichen, dass kommunikative und interpersonale Aktivitäten einen deutlich breiteren Raum einnehmen als rein sachbezogene Aktivitäten. Auch vor dem Hintergrund neuer technischer und struktureller Möglichkeiten der modernen Arbeitswelt liegen die Anforderungen der Führungstätigkeit vor allem in der Interaktion mit den Mitarbeitern.

Aktuell sieht Felfe (2005) die Anforderungen und Tätigkeiten von Führungskräften einem Wandel unterzogen. Er sieht die „neue" Aufgabe der Führungskräfte darin, zunehmend Wandel und Veränderungen von Strukturen (Organisationsentwicklung, Neu- und Ausgründungen), aber auch von Human Resources (Lernen, Personalentwicklung) aktiv zu gestalten und die Rolle eines „change agents" zu übernehmen. Aktuelle Managementkonzepte sehen weitergehende Anforderungen an Führungskräfte und formulieren die Rolle der Führungskraft beispielsweise als Visionär, Berater, Teamplayer oder Coach (Schreyögg & Noss, 1995). Im Gegensatz zu Führungstätigkeiten klassischer Konzeptionen wie dem Erteilen von Anweisungen und der Kontrolle der Mitarbeiter stehen in moderneren Ansätzen zunehmend teamorientiertes Arbeiten und Vertrauen im Vordergrund (Andriessen & Drenth, 1996). Zur Bewältigung von Innovations- und Veränderungsprozessen sind herausragende Leistungen der Mitarbeiter, bezogen auf Ergebnisse, Motivation und Commitment, erforderlich, so dass die Förderung dieser Kriterien zunehmend in der Fokus der Führungstätigkeit gerät (Felfe, 2005).

Auch wenn die Forschung zum Managerhandeln das Wissen über die Praxis von Managern und Führungskräften deutlich erweitert hat, kritisiert Staehle (1999) zentrale Aspekte dieses Forschungszweiges: Die empirischen Befunde zu den Aktivitäten variieren zum Teil deutlich mit der gewählten Erhebungsmethode. Darüber hinaus werden lediglich die äußeren Bedingungen festgehalten. Kognitive Prozesse sind durch Methoden der Beobachtung oder Tagebuchstudien nur eingeschränkt oder gar nicht erfassbar. Implizite Theorien, die habitualisierte Bedeutungsmuster beschreiben, spielen aber eine bedeutende Rolle bei der individuellen Handlungsplanung und -steuerung. Um die einzelnen Aktivitäten einer Führungskraft verstehbar zu machen, müssen daher die direkt beobachtbaren Aktivitäten mit der jeweiligen Intention verknüpft werden (Kanungo & Misra, 1992).

Aufbauend auf der oben beschrieben Bedeutung und Notwendigkeit personaler Führung werden in den folgenden Abschnitten verschiedene Definitionen und Theorien der (personalen) Führung diskutiert. Die verschiedenen Ansätze lassen sich dabei unmittelbar aus den Tätigkeitsanforderungen an Führungskräfte ableiten, greifen dabei Inhalte wie beispielsweise das Anleiten und Entwickeln von Mitarbeitern auf und betten diese in theoretische Modelle ein.

2.2 Definitionen von Führung

Obwohl Vorstellungen von Führung bis ins alte Ägypten vor 5000 Jahren zurückverfolgt werden können (Bass, 1990b), begann die systematische wissenschaftliche Betrachtung und Untersuchung psychologischer Führung erst im 20. Jahrhundert (Yukl, 2002). Trotz dieser eher kurzen Zeitspanne sind eine Vielzahl von Definitionen und Konzeptionen vorgeschlagen worden, welche versuchen, das Phänomen Führung zu beschreiben und zu erklären (s. Tabelle 4).

Tabelle 4: *Definitions of Leadership (Yukl, 2007)*

Definitions of Leadership
Leadership is „the behavior of an individual … directing the activities of a group toward a shared goal." (Hemphill & Coons, 1957, p.7)
Leadership is "the influential increment over and above mechanical compliance with the routine directives of the organization." (Katz & Kahn, 1966, p.528)
"Leadership is exercised when persons … mobilize … institutional, political, psychological and other resources so as to arouse, engage, and satisfy the motives of the followers." (Burns, 1978, p. 18)
"Leadership is realized in the process whereby one or more individuals succeed in attempting to frame and define the reality of others." (Smircich & Morgan, 1982, p. 258)
Leadership is "the process of influencing the activities of an organized group toward goal achievement." (Rauch & Behling, 1984, p. 46)
"Leadership is about articulating visions, embodying values, and creating the environment within which things can be accomplished." (Richardson & Engle, 1986, p. 206)
"Leadership is a process of giving purpose (meaningful direction) to collective effort, and causing willing effort to be expended to achieve purpose." (Jacobs & Jaques, 1987, p.281)
Leadership "is the ability to step outside the culture … to start evolutionary change processes that are more adaptive." (Schein, 1992, p.2)
"Leadership is the process of making sense of what people are doing and together so that people will understand and be committed." (Drath & Paulus, 1994, p.4)
Leadership is "the ability of an individual to influence, motivate, and enable others to contribute toward the effectiveness and success of the organization …" (House, Hanges, Javidan, Dorfman & Gupta, 2004, p.56)

Allerdings führt die Frage nach einer richtigen, exakten oder allge-meingültigen Definition von Führung Neuberger (2002a) zufolge eher zu einem Zustand babylonischer Sprachverwirrung: Alle gebrauchen das-selbe Wort, aber sie verstehen – unaufgeklärt – jeweils etwas völlig ande-res darunter. Trotz oder gerade wegen einer Vielzahl von Konzepten ist keines als allgemeingültig akzeptiert worden (Bass, 1990b).

Das Fehlen einer allgemeingültigen Definition generiert eine Reihe von Konnotationen wie Management, Autorität, Kontrolle oder Supervi-sion, die eine starke Ambiguität der Bedeutung von Führung erzeugen (Janda, 1960). Bennis (1959) merkte bereits Ende der 50er Jahre an, dass das Konzept von Führung kaum greifbar ist und eine ausufernde Anzahl an Begriffen existiert, die mit dem Term „Führung" in Zusammenhang gebracht werden. Somit existieren nahezu so viele Definitionen von Füh-rung, wie Personen, die versucht haben, eben dieses Konzept zu definie-ren (Stogdill, 1974).

In Anbetracht der zahlreichen Definitionen und verschiedenen Be-deutungen von Führung wurde von verschiedenen Autoren sogar be-zweifelt, dass Führung überhaupt als wissenschaftliches Konstrukt nutz-bar ist (Alvesson & Sveningsson, 2003). Bennis und Nanus (1990) mer-ken dazu pointiert an: „Bücher über Führung sind oft ebenso nutzlos wie prätentiös. Führung ist der Schrecken erregende Schneemensch, dessen Fußabdrücke überall sind, der aber noch nie gesehen wurde" (S. 27).

Vor allem beschreibt Yukl (2007) sechs Kernfragen der psycholo-gischen Führungs-forschung, die seiner Ansicht nach noch hinreichend geklärt werden konnten und aktuell kontrovers diskutiert werden.

1. In der Forschungsgemeinde besteht eine Kontroverse darüber, ob Führung als spezialisierte Rolle oder als ein geteilter sozialer Ein-flussprozess gesehen werden sollte. Die erste Sichtweise geht

davon aus, dass in allen Gruppen eine Rollenspezialisierung vor-liegt. Durch diese Spezialisierung wird auch die Rolle des Führen-den generiert und die zugehörigen Verantwortlichkeiten und Funk-tionen bestimmt. Das Gruppenmitglied, von dem erwartet wird, die spezialisierte Führungsrolle aufgrund seiner Erfahrungen, Per-sönlichkeitsmerkmale und Fähigkeiten am besten ausfüllen zu können, wird zum Führenden der Gruppe ernannt. Andere Auto-ren sehen Führung als Einflussprozess, der in jedem sozialen Ge-füge vorkommt. Autoren dieser Sichtweise beschreiben Führung als sozialen Prozess und weniger als spezialisierte Rolle. Dement-sprechend kann ein beliebiges Mitglied der Gruppe zu jedem Zeit-punkt Führung ausüben, da keine klare Distinktion von Führen-dem und Geführtem existiert.

2. Ein weiterer Aspekt von Führung, der in der wissenschaftlichen Gemeinde diskutiert wird, bezieht sich auf die Art des Einflusses. Einige Theoretiker begrenzen den Begriff „Führung" auf Kriterien wie „Enthusiasmus" und „Commitment" und grenzen Begriffe wie „Gehorsam" und „Unterordnung" bewusst davon ab. Andere Autoren kritisieren diese Ansicht als zu eng, da möglicherweise spezifische Einflussprozesse, die Führungskräfte erfolgreich agie-ren lassen, ausgeblendet werden.

3. Aktuell wird auch die Absicht der Einflussnahme diskutiert. Man-che Autoren postulieren, dass Führung nur dann vorliegt, wenn sie zum Wohle der Organisation und der Mitarbeiter geschieht. Diese Führungskonzeption schließt somit eine Einflussnahme, die für Organisation oder Mitarbeiter irrelevant ist oder zum Zwecke des eigenen Vorteils ausgeübt wird, aus. Andere Auffassungen sehen alle Versuche, auf Einstellungen und Verhalten von Geführten Einfluss zu nehmen, als Führung an. So kann Führung, trotz einer

positiven Intention, eher negative Folgen für die Mitarbeiter haben. Yukl (2007) argumentiert daher, dass die wissenschaftliche Betrachtung von Führung nicht von der Absicht der Einflussnahme abhängig gemacht werden sollte.

4. Die meisten frühen Definitionen von Führung beschreiben rationale, kognitive Prozesse. Bis in die 80er Jahre haben nur wenige Führungstheorien die Bedeutsamkeit von Emotionen als Basis der Einflussnahme berücksichtigt. Aktuellere Konzeptionen von Führung betonen emotionale Aspekte und gehen davon aus, dass außergewöhnliche Leistung nur durch emotionale und wertbasierte Aspekte von Führung hervorgerufen werden kann. Das Verhältnis und die Interaktion rationaler und emotionaler Aspekte im Führungsprozess ist bislang nicht hinreichend geklärt und mögliche Interaktionseffekte beider Aspekte wurden bislang nahezu ignoriert.

5. Zahlreiche Autoren unterscheiden zwischen Management und Leadership. Im deutschen Sprachgebrauch umfasst das Wort „Führung" üblicherweise beide Begriffe, sodass die Unterscheidung zunächst schwerer fällt und willkürlich erscheint. Verschiedene Autoren wie beispielsweise Bennis und Nanus (1985) sehen Management und Leadership als qualitativ unterschiedlich an. Sie gehen davon aus, dass Manager verwalten, erhalten und auf kurzfristigen Erfolg fokussieren, während Leader innovieren, kreieren und langfristig denken (Neuberger, 2002a). Manager sorgen dafür, dass Arbeitsaufgaben angemessen bearbeitet werden, und versuchen die Produktivität der Mitarbeiter zu steigern. Leader achten darauf, welche Aspekte der Arbeit wichtig für Mitarbeiter sind, und versuchen einen Konsens über die Wichtigkeit der anstehenden Aufgaben zu erreichen.

6. Die meisten Führungstheorien beschreiben Führung als direkte Einflussnahme, allerdings beeinflussen beispielsweise Führungskräfte der oberen Ebene indirekt auch Mitarbeiter, die nicht in direkter Interaktion mit der Führungskraft stehen. Indirekte Einflussnahme geschieht durch andere, zwischengeschaltete Personen, durch strukturelle Variablen wie Richtlinien und Programme oder durch die organisationale Kultur. Innerhalb der Forschungsgemeinde besteht daher ein Dissens, welche Form der Einflussnahme als Führung gesehen werden sollte und welche nicht.

Trotz dieser Kontroversen und nicht geklärter Aspekte von Führung ist die Wissenschaftsgemeinde aktuell jedoch zuversichtlich, durch Integration der verschiedenen Ansätze und Blickwinkel innerhalb der Führungsforschung sich einem detaillierten und klaren Bild der Führung nähern zu können (Felfe, 2005). Eine neuere Definition von House und Javidan (2004) beschreibt organisationale Führung sehr breit als Fähigkeit eines Individuums, andere zu beeinflussen, zu motivieren und zu befähigen, etwas zur Effektivität und zum Erfolg der Organisation beizutragen. Diese Definition beinhaltet die Annahme, dass Führung einen Prozess beschreibt, bei dem intentional Einfluss auf die zu führenden Personen genommen wird und deren Aktivitäten in der Gruppe oder Organisation zu leiten und zu strukturieren sind. Antonakis und Kollegen (2004), Northouse (2006) sowie Yukl (2002) identifizieren in ihren Beiträgen zu bestehenden Führungstheorien und -definitionen im Wesentlichen vier zentrale Elemente, die der Mehrzahl der Definitionen von Führung gemein sind.

Demnach beschreibt Führung

1) einen *Prozess*,

2) der die *Einflussnahme* von Menschen auf Menschen beinhaltet

3) und in einem *Gruppenkontext* stattfindet,

4) damit ein gemeinsames *Ziel* erreicht wird.

Der vorliegenden Arbeit wird daher die Arbeitsdefinition von Yukl (2002) zugrunde gelegt, da sie Aspekte mehrerer Definitionen aufgreift und die oben erwähnten zentralen vier Elemente umfasst. Diese inhaltlich eher weit gefasste Definition beschreibt Führung als

> *„the process of influencing others to understand and agree about what needs to be done and how to do it, and the process of facilitating individual and collective efforts to accomplish shared objectives".*

Somit kann Führung als Tätigkeit verstanden werden, die im Kontext einer Organisation beobachtbar ist.

Tabelle 5: *Möglichkeiten der Einflussnahme durch Führungskräfte (Yukl, 2007)*

What Leaders Can Influence
The interpretation of external events by members
The choice of objectives and strategies to pursue
The motivation of members to achieve the objectives
The mutual trust and cooperation of members
The organization and coordination of work activities
The allocation of resources to activities and objectives
The development of member skills and confidence
The learning and sharing of new knowledge by members
The enlistment of support and cooperation from outsiders
The design of formal structure, programs, and systems
The shared beliefs and values of members

Darüber hinaus beinhaltet diese Definition nicht nur die Einflussnahme und die Unterstützung der Mitarbeiter oder der Arbeitsgruppe bei der Erreichung aktueller Arbeitsziele, sondern es wird auch sichergestellt, dass zukünftige Probleme von den Mitarbeitern bewältigt werden können. Somit wird neben dem unmittelbaren und direkten Einfluss auch eine indirekte und prospektive Einflussnahme berücksichtigt. Tabelle 5 zeigt die von Yukl (2007) spezifizierten verschiedenen Möglichkeiten der Einflussnahme auf Mitarbeiter, Arbeitsgruppe oder Organisation.

Einhergehend mit der inhaltlichen Definition des Begriffes „Führung", ist die Frage nach dem Erfolg von Führung zentral. Im folgenden Abschnitt wird daher beschrieben, wie sich Erfolg von Führung bestimmen lässt und somit erfolgreiche Führungskräfte identifiziert werden können.

2.3 Führungserfolg

Die zentrale Frage, die mit dem Phänomen von Führung einhergeht, ist die nach dem Führungserfolg. Die Unterscheidung erfolgreicher und nicht erfolgreicher Führungskräfte kann nur gelingen, wenn definierte Erfolgskriterien vorliegen, anhand derer eine Bewertung möglich ist. Führung in Organisationen ist im Kern darauf ausgerichtet, organisationale (und somit gemeinsame) Ziele zu erreichen (Rosenstiel, Regnet & Domsch, 1999). Dieser Aspekt wird auch in der dieser Arbeit zugrundeliegenden Definition (s. Kapitel 2.2) aufgegriffen, welche die Annahme der Einflussnahme und die Unterstützung der Mitarbeiter bei der Erreichung aktueller Arbeitsziele beinhaltet. Dabei stellen Führungskräfte Einflussgrößen dar, die sich wesentlich auf den Erfolg einer Organisation auswirken. Durch effektive Führung kann bis zu 45 Prozent der organisationalen Leistungsfähigkeit erklärt werden (Day & Lord, 1988). Verschiedene Arbeiten konnten zeigen, dass Führung bis zu 50% des monetären Erfolgs einer Organisation ausmacht (Gebert, Steinkamp & Wendler, 1987). Gute und richtige Führung sollte sich allerdings nicht ausschließlich an Leistungskriterien, Unternehmenszielen und Erfolgsmaßen ausrichten. Vor allem sollte mit Führung stets der Anspruch verknüpft sein, Humanziele zu verfolgen und den Mitarbeitern zu nutzen (Nerdinger, Blickle & Schaper, 2008).

Entsprechend der zahlreichen Definitionen von Führung variieren auch die Kriterien effektiver und guter Führung und deren Operationalisierung. Die Wahl der Kriterien spiegelt dabei stets auch die expliziten und/oder impliziten Führungskonzeptionen des Forschenden wider. In der Führungsforschung wurden daher zahlreiche Kriterien wie Leistung und Entwicklung der Arbeitsgruppe, Zufriedenheit mit dem Vorgesetzten, Commitment und Motivation genutzt. Das am häufigsten genutzte objektive Leistungskriterium in der Führungsforschung stellt laut Yukl

(2007) das Ausmaß dar, in dem eine Führungskraft zur Erreichung der Arbeitsziele beiträgt. Beispiele der Operationalisierung objektiver Maße sind Umsatz/Gewinn, produzierte Einheiten oder Produktionskosten. Zur Systematisierung des Führungserfolgs hat Neuberger (1976) drei verschiedene Betrachtungsebenen vorgeschlagen:

die Ebene der Einstellungen (z.b. Zufriedenheit),

die Ebene des Verhaltens (z.b. Kooperation im Team) und

die Ebene der Leistungsergebnisse (z.b. Qualität).

Fishbein (1967) hat in seinem Einstellungs-Verhaltens-Modell eine ähnliche Einteilung postuliert. Der Autor geht davon aus, dass die folgenden Prozess-Stufen zunehmend stärker mit dem erwarteten Verhalten verbunden sind: Meinungen, Einstellungen, Verhaltensintentionen bis hin zum Verhalten beziehungsweise den Handlungsergebnissen selbst.

Zusätzlich lassen sich Kriterien hinsichtlich ihrer zeitlichen und kausalen (Un-)Mittelbarkeit unterscheiden. So lässt sich die Motivation oder die Anstrengung eines Mitarbeiters direkt beeinflussen. Die Qualität der Ergebnisse und die Produktivität der Arbeitsgruppe lassen sich beispielsweise nur mittelbar über eine erhöhte Anstrengung erreichen.

Die dieser Arbeit zugrundeliegende Definition (s. Kapitel 2.2) beinhaltet als zentrale Annahme die Einflussnahme und die Unterstützung der Mitarbeiter oder der Arbeitsgruppe bei der Erreichung aktueller Arbeitsziele. Somit kann als zentrale wissenschaftliche Fragestellung gelten, welcher Anteil an der Erreichung der Ziele durch effektive Führung erklärt werden kann. In Anbetracht der Vielzahl von Konzeptionen und Kriterien des Führungserfolgs erscheint es ratsam, verschiedene Kriterien zu nutzen und den Einfluss der Führungskraft auf diese Kriterien über einen bestimmten Zeitraum zu untersuchen (Yukl, 2007).

Die Vielzahl der oben erwähnten Definitionen und Erfolgskriterien lässt sich unter anderem auf die verschiedenen Trends und Foki in der Historie der psychologischen Führungsforschung zurückführen. Im Folgenden werden die wichtigsten Ansätze und historischen Trends erläutert und die jeweiligen zentralen Annahmen dargestellt.

3 Führungstheorien

In den letzten hundert Jahren sind zahlreiche Theorien postuliert worden, die das Phänomen der Führung aus verschiedensten Perspektiven betrachten und – wie oben beschrieben – unterschiedlich definieren.

Tabelle 6: *Key Variables in Leadership Theories (Yukl, 2007)*

Characteristics of the Leader
Traits (motives, personality, values)
Confidence and optimism
Skills and expertise
Behaviour
Integrity and ethics
Influence tactics
Attributions about followers
Characteristics of the Followers
Traits (needs, values, self-concepts)
Confidence and optimism
Skills and expertise
Attributions about the leader
Trust in the leader
Task Commitment and effort
Satisfaction with job and the leader
Characteristics of the Situation
Type of organizational unit
Size of unit
Position power and authority of the leader
Task structure and complexity
Task interdependence
Environmental uncertainty
External dependencies

Unabhängig von der jeweiligen Theorie sieht Yukl (2007) drei Kern-variablen beziehungsweise Variablenkategorien als elementar für das Verständnis von Führung an: Charakteristika der Führungskraft, Charakteristika der Mitarbeiter sowie Charakteristika der Situation. Je nach historischem Trend und vorherrschendem Forschungsansatz wurden dabei die verschiedenen Charakteristika in den jeweiligen Führungstheorien unterschiedlich stark betont. Tabelle 6 zeigt beispielhaft die Kernvariablen jeder Kategorie, das heißt die Variablen, die bislang in der Führungsforschung als bedeutsam erachtet und verstärkt untersucht wurden. Generell wird dabei angenommen, dass Charakteristika der Führungskraft (Persönlichkeitsmerkmale und Führungsverhalten) über wechselseitige Einflussprozesse auf Einstellungen und Verhalten der Mitarbeiter wirken und somit die individuelle und organisationale Leistung beeinflussen. Dabei unterliegen die einzelnen Variablen und Prozesse situativen Einflüssen der angenommenen Zusammenhänge der verschiedenen Kategorien beziehungsweise Variablen.

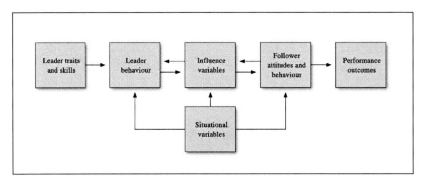

Abbildung 1: Kernvariablen von Führung (Yukl, 2007)

Allgemein lassen sich vier verschiedene historische Ansätze innerhalb der Führungsforschung ausmachen, bei denen unterschiedliche Aspekte von Führung im Fokus standen: der Trait-Ansatz, der Behavioura-

le Ansatz, Kontingenzansätze und die sogenannte „New Leadership"
(Bryman, 1992). Tabelle 7 zeigt zusammengefasst die verschiedenen Ansätze in der Geschichte der Führungsforschung und die zentralen Annahmen. Obwohl sich im Laufe der Zeit wissenschaftliche Trends geändert haben, wurden durch neue Ansätze vorherige Führungskonzeptionen nicht abgeschafft. Vielmehr wurden neue Aspekte betont und alternative Perspektiven und Erweiterungen geschaffen.

Tabelle 7: *Trends in leadership theory and research (Bryman, 1992, p.1)*

Period	Approach	Core theme
Up to late 1940s	Trait approach	Leadership ability is innate
Late 1940s to late 1960s	Style approach	Leadership effectiveness is to do with how the leader behaves
Late 1960s to early 1980s	Contingency approach	It all depends; effective leadership is affected by the situation
Since early 1980s	New Leadership approach (includes transformational and charismatic leadership)	It all depends; effective leadership is affected by the situation

Dabei finden sich häufig Elemente früherer Führungsansätze in späteren
Konzeptionen wieder. So umfasst beispielsweise Fiedlers Kontingenz-
theorie (Fiedler, 1967) die zeitlich früher postulierten behaviouralen Führungsstile der Mitarbeiter- und Aufgabenorientierung, oder der New
Leadership-Ansatz kombiniert Charisma mit Führungsverhalten und intergiert so Überlegungen des Trait- und des behaviouralen Ansatzes.

Im Folgenden werden die vier Ansätze und die jeweils wichtigsten
theoretischen Führungsmodelle dargestellt.

3.1 Der Trait-Ansatz

Der Trait-Ansatz, dessen Anfänge im frühen 20. Jahrhundert liegen, stellt den ersten systematischen und wissenschaftlichen Versuch dar, Führung empirisch zu erforschen und zu erklären. Den Ausgangspunkt der traittheoretischen Überlegungen bildet die „Great Man"-Theorie (Bass, 1990a). Nach Ansicht der Trait-Theorien können Führungskräfte von Nicht-Führungskräften aufgrund angeborener Persönlichkeitseigenschaften – sogenannter Traits – unterschieden werden. Der Term „Trait" beschreibt dabei eine Reihe von Attributen wie Aspekte der Persönlichkeit, Temperament, Bedürfnisse, Motive und Werte. Traits können als relativ stabile und situationsinvariante Dispositionen für bestimmte Verhaltensweisen gesehen werden. Frühe Trait-Ansätze der Führungsforschung gingen daher davon aus, dass stabile Persönlichkeitsmerkmale für Führungserfolg verantwortlich sind. Grundansatz war somit, dass Führungskräfte geboren werden und nicht durch Training oder Erfahrung geschaffen werden können. In der traitorientierten Führungsforschung stand die Identifizierung einer Anzahl individueller Charaktereigenschaften, die für den Führungserfolg entscheidend sind, im Vordergrund. Neben angeborenen Persönlichkeitseigenschaften benennt Yukl (2007) verschiedene Attribute wie Bedürfnisse oder Werte, die er als bedeutsam für den Führungsprozess ansieht und die innerhalb des Trait-Ansatzes Berücksichtigung finden.

Ein Bedürfnis oder Motiv kann als Verlangen nach einem bestimmten Typ von Stimulus oder Erfahrung interpretiert werden. Üblicherweise wird zwischen physiologischen Bedürfnissen wie Hunger oder Durst und sozialen Motiven wie Nähe, Macht oder Unabhängigkeit unterschieden. Bedürfnisse und Motive sind wichtig, da sie die Aufmerksamkeit in Bezug auf Informationen und Ereignisse beeinflussen und das Verhalten somit lenken.

Als Werte werden internalisierte Einstellungen verstanden, die determinieren, was richtig und falsch, ethisch und unethisch oder moralisch und unmoralisch ist. Beispiele für Werte sind Fairness, Gerechtigkeit, Ehrlichkeit, Freiheit oder Loyalität. Werte beeinflussen die Präferenzen einer Person, die Wahrnehmung von Problemen und die Wahl bestimmter Verhaltensweisen.

Im Folgenden werden die einflussreichsten Autoren des Trait-Ansatzes der Führung und deren wichtigste Studien zusammenfassend beschrieben.

3.1.1 Stogdills Reviews der frühen Trait-Forschung

Die frühe Führungsforschung war zuversichtlich, Attribute der Führungskraft zu identifizieren, die den Führungserfolg determinieren. Im Rahmen dieser Bemühungen wurden Führungskräfte mit Nicht-Führungskräften oder erfolgreiche mit weniger erfolgreichen Führungskräften empirisch verglichen. Die in diesen frühen Studien untersuchten Eigenschaften umfassten zumeist physische Charakteristika (beispielsweise Größe, Erscheinung), Aspekte der Persönlichkeit (Selbstbewusstsein, Dominanz) oder Begabungen (Allgemeine Intelligenz, Kreativität).

Besondere Aufmerksamkeit erfuhr in diesem Zusammenhang das qualitative Review von Stogdill (1948), welches 124 Studien in der Absicht integrierte, allgemeine und relevante Führungseigenschaften zu identifizieren. Die Ergebnisse der Studie bekräftigten die Konzeption einer Führungskraft, die Status erlangt, indem die Fähigkeit gezeigt wird, die Geführten bei der Erreichung ihrer Arbeitsziele unterstützen zu können. Als führungsrelevante Traits identifizierte Stogdill Intelligenz, Aufmerksamkeit gegenüber den Problemen Anderer, Verständnis der Aufgabe, Initiative und Persistenz bei der Lösung von Problemen, Selbstvertrauen sowie das Streben nach Verantwortungsübernahme und nach der Besetzung einer von Dominanz und Kontrolle gekennzeichneten Position. Kritisch muss jedoch konstatiert werden, dass Stogdills (1948) ursprünglicher Anspruch, die Identifikation eines konsistenten Musters erfolgreicher Führungseigenschaften, nicht von Erfolg gekrönt war und er daher ernüchtert folgerte, dass „a person does not become a leader by virtue of the possession of some combination of traits" (p. 64). Stattdessen zeigten sich im Detail zahlreiche widersprüchliche Ergebnisse. Manche Eigenschaften ließen sich in einigen Studien stärker bei Führungskräften, in anderen hingegen stärker auf Seiten der Geführten nachweisen. Stogdills Arbeit deutete somit erstmals an, dass die Führungssituation ebenfalls Einfluss auf den Erfolg des Führungsverhaltens hat. Hungenberg und Wulf (2011) merken dazu an, dass die beobachtbaren Eigenschaften erfolgreicher Führungskräfte sich mit der Führungssituation verändern, was bedeutet, dass die Interessen der Geführten und das Unternehmensumfeld bei der Analyse erfolgreicher Führungseigenschaften mit einbezogen werden müssen.

1974 führte Stogdill eine umfassende Folgeuntersuchung durch, bei der 163 Primärstudien der Jahre 1949 bis 1970 integriert wurden. Die Primärstudien umfassten in stärkerem Maße wissenschaftliche Arbeiten zur Auswahl von Managern, eine größere Anzahl potenziell führungsrelevanter Traits und Fähigkeiten sowie eine größere Vielfalt von Erhebungstechniken. Die Untersuchung bestätigte die Ergebnisse der ersten Studie. Erneut konnten zwar bestimmte Traits mit effektiver Führung in Zusammenhang gebracht werden, insgesamt aber konnte Stogdill (1974) die Annahme universell relevanter Führungskräfte-Traits nicht hinreichend belegen.

Generell ist die Annahme universell relevanter Traits im Führungs-prozess zu hinterfragen. Eine Führungskraft, die bestimmte Merkmale aufweist, kann in einer bestimmten Situation effektiv agieren, in einer anderen Situation aber ineffektiv. Darüber hinaus können zwei Füh-rungskräfte mit unterschiedlichen Trait-Mustern in derselben Situation beide erfolgreich handeln. Das Vorliegen bestimmter Traits erhöht zwar die Wahrscheinlichkeit effektiver Führung, determiniert den Erfolg aber nicht in dem ursprünglich angenommenen Maße.

3.1.2 Die „Big Five" Persönlichkeitseigenschaften

Die Ergebnisse von Stogdill (1948; 1974) und die Vielzahl der erfassten Traits zeigen die Probleme des Trait-Ansatzes in der Führungsforschung auf. Die Beschreibung und Erhebung individueller Persönlichkeitsprofile von Führungskräften ist bedeutend einfacher, wenn ein integratives kon-zeptuelles Rahmenmodell genutzt werden kann, das eine geringe Anzahl breiter Metakategorien aufweist. Die Suche nach breit definierten und allgemein akzeptierten Kategorien kann als Reaktion auf die zahlreichen spezifischen Persönlichkeitseigenschaften, die in der Forschung als füh-rungsrelevant postuliert wurden, verstanden werden. Die Nutzung ge-eigneter Metakategorien vereinfacht dabei vor allem die Entwicklung von eigenschaftsorientierten Führungstheorien und vereinheitlicht die Ter-minologien innerhalb der wissenschaftlichen Gemeinde.

Ein Ansatz, der vielversprechend erschien, war das Fünf-Faktor-Modell der Persönlichkeit beziehungsweise das Big-Five-Modell, welches ursprünglich auf den lexikalischen Ansatz von Thurstone, Allport und Odbert (s. Allport & Odbert, 1936) zurückgeht. Die fünf breit konzep-tualisierten Traits variieren heutzutage zwar je nach Autor in den Begriff-lichkeiten (Digman, 1990; Hough, 1992), bilden aber im Kern identische Persönlichkeitseigenschaften ab. In den letzten Jahren zeigten Führungsforscher ein zunehmendes Interesse an der Big-Five-Taxonomie, die in Anbetracht des Umfanges an Literatur zu verschiedensten Traits von erfolgreichen Führungskräften eine angemessene Integration und Interpretation der Ergebnisse ermöglicht (Goodstein & Lanyon, 1999; Hogan, Curphy & Hogan, 1994).

Tabelle 8 zeigt die Big Five Traits und die korrespondierenden spezifischen Traits, welche in der bisherigen Führungsforschung Beachtung fanden. Inzwischen liegen auch metaanalytische Befunde vor, die relativ moderate Zusammenhänge von Persönlichkeitsfaktoren des Big-Five-Modells mit Führungsmaßen zeigen (Judge, Bono, Ilies & Gerhardt, 2002).

Tabelle 8: *Correspondence of the Big Five Traits with Specific Traits (Hogan et al., 1994)*

Big Five Personality Traits	Specific Traits
Surgency	Extraversion
	Energy/Activity level
	Need for power (assertive)
Conscientiousness	Dependability
	Personal integrity
	Need for achievement
Agreeableness	Cheerful and optimistic
	Nurturance (sympathetic, helpful)
	Need for affiliation
Adjustment	Emotional stability
	Self-esteem
	Self-control
Intellectance	Curious and inquisitive
	Open-minded
	Learning oriented

Insgesamt muss man jedoch attestieren, dass die Befunde der verschiedenen Studien nicht konsistent sind, was unter Umständen an der

Nutzung unterschiedlicher Maße – und vor allem an der Erfassung von Konzepten, die nicht direkt der Originalkonzeption entsprechen – der Big-Five-Faktoren liegen kann. Darüber hinaus wurde in der Forschung eine Vielzahl unterschiedlicher Kriteriumsvariablen (wie subjektive oder objektive Maße) genutzt, welche die Inkonsistenz der Befunde begünstigen können.

Bezüglich der Überlegenheit des Big-Five-Modells gegenüber Taxonomien mit mehreren spezifischen Traits existieren unterschiedliche Auffassungen in der Führungsforschung (Hough, 1992). Verschiedentlich wird argumentiert, dass, wenn relevante sowie irrelevante Faktoren in einem inhaltlich breit definierten Faktor kombiniert werden, die prädiktive Validität dieses Faktors stets geringer sei. Sogar wenn alle kombinierten Traits eines Faktors relevant sind, weisen die kombinierten Traits nicht zwingend dieselben Zusammenhänge mit Kriterien effektiver Führung auf. Die Frage, ob die Big-Five-Faktoren oder spezifische Traits effektive Führung besser erklären und vorhersagen, kann nicht angemessen abschließend beantwortet werden. Zukünftige Forschung sollte theoriegeleitet erklären können, wie spezifische Traits mit spezifischem Führungsverhalten zusammenhängen, das die Effekte der Traits auf die Effektivität der Führungskraft mediiert.

3.1.3 Bewertung des Trait-Ansatzes

Zwar konnten bedeutende Fortschritte bei der Identifikation und Integration von Traits erzielt werden, nichtsdestotrotz weist dieser Zweig der psychologischen Führungsforschung jedoch verschiedene methodische und inhaltliche Probleme auf. Wie bereits erläutert, konnte die ursprünglich angenommene Kontextunabhängigkeit nicht bestätigt werden. Weinert (2004) merkt dazu an, dass der Führungsprozess unter unbedingter Einbeziehung von Persönlichkeitsvariablen abhängig von der Situation zu sehen ist. Darüber hinaus begrenzt die abstrakte Natur der meisten Traits deren Nutzen für das Verständnis effektiver Führung. Es erscheint schwierig, die Relevanz bestimmter Traits angemessen zu interpretieren, ohne zu wissen, wie diese im aktuellen Führungsverhalten Ausdruck finden. Unglücklicherweise sind die meisten traittheoretischen Untersuchungen nicht theoriegeleitet durchgeführt worden und können somit nicht wissenschaftlich fundiert aufzeigen, wie spezifische Traits mit effektiver Führung zusammenhängen. Nur relativ wenige Studien haben neben potenziell führungsrelevanten Traits zusätzlich auch das Verhalten von Führungskräften erfasst. Als Kombination von führungsrelevanten Traits und Verhaltensweisen können charismatische und transformationale Theorien gelten (s. Kapitel 4). Ein weiterer Kritikpunkt bezieht sich darauf, dass Charaktereigenschaften im Führungsprozess nicht unabhängig voneinander zu betrachten sind. Sie stehen in Interaktion miteinander und haben „kombinierten Einfluss" auf den Stil und das Verhalten des Führenden (Weinert, 2004).

Insgesamt konnten die traittheoretischen Basisannahmen somit nicht hinreichend bestätigt werden (Stogdill, 1948; Stogdill, 1974), sodass die wissenschaftliche Betrachtung des Trait-Ansatzes im Laufe der 60er und 70er Jahren nahezu vollständig aufgegeben wurde. Aus der Einsicht, dass die Persönlichkeit nur eine unter mehreren Einflussgrößen auf den Führungserfolg darstellt, haben sich verhaltenszentrierten Ansätze entwickelt, welche das konkrete Führungsverhalten in den Fokus der wissenschaftlichen Betrachtung rücken.

In der Personalpraxis erlangten die Trait-Ansätze jedoch große Beliebtheit und besitzen auch heute noch einen relativ hohen Stellenwert. Sie werden in Assessment-Centern, Beurteilungsbögen oder Persönlichkeitstests im Rahmen von Einstellungsverfahren angewendet (Steinmann & Schreyögg, 2005; Yukl, 2007).

3.2 Der Behaviourale Ansatz

Anfang der 40er Jahre entstand der behaviourale Ansatz, der in den folgenden 50er und 60er Jahren das vorherrschende Forschungsparadigma in der psychologischen Führungsforschung darstellte (Yukl, 2002). Dieser Ansatz suchte nicht länger nach Eigenschaften von erfolgreich Führenden, sondern fokussierte auf bestimmte Verhaltensweisen, die eine Führungskraft

erfolgreich agieren lassen. Diese Verhaltensweisen bilden ein konstantes, situational invariantes behaviourales Muster, das als Führungsstil definiert wird. Diesem Ansatz liegt die Annahme zugrunde, dass erfolgreiches Führungsverhalten modifizierbar und somit auch trainierbar ist. Für alle verhaltenstheoretischen Modelle gilt, dass der Fokus ausschließlich auf der Führungskraft liegt. Situationsmerkmale und Merkmale der Unterstellten spielen dabei (meist) keine Rolle. Als die einflussreichsten wissenschaftlichen Theorien des behaviouralen Ansatzes sind vor allem die Führungsstilkonzeptionen von Lewin, Lippitt und White (1939), Tannenbaum und Schmidt (1958), der Ohio State University (Fleishman, 1953) sowie Blake und Mouton (1964) zu nennen.

3.2.1 Führungsstile von Lewin, Lippitt und White

Als eine der ersten wissenschaftlichen Arbeiten, die den Begriff „Führungsstil" verwendeten, gelten die an der Universität Iowa durchgeführten, wegweisenden Arbeiten von Lewin, Lippitt und White (1939). Im Rahmen einer Experimentalserie betrachteten die Autoren den Einfluss verschiedener Arten von Führungsverhalten auf Gruppenstrukturen und -klimata und die Frage, worauf sich unterschiedliches Gruppenverhalten zurückführen lässt. Untersucht wurden die Auswirkungen verschiedener Führungsstile von Aufsichtspersonen auf das Verhalten von zehn- und elfjährigen Kindern. Es gab – je nach Experiment – zwei oder vier

Gruppen zu je 5 Kindern, die Arbeitsaufgaben wie die Anfertigung von Theatermasken oder die Konstruktion von Modellflugzeugen erhielten. Die teilnehmenden Kinder wurden nach einem bestimmten Rotationsverfahren Gruppenleitern ausgesetzt, die entweder ein autoritäres oder ein demokratisches Führungsverhalten zeigten. Der Laissez-faire-Führungsstil wurde nicht a priori postuliert und untersucht, sondern entstand zufällig, als ein demokratischer Gruppenleiter die Kontrolle über die Gruppe verlor. In diesen Studien wurden erstmals die folgenden verhaltensorientierten Führungsstile postuliert und deren Effekte empirisch untersucht:

1. Autokratisch: „...lagen alle Entscheidungen beim Führer. Er bestimmte jeweils den unmittelbar anstehenden Arbeitsgang; er legte fest, wer mit wem wie zusammenarbeiten sollte; er lobte und kritisierte die einzelnen Gruppenmitglieder, ohne dafür Gründe zu nennen. Insgesamt hielt er sich von der Gruppe fern. Sein Verhalten war unpersönlich" (Lück, 2001, S.99).

2. Demokratisch (oder partizipativ): „....wurden Entscheidungen von der Gruppe gefällt, unter Anregung und Betreuung des Führers. War Rat gefordert, nannte der Führer gewöhnlich verschiedene Lösungswege. Die Mitglieder konnten frei wählen, mit wem sie zusammenarbeiten wollten. Der Führer versuchte, Gruppenmitglied zu sein, arbeitete jedoch kaum aktiv mit. Er äußerte objektives Lob und objektive Kritik." (Lück, 2001, S.99).

3. Laissez-faire: „.... hielt sich der Führer vom Gruppengeschehen völlig fern. Er stellte das Arbeitsmaterial zur Verfügung, sagte, dass

er für Informationen zur Verfügung stehe und gab auch nur auf Anfrage Rat." (Lück, 2001, S.100).

Tabelle 9 zeigt die Auswirkungen in Abhängigkeit des jeweiligen Führungsstils.

Tabelle 9: *Auswirkungen autoritärer, demokratischer und Laissez-Faire-Führung (Lewin et al. 1960)*

	Autoritär	Demokratisch	Laissez-Faire
Zielvorgabe	Vorgabe der Ziele durch den Führer	Ziele sind das Ergebnis einer Gruppen-entscheidung bei Unterstützung durch den Führer	Völlige Freiheit für Einzel- oder Gruppen-entscheidungen, minimale Beteiligung des Führers
Arbeitsfestlegung	Aktionsschritte werden nacheinander vom Führer vorgegeben, sodass die jeweils folgenden Schritte unklar bleiben	Generelle Vorgehens-weise wird in der Gruppe festgelegt. Wenn gewünscht, gibt der Führer Rat und schlägt alternative Aktionsschritte vor	Führer stellt Arbeits-material zu Verfügung und liefert auf Wunsch Information
Arbeitsverteilung	Führer verteilt die Arbeit und bildet Arbeits-gruppen	Arbeitsverteilung und Gruppenwahl durch Mitglieder selbst	Keine Intervention des Führers
Arbeitsbeurteilung	Führer lobt und tadelt einzelne Mitarbeiter persönlich, nimmt nicht am Arbeitsprozess teil	Führer sucht nach ob-jektiven Maßstäben der Kritik, versucht am Gruppenprozess teilzuhaben	Einzelne spontane Kommentare, keine Steuerung und Beurtei-lung der Gruppenarbeit
Arbeitsatmosphäre	Hohe Spannung, Aus-druck von Feind-seligkeiten	Entspannte, freund-schaftliche Atmosphäre	Atmosphäre der Willkür des Einzelnen
Gruppenkohäsion	Unterwürfiges, gehor-sames Gruppenverhal-ten	Höhere Kohäsion, ge-ringere Austritte	Geringe Kohäsion
Aufgabeninteresse	Niedriges Interesse an der Aufgabe	Höheres Interesse an der Aufgabe	Geringes Interesse an der Aufgabe
Arbeitsintensität/ -qualität	Höhere Arbeitsintensi-tät	Höhere Originalität der Arbeitsergebnisse	Geringe Arbeitsintensität
Arbeitsbereitschaft	Arbeitsunterbrechung bei Abwesenheit des Führers	Weiterarbeit auch bei Abwesenheit des Füh-rers	Arbeitsunterbrechung bei Bedarf
Arbeitsmotivation	Geringe Arbeitsmotiva-tion	Höhere Arbeitsmotiva-tion	Geringe Arbeitsmotiva-tion

Es zeigte sich, dass der demokratische Führungsstil die Einstellungsmaße (vor allem Zufriedenheit) am positivsten beeinflusst. Hinsichtlich der Leistungsmaße sind der autoritäre und demokratische Führungsstil ähnlich wirkungsvoll (Lewin, Lippitt & White, 1939).

Kritisch muss konstatiert werden, dass die Studien von Lewin und Kollegen (1939) trotz ihrer Bedeutung für die psychologische Führungsforschung bedeutsame methodische Schwächen aufwiesen. Die Stichprobe bestand aus maximal 20 Kindern im Alter von 10 und 11 Jahren. Auch die Art der Aufgaben und die experimentelle Laborsituation weist eine gewisse Künstlichkeit auf. So ist die externe Validität aufgrund der kleinen und selektiven Stichprobe sowie des experimentellen Settings stark eingeschränkt. Es wurden zahlreiche ähnliche experimentelle Studien zu den von Lewin et al. (1939) begründeten Führungsstilen *autoritäre und demokratische Führung* durchgeführt. Insgesamt zeigte sich, dass die Ergebnisse von Lewin et al. nicht eindeutig repliziert werden konnten und nicht generalisierbar sind (Neuberger, 2002a).

Trotz der beschriebenen Einschränkungen haben Lewin und Kollegen aber mit der Einführung eines dritten Führungsstile – *Laissez-faire* – den Grundstein für mehrdimensionale Konzeptionen von Führung gelegt. Vor allem aber auf Basis der postulierten Führungsstile *autoritäre und demokratische Führung* haben sich im Laufe der Zeit weitere Modelle entwickelt, die aufgabenorientierte und beziehungsorientierte Schwerpunkte setzen.

3.2.2 Das eindimensionale Führungsstil-Kontinuum

Die auf die Arbeiten von Lewin et al. (1939) zurückgehenden Führungsstile *autoritäre und demokratische Führung* wurden von Tannenbaum und Schmidt (1958) aufgegriffen und stellen nach deren Auffassung zwei Pole eines Führungs-Kontinuums dar. Dieses Kontinuum lässt sich als Partizipation beschreiben und bildet den Grad der Willensbildung durch den Vorgesetzten beziehungsweise durch die Mitarbeiter ab. Bei autoritärer Führung erfolgt die Willensbildung ausschließlich durch den Vorgesetzten, bei demokratischer Führung ausschließlich durch die Mitarbeiter. Entsprechend dem Grad der Mitarbeiterbeteiligung lassen sich sieben Führungsstile auf dieser Dimension abbilden (s. Tabelle 10). Autoritäre Führung ist dadurch gekennzeichnet, dass die Führungskraft ihren Mitarbeitern die Arbeitsaufgaben zuweist, die Art der Aufgabenerfüllung bestimmt, auf soziale Distanz bedacht ist und sich von den Gruppenaktivitäten fernhält. Demokratische Führung zeichnet sich dadurch aus, dass die Führungskraft es den Mitarbeitern weitgehend selbst überlässt, die Arbeitsaufgaben zu verteilen, Aufgabenziele erst nach Diskussion mit der Arbeitsgruppe festlegt, sich bemüht, die soziale Distanz zur Gruppe zu verringern, den Mitgliedern der Gruppe hohe persönliche Wertschätzung entgegenbringt und als Gruppenmitglied aktiv am Gruppenleben teilnimmt (Schreyögg & Koch, 2010).

Tabelle 10: *Führungsstil-Kontinuum nach Tannenbaum und Schmidt (1958)*

Willensbildung beim Vorgesetzten						Willensbildung beim Mitarbeiter
Vorgesetzter entscheidet ohne Konsultation der Mitarbeiter	Vorgesetzter entscheidet; er versucht aber die Mitarbeiter von seiner Entscheidung zu überzeugen, bevor er sie anordnet	Vorgesetzter entscheidet; er gestattet jedoch Fragen zu seinen Entscheidungen, um dadurch Akzeptanz zu erreichen	Vorgesetzter informiert Mitarbeiter über beabsichtigte Entscheidungen; Mitarbeiter können ihre Meinung äußern, bevor der Vorgesetzte seine endgültige Entscheidung trifft	Mitarbeiter/ Gruppe entwickelt Vorschläge; Vorgesetzter entscheidet sich für die von ihm favorisierte Alternative	Mitarbeiter/ Gruppe entscheidet, nachdem der Vorgesetzte die Probleme aufgezeigt und die Grenzen des Entscheidungsspielraums festgelegt hat	Mitarbeiter/ Gruppe entscheidet; Vorgesetzter fungiert als Koordinator nach innen und außen
„Autoritär"	„Patriarchalisch"	„Informierend"	„Beratend"	„Kooperativ"	„Delegativ"	„Autonom"

Die Wahl eines erfolgversprechenden Führungsstils wird von verschiedenen situativen Charakteristika mitbestimmt. Tannenbaum und Schmidt (1958) sehen als bedeutsame situative Faktoren Merkmale des Vorgesetzten (beispielsweise Führungsqualitäten), der Mitarbeiter (beispielsweise fachliche Kompetenz) und der Situation (beispielsweise Art der Organisation). Die Führungskraft ist dann erfolgreich, wenn sie in der Lage ist, die verschiedenen situativen Einflussfaktoren angemessen einzuschätzen und ihr Führungsverhalten entsprechend den Erfordernissen der Situation anzupassen. Der bestmöglichsten Passung von Führung und situativen Anforderungen wird eine optimale Erfolgsausschöpfung zugesprochen.

Zur Theorie des eindimensionalen Führungsstil-Kontinuums existieren zahlreiche Arbeiten, Reviews und Metaanalysen (Cotton, Vollrath, Froggatt & Lengnick-Hall, 1988; Leana, Locke & Schweiger, 1990; Miller & Monge, 1986), die vor allem auf die Partizipation der Mitarbeiter fokussieren. Insgesamt bemängeln die Autoren die mangelnde Konsistenz über die verschiedenen Primärstudien hinweg, sodass abschließende Erkenntnisse zur Partizipation der Mitarbeiter bislang ausstehen. Kritisch ist bei der Theorie des eindimensionalen Führungsstil-Kontinuums hinterfragt werden, dass lediglich ein Verhaltensmerkmal der Führung – die Partizipation – berücksichtigt wird und weitere potenzielle Einflussgrößen des Führungsprozesses nicht erläutert werden.

Im Rahmen der Theorie von Tannenbaum und Schmidt (1958) wurde der Fokus der psychologischen Führungsforschung erstmals um situative Einflussgrößen erweitert und neben dem Verhalten der Führungskraft Charakteristika von Mitarbeitern und der Organisation berücksichtigt. Diese Führungskonzeption umfasste somit erstmals kontingenztheoretische Überlegungen und erweiterte das bislang vorherrschende Konzept des Führungsprozesses.

3.2.3 Mitarbeiterorientierung und Aufgabenorientierung

Die wohl prominentesten Führungsstile des behaviouralen Ansatzes –
Mitarbeiterorientierung und Aufgabenorientierung – gehen vor allem auf
die Studien der Ohio State University (Fleishman, 1953) zurück, die fak-
torenanalytisch zwei Dimensionen von Führungsverhalten ermittelten.
Ziel dieser Studien war es, beobachtbares und konkretes Führungsverhalten von Vorgesetzten zu beschreiben, zu messen und die Zusammenhänge mit Kriterien effektiver Führung zu bestimmen. Dazu generierten
die Forscher ungefähr 1800 Aussagen, die unterschiedliche Aspekte von
Führungsverhalten beschrieben. Ein Beispiel für eine Aussage ist „He
insists on meeting deadlines" (Bass, 1990a, S.511). Nach der Eliminie-
rung von Überlappungen und Duplikaten wurden die Aussagen sortiert
und auf 150 Aussagen reduziert. Aus diesen Aussagen wurden neun ho-
mogene Kategorien gebildet, die jeweils inhaltlich ähnliche Items
zusammenfassten. Die ursprünglichen Kategorien waren *Initiative, Reprä-
sentation, Mitgliedschaft, Organisation, Dominanz, Anerkennung, Leistungs-
betonung, Integration* und *Kommunikation* (Neuberger, 2002a). Daraus entwickelte sich der erste Fragebogen zur Erfassung von Führungsverhalten, der ursprüngliche Leader Behaviour Description Questionnaire
(LBDQ, Hemphill, 1950). Der Fragebogen erfasste durch 150 Items
neun

Dimensionen der Führung mit jeweils ungefähr 15 Items. Spätere
Befunde zum LBDQ zeigten jedoch hohe Interkorrelationen zwischen
den Kategorien und inhaltliche Überschneidungen von Items unterschiedlicher Kategorien. Durch daraufhin durchgeführte Faktorenanaly-
sen (Fleishman, 1953; Halpin & Winer, 1957) wurden zwei Faktoren ex-
trahiert. Diese zweifaktorielle Lösung wurde für den LBDQ (Hemphill
& Coons, 1957) übernommen und die Itemzahl reduziert. Inhaltlich las-

sen sich die beiden Führungsstile als Mitarbeiterorientierung und Aufgabenorientierung beschreiben:

Mitarbeiterorientierung: Dieses Führungsverhalten beschreibt primär personenbezogenes Führungsverhalten, welches von Vertrauen und Achtung der Mitarbeiter geprägt ist. Die mitarbeiterorientierte Führungskraft drückt ihre Wertschätzung für gute Arbeit offen aus und betont die Wichtigkeit der Arbeitszufriedenheit. Sie fördert das Selbstbewusstsein von Untergebenen und ist darum bemüht, dass die Mitarbeiter sich wohlfühlen. Sie ist leicht erreichbar, setzt Vorschläge von Gruppenmitgliedern um und holt bei wichtigen Angelegenheiten deren Zustimmung ein, bevor sie handelt. Die mitarbeiterorientierte Führungskraft ist an Beziehungen, Freundschaft, gegenseitigem Vertrauen und interpersonaler Wärme orientiert.

Aufgabenorientierung: Dieses Führungsverhalten dagegen meint vornehmlich aufgabenbezogenes und sachliches Führungsverhalten. Im Vordergrund steht bei aufgabenorientierter Führung das Streben nach Erreichung der Leistungsziele. Der Vorgesetzte bestimmt Aktivitäten der Gruppe, legt Zeitgrenzen und Vorgehensweisen fest. Aufgabenorientierung beinhaltet konkrete Führungsverhaltensweisen wie das Bestehen auf Standards und Fristen und die detaillierte Festlegung, was getan wird und wie es getan wird. Die aufgabenorientierte Führungskraft fokussiert die Aufgabenerfüllung und handelt direktiv, ohne die Gruppe zu Rate zu ziehen. Von besonderer Relevanz ist das Definieren und Strukturieren der eigenen Rolle als Führungsperson und der der Untergebenen hinsichtlich des Erreichens der Ziele.

Beide Dimensionen werden als unabhängig voneinander betrachtet, das heißt, eine Führungskraft kann sowohl eine hohe Beziehungsorientierung als auch eine hohe Aufgabenorientierung besitzen.

Nahezu zeitlich parallel zu der Forschungsgruppe in Ohio wurden auch an der University of Michigan von der Arbeitsgruppe um Likert (1961) umfangreiche Studien durchgeführt. Das empirische Vorgehen in den Untersuchungen war sehr ähnlich. Beide Arbeitsgruppen ermittelten in ihren Ergebnissen nahezu identische Führungsstile (s. Tabelle 11). Der große Erfolg und Einfluss der Führungsstile *Mitarbeiter- und Aufgabenorientierung* ist darauf zurückzuführen, dass die beiden Dimensionen des Führungsverhaltens kontinuierlich bestätigt werden konnten.

Tabelle 11: *Führungsstile der Ohio-Studies und der Michigan-Studies*

Ohio-Studies (Fleishman, 1953)	Initiating Structure: Der Führer richtet sein Verhalten am Kriterium der Erreichung des Arbeitsziels aus etc. Consideration: Der Führer versucht Erwartungen, Gefühle und Bedürfnisse der Mitarbeiter zu erkennen und richtet sein Verhalten darauf aus etc.
Michigan-Studies (Likert, 1961)	Production centered: Der Führer betont den technischen Aspekt der Arbeit, sieht Mitarbeiter als Werkzeuge zur Erreichung des Organisationsziels etc. Employee centered: Der Führer betont die zwischenmenschlichen Aspekte der Arbeit, hat persönliches Interesse an Bedürfnissen und Zielen seiner Mitarbeiter

In den letzten 50 Jahren wurden hunderte Studien durchgeführt, die den Zusammenhang von aufgaben- und mitarbeiterorientiertem Führungsverhalten und verschiedensten Indikatoren effektiven Führungsverhaltens untersuchten. In diesem Zusammenhang integrierten Judge, Piccolo und Ilies (2004) metaanalytisch 322 Korrelationskoeffizienten zum Zusammenhang von Mitarbeiter- und Aufgabenorientierung mit Kriterien der Führungseffektivität. Sowohl Mitarbeiterorientierung ($r = .48$) als auch Aufgabenorientierung ($r = .29$) zeigen durchschnittlich moderate bis starke Beziehungen zu Kriteriumsvariablen wie Effektivität, Zufriedenheit oder Leistung. Dabei wurden erwartungsgemäß höhere Zusammenhänge von Mitarbeiterorientierung mit Kriterien der Zufriedenheit wie Jobzufriedenheit oder Zufriedenheit mit dem Vorgesetzten als auch der Effektivität der Führungskraft gefunden. Aufgabenorientierung zeigte dagegen leicht höhere Zusammenhänge mit der Arbeitsleistung der Mitarbeiter auf Gruppen- und Organisationsebene.

Entsprechend der ursprünglich postulierten orthogonalen Faktorenstruktur sollten Aufgabenorientierung und Mitarbeiterorientierung zwei statistisch voneinander unabhängige Dimensionen darstellen (Bass, 1990a). Verschiedene Studien konnten jedoch immer wieder Interkorrelationen zwischen den beiden Dimensionen belegen (Schriesheim, House & Kerr, 1976). Auch die oben beschriebene Arbeit von Judge und Kollegen (2004) konnte meta-analytisch Interkorrelation von $r = .17$ zwischen Mitarbeiter- und Aufgabenorientierung belegen, sodass die Annahme der statistischen und inhaltlichen Unabhängigkeit nicht zu halten ist. Empirisch fanden sich widersprüchliche und inkonsistente Befunde. So zeigte sich je nach Studie eine unterschiedliche Überlegenheit von Mitarbeiter- oder Aufgabenorientierung in Bezug auf verschiedene Kriterien der Führungseffektivität. Auch sind einzelne Studien nicht miteinander zu vergleichen, da die eingesetzten Fragebögen variieren. Aus methodischer Sicht wurde vornehmlich kritisiert, dass die Forschung zur mitarbeiter- und aufgabenorientierten Führung nahezu ausschließlich auf Fragebogenstudien basierte und somit bedeutsamen Verzerrungen und Validitätsgefährdungen ausgesetzt ist (s. Podsakoff, MacKenzie, Lee & Podsakoff, 2003). Konzeptuell ist vor allem zu kritisieren, dass durch die ausschließliche Fokussierung auf das gezeigte Verhalten der Führungskraft situative Einflussgrößen wie Art der Aufgabe, Erwartungen, Stress oder hierarchische Stellung nicht berücksichtigt werden und der Führungsprozess stark selektiv und nur ausschnitthaft dargestellt wird.

3.2.4 Das Managerial-Grid-Modell

Das Managerial-Grid-Modell von Blake und Mouton (1964) basiert auf den oben beschriebenen Führungsstilen der Mitarbeiter- und der Aufgabenorientierung der Ohio- und Michigan-Studien und erweiterte die ursprüngliche Konzeption. Zahlreiche Arbeiten förderten die Idee eines „High-High-Leaders", das heißt einer Führungskraft, die sowohl hoch mitarbeiterorientiert als auch hoch aufgabenorientiert führt. Nach Blake und Mouton bilden diese beiden Führungsstile ein zweidimensionales Verhaltensgitter (Managerial Grid, s. Abbildung 2), anhand dessen sich Führung als sach- und personenbezogene Aufgabe definieren lässt.

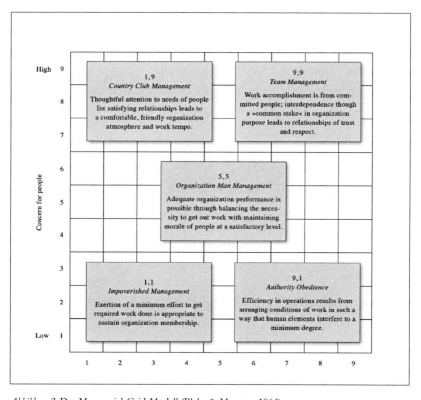

Abbildung 2: Das Managerial-Grid-Modell (Blake & Mouton, 1964)

Jeder Führungskraft kann ein Wert von 1 bis 9 zugeordnet werden, der auf der vertikalen Achse das Ausmaß der Mitarbeiterorientierung einer Führungskraft beschreibt. Die horizontale Achse des Verhaltensgitters bildet die Aufgabenorientierung der Führungskraft ebenfalls mit Werten von 1 bis 9 ab. Jede Führungskraft kann entsprechend der beiden Dimensionen beschrieben werden, sodass sich 81 verschiedene Verhaltensmuster ergeben. Blake und Mouton betrachten allerdings nur fünf Muster als bedeutsam, von denen vier extreme Ausprägungen und die fünfte ein Mittelmaß darstellt. Bass (1990a) beschreibt die fünf Verhaltensmuster wie folgt:

Typ 9,1 Authority-Compliance-Management:

Die Arbeitsbedingungen werden so gestaltet, dass Arbeitsergebnisse mit der maximalen Effizienz erreicht werden und die Bedürfnisse der Mitarbeiter die Arbeit nur minimal beeinflussen.
Erwartete Effekte: Produktiv, aber die Qualität leidet. Starke Konflikte, Abneigung, antiorganisationale Kreativität und Anstrengungen, „das System zu schlagen", sind hoch.

Typ 1,9 "Country Club"-Management

Eine rücksichtsvolle Einbeziehung der zwischenmenschlichen Beziehungen führt zu einer freundlichen organisationalen Atmosphäre und einem angenehmen Arbeitstempo. Erwartete Effekte: Geringe Produktivität, indifferente Qualität, wenig Konflikte, gelassene Atmosphäre.

Typ 1,1 Impoverished Management

Minimale Anstrengung, Arbeitsaufgaben angemessen zu bearbeiten und Mitarbeiterinteressen und -bedürfnisse zu berücksichtigen.
Erwartete Effekte: Niedrige Produktivität und Qualität, geringe Kreativität, wenig Konflikte, wenig Engagement

Typ 5,5 Middle-of-the-Road-Management

Ermöglicht adäquate organisationale Leistung und hält die Balance von Aufgabenerfüllung und Erhaltung der Motivation auf zufriedenstellendem Level.

Erwartete Effekte: Akzeptable Leistung, die auf dem Status quo basiert, moderate Qualität, geringe Kreativität

Typ 9,9 Team-Management

Arbeitsaufgaben werden durch motivierte Mitarbeiter erledigt, die Arbeitsatmosphäre ist durch Vertrauen und Respekt gekennzeichnet. Erwartete Effekte: Durch internalisierte Ziele wird eine hohe Produktivität, Qualität und Kreativität erreicht, hohe Verpflichtung gegenüber den Aufgaben, die zur kollegialen Zusammenarbeit führt, Konflikte lassen sich als produktiv beschreiben.

Zusätzlich zu den fünf verschiedenen Verhaltensmustern wird eine opportunistische Führung postuliert, die vorliegt, wenn eine Führungskraft je nach Situation einzelne oder eine Kombination der fünf Führungsstile anwendet.

Im der Theorie zum Managerial Grid wird eine Maximalausprägung auf beiden Dimensionen, das heißt eine 9,9-Führung, als ideal angesehen und aufgrund der Lernbarkeit als erstrebenswert postuliert. Blake und Mouton (1978) berichten, dass eine 9,9-Führung konsistent mit einer Vielzahl von Leistungskriterien in verschiedenen Studien zusammenhängt. Die meisten wissenschaftlichen Arbeiten zum „High-High-Leader" untersuchten additive Effekte von aufgaben- und mitarbeiterorientierter Führung, es wurden allerdings kaum bedeutsame Ergebnisse gefunden (Yukl, 2007). Interaktionseffekte der beiden Führungsstile wurden nur selten untersucht und die vorliegenden Befunde (Larson, Hunt & Osborn, 1976) sind inkonsistent.

Obwohl die Autoren verschiedene Einflussfaktoren – Organisationsstruktur, Führungssituation, Wertvorstellungen, Persönlichkeitsmerkmale oder Wissen über verschiedene Führungsstile – nennen, welche die Wahl des Führungsverhaltens beeinflussen, werden diese nicht weiter aufgegriffen oder konkretisiert (Blake & Mouton, 1964, S.13). Somit werden situative Einflüsse innerhalb des Managerial-Grid-Modells ignoriert und auch Bedürfnisse und Wünsche der Mitarbeiter vernachlässigt. Zu hinterfragen ist aber auch vor allem die Annahme von Blake und Mouton (1964), dass erfolgreiche Führungskräfte nicht aufgaben- und mitarbeiterorientierte Führungsverhaltensweisen kombinieren, sondern Verhaltensweisen zeigen, die als aufgaben- *und* mitarbeiterorientiert charakterisiert werden können. Existierende Fragebögen zum Managerial Grid erfassen aber lediglich zwei getrennte Dimensionen der Führung mit zugehörigem Führungsverhalten. Durch klassisches faktoranalytisches Vorgehen bei der Fragebogenerstellung lassen sich Verhaltensweisen, die sowohl aufgaben- als auch mitarbeiterorientiert sind, nicht erfassen (Yukl, 2002).

3.2.5 Bewertung des Behaviouralen Ansatzes

Die nahezu ausschließliche Unterteilung von Führungsverhalten in Mitarbeiterorientierung und Aufgabenorientierung endete mit der Formulierung neuerer Führungstheorien, die im Folgenden besprochen werden. Innerhalb der verhaltensorientierten Führungsforschung existiert bislang jedoch kein Konsens darüber, wie viele und welche Führungsverhaltensweisen wirklich bedeutsam sind. Auch werden situative Variablen und mögliche Moderatoreffekte meist ausgeblendet. Aus methodischer Sicht ist zu hinterfragen, dass in zahlreichen Studien zwar publizierte und validierte Erhebungsinstrumente genutzt wurden, die Sinnhaftigkeit der Führungsverhaltensweisen für die Forschungsfrage aber zumeist ignoriert wurde. Zumeist wurden in diesen Fragebogenstudien lediglich isolierte Verhaltensweisen und Effekte untersucht und Muster von Verhaltensweisen oder Interaktionseffekte vernachlässigt. Vor allem wenn lediglich Subskalen bestehender Fragebögen genutzt wurden, ist der Fokus der Untersuchung stark eingeschränkt und liefert möglicherweise kein vollständiges Bild der verschiedenen Führungsverhaltensweisen. Hohe Bedeutung wurde dem behaviouralen Ansatz aufgrund der Modifizierbarkeit des Führungsverhaltens in der Personalentwicklung zugemessen. Allerdings sind die Ergebnisse zu Führungskräftetrainings nur wenig konsistent, sodass keine klaren Handlungsempfehlungen für die Praxis abgeleitet werden können.

Aufgrund der widersprüchlichen Ergebnisse und häufig kritisierter methodischer Schwächen (Yukl, 2002) wird der von den Ohio- (Fleishman, 1953) und Michigan-Studien (Likert, 1961) sowie von Blake und Mouton (1964) geprägte, behaviourale Ansatz seit den 80er Jahren weniger stark verfolgt. Als Reaktion auf die nahezu ausschließliche Verhaltensfokussierung des behaviouralen Ansatzes rückten in der Folge situative Einflussgrößen verstärkt in den Vordergrund der Führungsforschung.

3.3 Der Kontingenz-Ansatz

Die Grundannahme des Kontingenz-Ansatzes besagt, dass der Erfolg des Führungsverhaltens primär von situativen Faktoren abhängt. Durch die Berücksichtigung situativer Bedingungen wird der Begriff „Führungsstil" erstmals nicht mehr als situationsinvariant und zeitlich stabil definiert. Somit existiert kein allgemeingültiger und erfolgreicher Führungsstil, sondern ein konkretes Führungsverhalten ist in bestimmten Situationen erfolgreich und in anderen nicht (Gabele, Liebel & Oechsler, 1992). Theorien des Kontingenz-Ansatzes können durch die Berücksichtigung intervenierender situativer Variablen daher besonders gut erklären, warum Effekte des Führungsverhaltens auf Ergebniskriterien über Situation variieren. Die bedeutendsten Theorien des Kontingenz-Ansatzes sind Fiedlers (1967) LPC-Kontingenz-Modell, die Weg-Ziel-Theorie von House (1971), die Theorie der Führungssubstitute von Kerr und Jermier (1978) sowie das Reifegradmodell von Hersey und Blanchard (1977).

3.3.1 LPC-Kontingenz-Theorie von Fiedler

Den bekanntesten Vertreter des Kontingenz-Ansatzes stellt sicherlich Fiedlers Kontingenztheorie dar (Fiedler, 1967), die als „situativer" Wendepunkt innerhalb der Geschichte der Führungstheorien angesehen wird. Diese Führungstheorie beschreibt die Effizienz von Führungsstilen in Abhängigkeit von der jeweiligen Führungssituation. Das Modell basiert auf drei Kernvariablen: „Führungsstil", „Eignung der jeweiligen Situation" und „Führungseffektivität". Die Arbeitsleistung eines Teams wird demnach dadurch geprägt, inwieweit ein Führungsstil für die jeweilige Situation geeignet ist. Fiedlers (1967) Theorie beschreibt, wie situative Einflüsse den Zusammenhang zwischen der Effektivität der Führung und einem bestimmten Merkmal des Führenden, dem sogenannten „least preferred coworker (LPC) score", moderieren.

Dieser LPC-Wert wird erhoben, indem die Führungskraft gebeten wird, an alle aktuellen und ehemaligen unterstellten Mitarbeiter zu denken. Daran anschließend soll die Führungskraft denjenigen Mitarbeiter auswählen, mit dem sie bislang am schlechtesten zusammenarbeiten konnte. Zur Bestimmung des LPC-Wertes einer Führungskraft wird die LPC-Skala herangezogen, auf der 18 bipolare Adjektivpaare wie „freundlich – unfreundlich" oder „kooperativ – unkooperativ" jeweils in einer Wertabstufung von 1 bis 8 abgetragen sind. Eine Führungskraft, die ihre Mitarbeiter generell kritisch einschätzt, erhält einen niedrigen LPC-Wert, dementsprechend erhält eine wohlwollend wertende Führungskraft einen hohen LPC-Wert. Die Interpretation der LPC-Werte hat sich mehrfach geändert; in Fiedlers (1978) jüngster Interpretation beschreibt der LPC-Wert die Motivhierarchie der Führungskraft. Ein hoher LPC-Wert lässt auf die Motivation schließen, eine enge zwischenmenschliche Beziehung aufzubauen und sich gegenüber den unterstellen Mitarbeitern aufmerksam und unterstützend zu verhalten. Die Erreichung von Aufgaben und Zielen stellt ein sekundäres Motiv dar, welches erst dann wichtig wird, wenn das primäre Motiv – eine enge und vertrauensvolle Beziehung zu den Mitarbeitern – befriedigt ist. Eine Führungskraft, die durch einen niedrigen LPC-Wert gekennzeichnet ist, wird primär durch die Erreichung von Aufgabenzielen motiviert und stets ein aufgabenorientiertes Führungsverhalten zeigen, sobald Probleme bei der Bewältigung einer Arbeitsaufgabe vorliegen. Das sekundäre Motiv – der Aufbau einer persönlichen Beziehung zu den Mitarbeitern – wird für die Führungskraft erst dann bedeutsam, wenn die Arbeitsgruppe eine gute Leistung erbringt und keine Probleme bei der Bewältigung der Arbeitsaufgaben vorliegen.

Der Zusammenhang zwischen dem LPC-Wert einer Führungskraft und der Führungseffektivität wird durch eine komplexe situative Variable, die sogenannte Eignung der jeweiligen Situation (situational favoribility), bestimmt. Diese Eignung der jeweiligen Situation wird definiert als das Ausmaß an Kontrolle über die Mitarbeiter, welches die jeweilige Situation bietet. Dabei werden drei Aspekte der Situation berücksichtigt:

1. Beziehung von Führungskraft und Geführten (leader-member relations): Beschreibt das Ausmaß, in dem Mitarbeiter sich loyal verhalten und die Beziehung zu den Geführten als freundlich und kooperativ beschrieben werden kann.

2. Positionsmacht (position power): Beschreibt das Ausmaß der Macht, die eine Führungskraft hat, um die Leistung ihrer Mitarbeiter zu bewerten sowie Belohnungen und Bestrafungen zu verteilen

3. Aufgabenstruktur (task structure): Lässt sich durch die Merkmale Klarheit der Ziele, Anzahl der Lösungswege, Bestimmtheit der Lösung und Nachprüfbarkeit der Lösung beschreiben.

Fiedler (1967) geht davon aus, dass eine Führungssituation eine umso höhere Eignung aufweist, je besser die Beziehung von Führungskraft und Geführten ist, je strukturierter die Aufgabe ist und je ausgeprägter die formale Macht der Führungskraft ist. Durch die Kombination der drei Kernvariablen ergeben sich acht mögliche Kombinationen, die Fiedler als Oktanten bezeichnet (s. Tabelle 12).

Tabelle 12: *Oktanten der LPC-Kontingenz-Theorie (Fiedler, 1967)*

Oktant	Beziehung von Führungskraft und Geführten	Aufgabenstruktur	Positionsmacht	Effektive Führung
1	gut	strukturiert	hoch	niedriger LPC-Wert
2	gut	strukturiert	niedrig	niedriger LPC-Wert
3	gut	unstrukturiert	hoch	niedriger LPC-Wert
4	gut	unstrukturiert	niedrig	hoher LPC-Wert
5	schlecht	strukturiert	hoch	hoher LPC-Wert
6	schlecht	strukturiert	niedrig	hoher LPC-Wert
7	schlecht	unstrukturiert	hoch	hoher LPC-Wert
8	schlecht	unstrukturiert	niedrig	niedriger LPC-Wert

Fiedlers Modell postuliert einige zentrale Annahmen: In der günstigsten Situation (Oktant 1) ist die Beziehung zwischen Führungskraft und Mitarbeitern gut, die Aufgabe ist strukturiert und die Positionsmacht ist hoch. Wenn die Beziehungen von Führungskraft und Mitarbeitern gut sind, ist die Wahrscheinlichkeit, dass die Mitarbeiter den Vorgaben der Führungskraft nachkommen, höher. Wenn eine hohe Positionsmacht vorliegt, ist es für den Führenden einfacher, seine Mitarbeiter zu beeinflussen. Liegen hoch strukturierte Aufgaben vor, erleichtert dies der Führungskraft die Führung und Kontrolle der Mitarbeiter und ihrer Leistung. Die ungünstigste Situation für die Führungskraft (Oktant 8) lässt sich durch eine schlechte Beziehung zwischen Führungskraft und Mitarbeitern, eine unstrukturierte Arbeitsaufgabe sowie eine niedrige Positionsmacht charakterisieren. Laut Fiedlers Annahmen sind Führungskräfte mit einem niedrigen LPC-Wert effektiver, wenn die Situation sehr günstig (Oktanten 1–3) oder sehr ungünstig (Oktant 8) ist. Liegt die

Günstigkeit für die Führungskraft in einem mittleren Bereich (Oktanten 4 - 7), sind Führungskräfte mit einem hohen LPC-Wert effektiver.

Zu Fiedlers Kontingenz-Theorie wurden zahlreiche Studien durchgeführt. Meta-analytische Studien (Schriesheim, Tepper & Tetrault, 1994; Strube & Garcia, 1981; Peters, Hartke & Pohlmann, 1985) konnten die zentralen Annahmen stützen, wenn auch nicht für jeden Oktanten und eher bei Labor- als bei Feldstudien. Abbildung 3 zeigt die von Fiedler postulierten Konstrukte und kausalen Zusammenhänge. Laut Yukl (2007) wurden auch die Methoden der Forschung zum Kontingenz-Modell kritisiert, da die zumeist korrelativen Studien keine statistische Signifikanz aufwiesen.

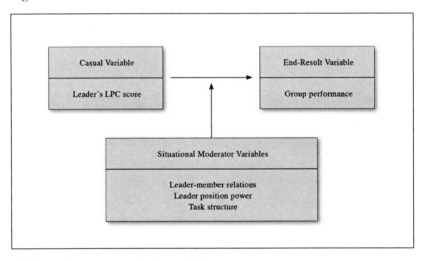

Abbildung 3: Contingency model (Fiedler, 1967)

Neuberger (2002a) kritisiert vor allem Fiedlers empirische Fundierung der Theorie. So beruhen die Ergebnisse zumeist auf sehr kleinen Stichproben mit weniger als zehn Versuchspersonen. Validitätsnachweise wurden nur von Autoren erbracht, die der „Fiedler-Schule" zugerechnet werden konnten. Die LPC-Kontingenz-Theorie weist darüber hinaus bedeutende konzeptionelle Schwächen auf. Vor allem der LPC-Wert ist häufig kritisiert worden. Laut Schriesheim und Kerr (1977) stellt der LPC-Wert ein „measure in search of a meaning" (p. 23) dar. Darüber hinaus merkt Yukl (2007) an, dass der LPC-Wert eine geringere Stabilität und eine höhere Komplexität als postuliert aufweisen kann. Das Modell kann nicht erklären, wie der LPC-Wert einer Führungskraft die Leistung der Arbeitsgruppe beeinflusst (Ashour, 1973). Auch werden in Fiedlers Konzeption mittlere LPC-Werte verneint. Verschiedene Arbeiten konnten zeigen, dass Führende mit einem mittleren LPC-Wert in zahlreichen Situationen effektiver führen, da sie eine Balance von persönlichen Beziehungen und Arbeitszielen erreichen (Shiflett, 1973; Kennedy, 1982). Darüber hinaus wurde die Tatsache kritisch hinterfragt, dass die drei Parameter der situativen Günstigkeit zu einem Kontinuum zusammengefasst werden, und angezweifelt, ob drei Variablen ausreichen, um verwertbare Aussagen über den komplexen Prozess effektiver Führung zu gewinnen (Hentze, Kammel & Lindert, 1997). Der Ansatz ist stark führungskraftzentriert, die Geführten spielen im Führungsprozess keine Rolle. Fiedlers Modell berücksichtigt die Mitarbeiter lediglich aus der Bewertung durch den Vorgesetzten heraus. Diese Erhebungsmethode ist besonders kritisch, da aufgrund der Subjektivität die Beziehungsvariable somit nicht als unabhängige Teilkomponente der Führungs-situation betrachtet werden kann. Da der LPC-Wert von Fiedler als Trait – also als stabil und unveränderlich – konzipiert wurde, wird die Möglichkeit der Weiterentwicklung als Führungskraft verneint. Da der LPC-Wert als konstant angenommen wird, muss die Günstigkeit der Führungssituation verändert werden, um einen Fit mit dem LPC-Wert der Führungskraft zu erlangen. Dementsprechend müsste unter Umständen die Günstigkeit der Situation sogar verschlechtert werden, um optimale Führungseffektivität zu gewährleisten (Schriesheim & Kerr, 1977).

Trotz der berechtigten Kritik findet Fiedlers Modell in der Praxis durchaus noch Beachtung, obgleich Neuberger (2002a) dem Modell nur noch einen historischen Wert beimisst. Das LPC-Kontingenz-Modell stellt eine der ersten Theorien des Kontingenz-Ansatzes dar und rückte erstmals situative Faktoren in den Mittelpunkt des Führungsprozesses.

3.3.2 Weg-Ziel-Theorie

House (1971) entwickelte die Weg-Ziel-Theorie der Führung, um erklären zu können, wie das Führungsverhalten des Vorgesetzten Zufriedenheit und Leistung der Mitarbeiter beeinflusst. Basierend auf einer Führungstheorie von Evans (1970), formulierte House ein elaborierteres Modell, welches auch situative Variablen beinhaltete. Die Theorie wurde wiederum von verschiedenen Autoren (House & Dessler, 1974; House & Mitchell, 1974; Evans, 1974) aufgegriffen und weiterentwickelt. Laut House (1971) besteht die Funktion einer Führungskraft darin, Erfolge der Mitarbeiter zu maximieren, indem der Weg der Zielerreichung aufgezeigt wird und mögliche Hindernisse dabei eliminiert werden. Führungsverhalten wird dementsprechend von den Mitarbeitern in dem Maße akzeptiert und angenommen, in dem das Führungsverhalten als Quelle von Zufriedenheit oder als instrumentell – also ursächlich – für zukünftige Zufriedenheit angesehen wird (House & Dessler, 1974). Ein identisches Führungsverhalten wirkt dabei nicht zwangsläufig im selben Maße auf die Zufriedenheit und Leistung der Mitarbeiter. Abhängig von der jeweiligen Führungssituation beeinflusst ein Führungsverhalten Zufriedenheit und Leistung entweder auf dieselbe Art und Weise, beide Kriterien unterschiedlich oder lediglich Zufriedenheit oder Leistung.

Die Weg-Ziel-Theorie lässt sich den Erwartungstheorien beziehungsweise den Erwartung x Wert-Theorien zuordnen. Sogenannte Erwartungstheorien (s. Georgopoulos, Mahoney & Jones, 1957; Vroom,

1964) beschreiben, wie eine Führungskraft Zufriedenheit und Leistung ihrer Mitarbeiter beeinflusst. Erwartungstheorien beschreiben die Arbeitsmotivation dabei als rationalen Entscheidungsprozess, bei dem ein Mitarbeiter definiert, wieviel Anstrengung er zu einem bestimmten Zeitpunkt in seinen Job beziehungsweise in seine Arbeitsaufgabe investieren will. Durch die investierte (oder zu investierende) Anstrengung bestimmt ein Mitarbeiter die Wahrscheinlichkeit, eine Arbeitsaufgabe erfolgreich zu beenden und die Wahrscheinlichkeit, dass die Aufgabenbewältigung positive Konsequenzen (beispielsweise höherer Lohn) aufweist. Die wahrgenommene Wahrscheinlichkeit eines Handlungsergebnisses wird als Erwartung und die Attraktivität der Handlungsfolgen wird als Valenz bezeichnet.

Die ursprüngliche Version der Weg-Ziel-Theorie beinhaltete lediglich zwei breit definierte Führungsverhaltensweisen: Unterstützende Führung (supportive leadership), die dem Führungsstil der Mitarbeiterorientierung entspricht, und direktive Führung (directive leadership), die identisch mit dem Führungsstil Aufgabenorientierung ist. In einer späteren Erweiterung des Weg-Ziel-Modells ergänzten House und Mitchell (1974) zwei weitere Führungsstile. Diese vier Führungsstile lassen sich wie folgt definieren:

1. *Unterstützende Führung (supportive leadership):* Die Bedürfnisse der Mitarbeiter werden berücksichtigt, es wird Sorge für das Wohl der Mitarbeiter gezeigt und ein freundliches Arbeitsklima geschaffen.

2. *Direktive Führung (directive leadership):* Es wird klar geäußert, was die Mitarbeiter tun sollen, die Mitarbeiter werden angehalten, Regeln und Anweisungen zu befolgen und die Arbeitsaufgaben werden klar koordiniert und determiniert.

3. *Partizipative Führung (participative leadership):* Entscheidungen werden mit den Mitarbeitern beraten und Meinungen und Vorschläge berücksichtigt.

4. *Leistungsorientierte Führung (achievement-oriented leadership):* Es werden herausfordernde Ziele gesetzt, Leistungssteigerungen gesucht, exzellente Leistung erwartet und Vertrauen gezeigt, dass die Mitarbeiter diesen Standards entsprechen.

Entsprechend den Annahmen der Weg-Ziel-Theorie hängt der Einfluss des Führungsverhaltens auf die Zufriedenheit und Leistung der Mitarbeiter von Charakteristika der Situation – also von Merkmalen der Aufgabe und der Mitarbeiter – ab. Diese situativen Moderatorvariablen determinieren das Potenzial, die Motivation der Mitarbeiter steigern zu können, und das Führungsverhalten, das gezeigt werden muss, um die Motivation positiv zu beeinflussen.

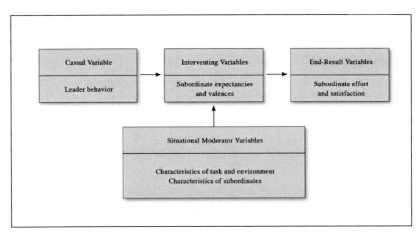

Abbildung 4: Path-goal theory of leader effectiveness (House, 1971)

Darüber hinaus beeinflussen situative Aspekte die Präferenzen der Mitarbeiter für ein bestimmtes Führungsverhalten und bestimmen so den

Einfluss der Führungskraft auf die Zufriedenheit der Geführten. Die Zusammenhänge der verschiedenen Variablen zeigt Abbildung 4.

Die Weg-Ziel-Theorie macht einige zentrale Aussagen über das Zusammenwirken der verschiedenen Variablen. Wenn die Aufgabe stressig, langweilig, mühsam oder gefährlich ist, führt unterstützende Führung zu Leistung und Zufriedenheit, indem Selbstvertrauen gestärkt, Ängstlichkeit reduziert und unangenehme Aspekte der Arbeit gemindert werden. Somit erhöht die Führungskraft sowohl die Valenz der Arbeitsaufgabe als auch die Erwartung, diese erfolgreich zu bewältigen. Wenn eine Aufgabe hingegen interessant und angenehm und die Mitarbeiter selbstbewusst sind, hat unterstützende Führung wenig oder keinen Einfluss. Ist die Aufgabe unstrukturiert und komplex, die Mitarbeiter haben wenig Erfahrung und es existieren wenig Regeln und Vorschriften, so führt der direktive Führungsstil zu einer höheren Zufriedenheit und Leistung der Mitarbeiter. Wenn die Mitarbeiter nicht verstehen, wie die Arbeitsaufgabe effektiv zu bewältigen ist, erzeugt dies selbst bei hoher Anstrengung eine geringe Erfolgserwartung. Wird die Unsicherheit der Mitarbeiter durch direktive und konkrete Arbeitsaufträge gemindert, erhöht sich die wahrgenommene Wahrnehmung, die Aufgabe zu bewältigen, und somit mittelbar auch die Leistung der Mitarbeiter. Bei strukturierten Aufgaben oder erfahrenen und kompetenten Mitarbeitern weist eine direktive Führung keine positiven Effekte auf. Die Zufriedenheit und Leistung kann sogar sinken, da Mitarbeiter diese Art der Führung als einengend und kontrollierend empfinden können.

Bezüglich partizipativer und leistungsorientierter Führung sind die theoretischen Annahmen nur unzureichend entwickelt und erforscht (Yukl, 2007). Für partizipative Führung werden positive Effekte bei unstrukturierten Aufgaben angenommen, da die Führungskraft die Rollenklarheit erhöht, das heißt, sie klärt der Aufgaben und Befugnisse der Mitarbeiter.

Leistungsorientierte Führung führt bei unstrukturierten Aufgaben zu positiven Effekten, da Selbstvertrauen und die wahrgenommene Erfolgswahrscheinlichkeit gesteigert werden. Bei einfachen oder stark strukturierten Aufgaben hat diese Art der Führung keinen Effekt.

Die empirische Forschung zur Weg-Ziel-Theorie erbrachte ambivalente Resultate. In einer umfassenden Metaanalyse integrierten Woffford und Liska (1993) 120 Fragebogenstudien zur unterstützenden und zur direktiven Führung. Ein Review von Podsakoff, MacKenzie, Ahearne und Bommer (1995) untersuchte 73 Arbeiten zu den in der Weg-Ziel-Theorie spezifizierten Moderatorvariablen. Trotz der umfassenden empirischen Basis ist die finale Befundlage nicht eindeutig. Bezüglich der beiden Führungsstile partizipative und leistungsorientierte Führung können ebenfalls keine klaren Schlussfolgerungen gezogen werden. Zusammenfassend stellt Yukl (2007) pessimistisch fest, dass die postulierten moderierenden Effekte der Situation nicht bestätigt werden konnten.

Bislang konnte nicht hinreichend geklärt werden, wie die zahlreichen Erwartungen und Valenzen für verschiedene Handlungserfolge angemessen kombiniert werden können und so die Motivation einer Person bestimmen. Die große Mehrzahl der Studien nutzte lediglich Fragebögen aus der Mitarbeiterperspektive, um das Führungsverhalten zu untersuchen. Häufig wurden lediglich Teilaspekte des Gesamtmodells betrachtet und Aspekte wie die Erwartung und Valenz ignoriert. Auch wurden häufig Surrogatvariablen anstatt der eigentlichen spezifizierten Variablen untersucht. Neben den rein methodischen Defiziten bemängeln verschiedene Autoren auch konzeptionelle Schwächen der Weg-Ziel-Theorie der Führung. Vor allem die theoretische Verankerung in Erwartung x Wert-Konzeptionen wurde kritisiert, da diese streng rationalen Abwägungen nach Ansicht verschiedener Experten (Behling & Starke, 1973; Mitchell, 1973) eine unzulässige Vereinfachung der Realität darstellen. Einige der postulierten Erklärungen der Weg-Ziel-Theorie erscheinen zudem zweifelhaft. So wird angenommen, dass Rollenunklarheit zu unrealistisch niedrigen Erfolgserwartungen führt und bestimmtes Führungsverhalten durch Klärung der Rollenanforderungen automatisch die wahrgenommene Erfolgserwartung der Mitarbeiter steigert. Dabei wird außer Acht gelassen, dass eine realistischere Einschätzung der Rolle auch zu einer niedrigeren wahrgenommenen Erfolgswahrscheinlichkeit führen kann (Yukl, 1989). Die postulierten Führungsstile der Weg-Ziel-Theorie werden lediglich isoliert betrachtet und mögliche Wechselwirkungen untereinander oder Interaktionen mit mehr als einer situativen Variable werden negiert (Osborn, 1974). Zwar integrierte House (1996) in einer umfangreichen Erweiterung des Führungsmodells Führungsstile alternativer Theorien wie Charismatische oder Transformationale Führung. Nichtsdestotrotz bleibt es zweifelhaft, ob Effekte dieser Führungsstile durch Erwartung x Wert-Überlegungen angemessen abgebildet werden können.

3.3.3 Das Reifegradmodell

Das Reifegradmodell von Hersey und Blanchard (1977) baut auf den Ohio-Studien auf und erweitert deren Führungskonzeption um die Annahme, dass jeder Mitarbeiter seinem Reifegrad entsprechend spezifische Führung benötigt, um eine optimale Arbeitsleistung zu erbringen. Ein hoher Reifegrad der Mitarbeiter konstituiert sich in ausgeprägten Fähigkeiten (Funktionsreife) und hohem Selbstvertrauen (psychologische Reife), während diese Attribute bei einem niedrigen Reifegrad in geringer Ausprägung vorliegen. Das Führungsmodell geht davon aus, dass der Reifegrad der Mitarbeiter die Art der optimalen Führung determiniert. Hersey und Blanchard postulieren vier Reifegrade der Mitarbeiter:

- Reifegrad 1: nicht fähig und nicht willig oder nicht fähig und unsicher

- Reifegrad 2: nicht fähig, aber willig oder nicht fähig, aber vertrauensvoll

- Reifegrad 3: fähig, aber nicht willig oder fähig, aber unsicher

- Reifegrad 4: fähig und willig oder fähig und vertrauensvoll

Abbildung 5 zeigt den erforderlichen Führungsstil in Abhängigkeit vom Reifegrad der geführten Mitarbeiter. Sind die Mitarbeit sehr unreif (M1), erzielt Führungsstil 1 die höchste Effektivität. Die Führungskraft sollte in hohem Maße aufgabenorientiert führen, das heißt konkrete Arbeitsanweisungen geben und die Leistung der Mitarbeiter überwachen. Bei einem steigenden Reifegrad (M2 und M3) kann die Führungskraft das Ausmaß aufgabenorientierter Führung reduzieren und zunehmend mitarbeiterorientierte Verhaltensweisen zeigen. Bei einem hohen Reifegrad sollte die Führungskraft argumentieren und Entscheidungen erklären. Liegt Reifegrad 3 vor, sollte partizipierende Führung gezeigt werden, das heißt, Ideen sollten mitgeteilt werden und Mitarbeiter dazu ermutigt werden, Entscheidungen zu treffen. Weisen die Mitarbeiter ausgeprägte Fähigkeiten und hohes Selbstvertrauen auf (M4), sollte die Führungskraft wenig aufgabenorientiertes und wenig mitarbeiterorientiertes Führungsverhalten zeigen. Die Führungskraft sollte vor allem delegieren und den Mitarbeitern die Verantwortung zur Entscheidungsfindung und Bewältigung von Arbeitsaufgaben übergeben. Obwohl das Reifegradmodell von Hersey und Blanchard (1977) in der Praxis starke Verbreitung fand und vor allem im Rahmen der Personalentwicklungsmaßnahmen auch heute noch genutzt wird, existieren nur wenige Studien, die direkt das Modell untersuchen (Blank, Green & Weitzel, 1990; Fernandez & Vecchio,

1997). Vor allem die Grundannahme, dass ein geringerer Reifegrad der Mitarbeiter eine verstärkt direktive und aufgabenorientierte Führung erfordert, konnte kaum empirisch belegt werden.

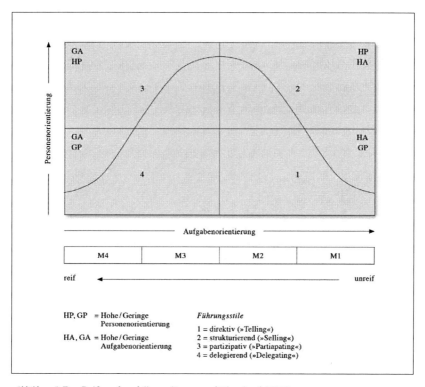

Abbildung 5: Das Reifegradmodell von Hersey und Blanchard (1977)

Steinmann und Schreyögg (2005) kritisieren, dass die Anpassung des Führungsverhaltens an das Reifegradniveau der Geführten tendenziell zirkulär ist, da der Reifegrad durch die Art der Führung verändert werden kann. Auch ist das Reifegradkonzept nicht angemessen definiert und es ist unklar, in welchem Zusammenhang die Funktionsreife und die psychologische Reife zueinander stehen. Auch wird die Art der Führung für die jeweiligen Quadranten nicht angemessen expliziert und weitere situative Einflüsse bleiben unerwähnt.

3.3.4 Die Theorie der Führungssubstitution

Kerr und Jermier (1978) beschreiben in ihrer Theorie der Führungssubstitution Charakteristika der Situation, die Wichtigkeit und Einfluss der Führung beziehungsweise des Führenden reduzieren. Somit greift das Modell einen Grundgedanken der Weg-Ziel-Theorie auf, wonach Führung nur in bestimmten Situationen einen Einfluss aufweist. Die Theorie der Führungssubstitution unterscheidet zwei Arten situativer Variablen: Substitute und Neutralisatoren. Substitute stellen dabei Variablen dar, die Führung unnötig und überflüssig machen. Substitute umfassen Charakteristika der Mitarbeiter (zum Beispiel ausgeprägte Fähigkeiten), der Aufgabe (zum Beispiel Komplexitätsgrad) oder Organisation (zum Beispiel Formalisierung), die gewährleisten, dass die Mitarbeiter ihre Arbeitsrollen kennen, wissen, wie ihre Aufgaben zu bearbeiten sind oder motiviert und zufrieden mit ihrer Arbeit sind. Neutralisatoren beschreiben alle Charakteristika der Aufgabe oder der Organisation, die verhindern, dass eine Führungskraft ein intendiertes Führungsverhalten zeigt oder die den Einfluss des Führungsverhaltens zunichtemachen.

Substitute stellen innerhalb des Modells Variablen dar, die ein bestimmtes Level aufweisen müssen, um optimale Effekte von Führung zu gewährleisten. Beispielsweise sind Mitarbeiter mit ausgeprägten Fähigkeiten und Fertigkeiten und Expertenwissen in der Lage, selbstständig Ziele zu setzen und ihre Zielverfolgung zu überwachen. Brodbeck, Maier und Frey (2002) nennen als Beispiel teilautonome Arbeitsgruppen, die sich selbstständig koordinieren und Führung somit weitestgehend obsolet werden lassen. Neutralisatoren stellen dagegen Variablen dar, welche die Führungskraft in ihrem Handeln einschränken. Ein Beispiel für eine

Einschränkung von Führung durch Neutralisatoren stellen beispielsweise mangelnde Befugnisse dar, die verhindern, dass eine Führungskraft einen Mitarbeiter bei schlechter Leistung sanktioniert.

Die ursprüngliche Version der Theorie der Führungssubstitution versuchte, Substitute und Neutralisatoren für unterstützende (supportive leadership) und instrumentelle Führung (instrumental leadership) zu belegen. Unterstützende Führung entspricht dabei dem Führungsstil der Mitarbeiterorientierung, instrumentelle Führung ist identisch mit der Aufgabenorientierung.

Tabelle 13: *Substitute und Neutralisatoren (Kerr & Jermier, 1978)*

Substitute or Neutralizer	Supportive Leadership	Instrumental Leadership
A. Subordinate Characteristics		
1. Experience, ability, training	Substitute	
2. Professional Orientation	Substitute	Substitute
3. Indifference toward rewards	Neutralizer	Neutralizer
B. Task Characteristics		
1. Structured, routine task		Substitute
2. Feedback provided by task		Substitute
3. Intrinsically satisfying task	Substitute	
C. Organization Characteristics		
1. Cohesive work group	Substitute	Substitute
2. Low position power	Neutralizer	Neutralizer
3. Formalization (roles, procedures)		Substitute
4. Inflexibility (rules, policies)		Neutralizer
5. Dispersed subordinate work sites	Neutralizer	Neutralizer

Tabelle 13 zeigt die von Kerr und Jermier (1978) postulierten Substitute und Neutralisatoren für unterstützende und instrumentelle Führung. Mitarbeiter benötigen relativ wenig Führung, wenn sie auf eine umfassende Erfahrung oder Ausbildung zurückgreifen können. In diesem Fall besitzen sie die Fähigkeiten und das Wissen, welche Arbeitsaufgaben vorliegen und wie diese erfolgreich bewältigt werden können. Yukl (2007) nennt als Beispiel Ärzte, Piloten oder Buchhalter, die wenig Führung benötigen und diese auch häufig nicht wünschen. Ebenso benötigen Mitarbeiter, die durch Werte, Bedürfnisse und ethische Standards intrinsisch motiviert sind, keine Unterstützung durch die Führungskraft, um qualitativ hochwertige Arbeitsresultate abzuliefern. Die Attraktivität verschiedener Belohnungen durch die Führungskraft hängt in bedeutendem Umfang auch von den Bedürfnissen und der Persönlichkeit der Mitarbeiter ab. So werden unterstützende und instrumentelle Führung neutralisiert, wenn die Führungskraft keine Passung von Belohnungen und Erwartungen der Mitarbeiter schafft. Beispielsweise können Mitarbeiter, die sich vor allem andere Arbeitsinhalte wünschen, nicht oder wenig durch monetäre Belohnungen für Überstunden motiviert werden.

Einfache, repetitive Aufgaben stellen ein weiteres Substitut von Führung dar. Die Mitarbeiter erwerben umgehend das Wissen und die Fähigkeiten, diese Art der Arbeitsaufgaben zu bewältigen, ohne dass eine zusätzliche Ausbildung oder Anweisung durch die Führungskraft notwendig ist. Rückmeldung der Arbeitsergebnisse und -qualität durch die Führungskraft ist auch dann überflüssig, wenn die Arbeitsaufgabe selbst Rückmeldung liefert. Lawler (1981) konnte beispielsweise in einer Studie zeigen, dass Mitarbeiter einer Firma mit vernetzten Computern und computerintegrierter Fertigung weniger Führung benötigten, da das System die Mitarbeiter mit Rückmeldungen versorgte und die Mitarbeiter über das Netzwerk zusätzliche Informationen einholen konnten. Ist eine

Aufgabe sehr interessant und angenehm, kann die Aufgabe die Mitarbeiter so motivieren, dass die Führungskraft nicht zusätzlich motivierend eingreifen muss.

Das Vorliegen einer hohen Gruppenkohäsion der Mitarbeiter kann Führung substituieren, da die Mitglieder Unterstützung innerhalb der Arbeitsgruppe erfahren können. Eine hohe Kohäsion kann motivierende Führung auch ersetzen, wenn innerhalb der Gruppe ein sozialer Druck erzeugt wird, sich in angemessenem Umfang in die Aufgabenerfüllung einzubringen. Hat eine Führungskraft nur eine geringe Positionsmacht, wird die Ausübung der Führungsarbeit verhindert, da die Führungskraft keine Möglichkeiten und Ressourcen hat, ihre Mitarbeiter angemessen zu belohnen oder zu sanktionieren. Eine hohe Formalisierung der Organisation substituiert instrumentelle Führung, da Rollen und Arbeitsabläufe durch die Organisation bereits vorgegeben sind und die Führungskraft diese nicht mehr vorgeben muss. Starre Regeln und Richtlinien stellen einen Neutralisator instrumenteller Führung dar, da sie die Führungskraft darin behindern, selbstständig Veränderungen anzustoßen. Als letztes Merkmal der Organisation beschreiben Kerr und Jermier (1978) das Vorliegen verstreuter Arbeitsorte. Befinden sich die Mitarbeiter – wie beispielsweise Außendienstmitarbeiter – häufig außerhalb des Umfeldes der Führungskraft, kann diese nur sehr begrenzt Einfluss auf die Mitarbeiter nehmen.

Die wissenschaftliche Befundlage zur Theorie der Führungssubstitution kann als uneinheitlich charakterisiert werden. So wurden zwar verschiedene Annahmen der Theorie bestätigt, andere Aspekte konnten jedoch nicht bestätigt werden oder wurden nicht untersucht (Howell & Dorfman, 1981; Podsakoff, 1997). Podsakoff, MacKenzie, Ahearne und Bommer (1995) in dem oben bereits erwähnen Review fest, dass die Suche nach möglichen situativen Moderatoren von Führung der Suche nach der Nadel im Heuhaufen gleiche. Die Studie konnte lediglich For-malisierung als Substitut von Führung bestätigen. Allerdings konnten Podsakoff und Kollegen bedeutsame direkte Effekte der Situation auf Motivation und Zufriedenheit belegen und fordern daher, dass die For-schung sich vor allem auf diese direkten situativen Effekte fokussieren solle.

Neben den oben beschriebenen, nicht zufriedenstellenden Befun-den wurden vor allem inhaltliche und konzeptuelle Schwächen bemän-gelt. So werden zwar zahlreiche substituierende und neutralisierende Variablen vorgeschlagen, detaillierte Erläuterungen zu den postulierten Effekten fehlen aber bislang. Auch wird lediglich die formale Führungs-kraft betrachtet und andere Quelle von Führung und Einflussnahme, wie beispielsweise Kollegen, werden ignoriert. Auch erscheint es schwierig, die breit formulierten Führungsstile unterstützende und instrumentelle Führung adäquat mit spezifischen Substitutvariablen und Neutralisatoren zu verknüpfen. Weiterhin wird der Umstand vernachlässigt, dass Füh-rungskräfte in der Lage sein können, die Organisation und somit die Situation aktiv zu verändern und neu zu strukturieren.

3.3.5 Bewertung des Kontingenz-Ansatzes

Tabelle 14 zeigt die zentralen Charakteristika der beschriebenen kontin-genztheoretischen Führungskonzeptionen. Alle Theorien beschreiben im Kern situative Moderatorvariablen von Führung und unterscheiden sich vor allem hinsichtlich der Anzahl und Breite der situativen Variablen (Yukl, 2007).

Die verschiedenen Kontingenztheorien der Führung sind schwer zu bestätigen oder zu widerlegen, da die Vielzahl der postulierten Bezie-hungen nur schwer oder gar nicht zu operationalisieren und zu verifizie-ren sind. In der Praxis ist es aufgrund der Unkontrollierbarkeit des Umfeldes und der Situation kaum möglich, kontingenztheoretische Ansätze zu nutzen. Auch die Annahme, dass es in einer spezifischen Situation lediglich ein optimales Führungsverhalten gebe, ist fragwürdig. Eine optimale Kontingenztheorie der Führung umfasst neben situativen Elementen vor allem auch universelle Elemente, um eine Anwendung in der Praxis zu ermöglichen (Yukl, 2007).

Tabelle 14: *Vergleich der Kontingenztheorien, mod. nach Yukl, 2007*

Kontingenz-Theorie	Führungs-kräfte-Traits	Führungs-verhalten	Situative Variablen	Intervenieren-de Variablen	Validitäts-befunde
LPC-Kontingenz-Modell	LPC	Keine	Beziehung von Führungskraft und Geführten, Aufgaben-struktur, Positionsmacht	Keine	zahlreiche Studien, teilweise Bestätigung
Weg-Ziel-Theorie	keine	Unterstützend, direktiv, partizipativ, leistungs-orientiert	zahlreiche Aspekte	Erwartung, Valenz, Rol-lenambiguität	zahlreiche Studien, teilweise Bestätigung
Reifegradmodell	keine	aufgabenorien-tiert, mitarbei-terorientiert	Reifegrad der Mitarbeiter	Keine	wenig Studien, wenig Bestätigung
Theorie der Führungs-substitute	keine	unterstützend, instrumentell	zahlreiche Aspekte	Keine	wenig Studien, eher ergebnislos

Abschließend lässt sich festhalten, dass Theorien des Kontingenz-Ansatzes das psychologische Führungsverständnis durch die Betonung situativer Faktoren signifikant erweitert haben und sich kontextuale Variablen in aktuellen Ansätzen zur Führung auch heute noch in Form moderierender Einflüsse wiederfinden (Podsakoff, MacKenzie, Ahearne & Bommer, 1995).

3.4 New Leadership

Den vierten Ansatz bezeichnet Bryman (1992) als New Leadership. Der New-Leadership-Ansatz findet seit den frühen Achtzigerjahren starke Beachtung und umfasst vor allem prominente Ansätze wie Transformationale Führung (Bass, 1985a) und Charismatische Führung (Conger & Kanungo, 1988). New Leadership vereint verschiedene Aspekte der dargestellten Trait-, Behaviour- und Kontingenzansätze, was ihn zu einem umfassenden Hybrid-Ansatz macht (Sashkin, 2004).

Führung wird im New Leadership als Prozess verstanden, bei dem der Führende das Commitment und die Bedürfnisse der Mitarbeiter durch Visionen und sinnstiftendes Verhalten stimuliert (Felfe, 2005). Durch die persönliche Weiterentwicklung der Mitarbeiter werden diese in die Lage versetzt, das gemeinsame Ziel zu erreichen. Die zentrale Frage der verschiedenen Führungskonzeptionen des New Leadership lautet dabei, wie es Führungskräften gelingt, Mitarbeiter, Arbeitsgruppen und Organisationen so zu führen, dass herausragende und über der Erwartung liegende Leistungen erzielt werden. Die Theorien des New-Leadership-Ansatzes leisten einen wichtigen Beitrag zum Verständnis von Führungsprozessen. Sie ermöglichen zum einen eine Erklärung des außergewöhnlichen Einflusses, den manche Führungskräfte auf ihre Mitarbeiter haben. Frühere Theorien wie der situationale Ansatz konnten diese eher personalen Einflussprozesse bislang nicht hinreichend abbilden. Darüber hinaus stellen Theorien des New Leadership emotionale Aspekte der Interaktion von Mitarbeiter und Führungskraft in den Vordergrund; alternative Theorieansätze hingegen haben sich nahezu ausschließlich mit den rationalen Aspekten dieser Beziehung beschäftigt. Außerdem wird bei New-Leadership-Theorien die Sinnhaftigkeit der Arbeit sowie der Ergebnisse für die Mitarbeiter verdeutlicht. Im Gegensatz zur Tradition der traittheoretischen Ansätze, die von angeborenen und invarianten Eigenschaften und Fähigkeiten ausgehen, wird nun die verhaltenstheoretische Sichtweise stärker intergiert und die Lehr- und Lernbarkeit von Führung betont (Staehle, 1999).

Insgesamt kam mit dem New-Leadership-Ansatz ein zunehmend umfassenderes und detaillierteres Bild von Führung gezeichnet werden, das zahlreiche Aspekte und Variablen der bisherigen Ansätze integriert. Laut Day (2004) gab es vor allem in den 90er Jahren Diskussionen darüber, welche Modelle sich innerhalb des New-Leadership-Ansatzes diskriminieren lassen und ob der Ansatz des New-Leadership ein Modell an sich ist. Als wichtigste und einflussreichste Ansätze der New Leadership können die Transformationale Führung (Bass, 1985a) und die Charismatische Führung (Conger & Kanungo, 1988) gelten. Auf Grund der großen inhaltlichen Konvergenzen zwischen Charismatischer und Transformationaler Führung werden beide Begriffe auch von verschiedenen Autoren synonym verwendet.

Die aktuellen Theorien zur Charismatischen Führung wurden vor allem von den Arbeiten des Soziologen Max Weber inspiriert und beeinflusst. Weber (1947) nutzte den Begriff „Charisma", um den Einfluss von Führenden zu beschreiben, der nicht durch Traditionen oder formale Autorität begründet ist. Etymologisch lässt sich das Wort selbst auf „charis" (altgriechisch für Gnade) und das Suffix –„ma" (Gabe oder Geschenk) zurückführen. Eine charismatische Führungskraft wird daher als mit dieser Gabe – außergewöhnlichen Fähigkeiten und Eigenschaften – ausgestattet wahrgenommen. Das Charisma des Führenden wird dabei laut Weber (1972) als magisches und unentrinnbares Faszinosum wahrgenommen. Durch Charisma sind Führende in der Lage, die Geführten in ihren Bann zu ziehen und zu einer außeralltäglichen Hingabebereitschaft zu bewegen. Laut Neuberger (2002b) leben charismatische Führungskräfte „überzeugend und mitreißend vor, wofür es sich lohnt zu leben und zu arbeiten; damit wirken sie als Modelle für das Wertsystem, dem die Geführten nacheifern, wecken neue Motive und herausfordernde Ziele. Sie vertrauen den Geführten und steigern damit deren Selbstachtung und Selbstvertrauen – was zu höherer Motivation führt" (S. 57).

3.4.1 Selbstkonzept-Theorie der Charismatischen Führung

House (1977) entwickelte die Selbstkonzept-Theorie Charismatischer Führung. Der Autor identifizierte Verhaltensweisen, Persönlichkeitseigenschaften und Fähigkeiten charismatischer Führungskräfte und untersuchte, welche Kontextfaktoren Charismatische Führung begünstigen. Die Kernelemente der Charismatischen Führung stellen dabei Persönlichkeitsmerkmale und konkrete Verhaltensweisen der Führungskraft dar. So wird postuliert, dass charismatische Führungskräfte ein hohes Selbstvertrauen aufweisen und dazu neigen, zu dominieren und andere beeinflussen zu wollen und von ihren Vorstellungen und Idealen überzeugt zu sein. Auf behaviouraler Ebene beeinflussen charismatisch Führende die Einstellungen und das Verhalten der geführten Mitarbeiter durch die Demonstration der folgenden Verhaltensweisen:

1. Formulierung einer ansprechenden Vision

2. Nutzung starker und expressiver Kommunikationsformen bei der Artikulation der Vision

3. Verfolgen der Vision und Eingehen eines hohen persönlichen Risikos

4. Kommunikation hoher Erwartungen

5. Zeigen von Optimismus und Vertrauen in die Mitarbeiter

6. (Vorbild-)Verhalten der Führungskraft, welches konsistent mit der Vision ist

7. Beeinflussung der Wahrnehmung der Führungskraft durch die Mitarbeiter

8. Fördern der Identifikation mit der Arbeitsgruppe und der Organisation

9. Förderung und Entwicklung der Mitarbeiter

Charismatische Führungskräfte nutzen in ihrer Ansprache der Mitarbeiter verstärkt Symbole, Schlagworte, Bilder und Metaphern. Es werden Verweise auf Geschichte und Tradition, die kollektive Identität und die Ähnlichkeit der Mitarbeiter mit der Führungskraft oder anderen Vorbildern hervorgehoben sowie Werte und moralische Begründungen herangezogen. Wie der Name der Theorie andeutet, wird die Motivation der Mitarbeiter vornehmlich durch die Veränderung des Selbstkonzeptes beeinflusst. Shamir, House und Arthur (1993) gehen davon aus, dass Menschen durch ihr Verhalten ihre Einstellungen, Werte und Gefühle zum Ausdruck bringen.

Tabelle 15: *Veränderung des Selbstkonzepts nach Shamir, House & Arthur (1993)*

Verhalten der FK	motivationaler Mechanismus	Effekte für Selbstkonzept	weitere Effekte
wertorientierte Erklärungen	Stabilität und Kontinuität	Erhöhung der Selbstachtung	Commitment gegenüber FK und
Unterstreichen der gemeinsamen Identität	des Selbst	Erhöhung des Selbstwertes	Aufgabe
Bezug zu Geschichte und	Erhalt und Steigerung von	Erhöhung der Selbstwirksamkeit	„Selbstaufopferung"
Tradition	Selbstbewusstsein und	Erhöhung gemeinsamer	OCB
Bezug zu Wert und Kompetenz der Mitarbeiter	Selbstwert	Selbstwirksamkeit	
Bezug auf gemeinsame Möglichkeiten (efficacy)	Erhalt der Hoffnung	Identifikation mit der FK	
Ausdruck von Zuversicht		und der Gruppe	
und Vertrauen		Übernahme der Werte	

Die zentralen motivationalen Faktoren sind dabei der Erhalt und die Erhöhung des Selbstwertes, die Stabilität des Selbstkonzepts und die Aufrechterhaltung von Hoffnung und Sinn. Schafft es die Führungskraft, Aufgaben und Ziele mit diesen zentralen Motiven verbinden, resultiert daraus eine hohe intrinsische Motivation der Mitarbeiter. Der von Shamir et al. (1993) postulierte Wirkzusammenhang von Verhalten der Führungskraft, motivationalen Mechanismen und resultierenden Effekten ist in Tabelle 15 dargestellt.

3.4.2 Attributionstheorie der Charismatischen Führung

Die von Conger und Kanungo (1987) formulierte Attributionstheorie der Charismatischen Führung interpretiert Charisma nicht mehr als Eigenschaft eines Führenden, sondern vielmehr als eine Attribution, also eine Zuschreibung, durch die Geführten. Die Mitarbeiter folgen der als charismatisch angesehen Führungskraft und ahmen sie nach – die Führungskraft wird zum Vorbild durch ihr Verhalten, ihre Werte, Ziele und moralischen Vorstellungen. Charisma entsteht in der Interaktion und kann deshalb nur über die Führungssituation erschlossen werden. Somit entfaltet sich das Phänomen des Charismas nur bei Vorliegen bestimmter Konstellationen und wird keineswegs als invariantes Attribut gesehen (Steyrer, 1995). Eine Attribution des Charismas wird dann durch die Mitarbeiter vorgenommen, wenn die Führungskraft in der Einschätzung der Mitarbeiter

1. eine prägnante Vision entwickelt, welche die Gegenwart treffend kritisiert und eine bessere Zukunft verspricht, ohne allerdings dabei die Vorstellungswelt der Geführten zu verlassen,

2. ein außergewöhnliches Verhalten mit Engagement zeigt,

3. ihre Ideen mit hohem persönlichen Risiko verfolgt,

4. ihre Ideen erfolgreich realisieren kann und

5. ihren Führungswillen klar zum Ausdruck bringt.

Conger und Kanungo (1987) beschreiben Charismatische Führung als Phasenmodell. Demnach können charismatische Verhaltensweisen erst dann gezeigt werden, wenn die aktuelle Situation als veränderungsbedürftig eingeschätzt wurde. Die Bewertung gilt als wichtig für Charismatische Führung, da diese mit hohen Risiken und radikalen Veränderungen einhergeht. Dieser Bewertungsphase folgt die zweite Phase, die Formulierung und Umsetzung der neuen Ziele. Charismatische Führungskräfte engagieren sich in Innovationsprojekten und verfolgen Visionen, die mit bisherigen Normen brechen. Sie gehen bei der Umsetzung der Vision unkonventionelle Wege und riskieren dabei persönliche Verluste.

In ihrer ursprünglichen Version ihrer Theorie wurde keine Aussage über zugrundeliegende Wirkmechanismen der Charismatischen Führung getroffen. In späteren Arbeiten (Conger, 1989) wurde versucht zu erklären, warum die Mitarbeiter charismatischer Führungskräfte sich der Aufgabe so stark verpflichtet fühlen.

Der primäre beeinflussende Prozess lässt sich als persönliche Identifikation beschreiben, die dem Wunsch der Mitarbeiter entspringt, der Führungskraft zu gefallen und sie zu imitieren. Charismatische Führungskräfte erscheinen für ihre Mitarbeiter aufgrund ihrer Vision, ihrer Überzeugungen, ihres Selbstbewusstseins und ihres unkonventionellen Verhalten so außergewöhnlich, dass sie zum Idol werden und die Mitarbeiter so werden möchten wie die Führungskraft. Die Mitarbeiter empfinden die Bewertung durch die Führungskraft als eine zentrale Ursache für ihr Selbstwertgefühl.

Als weiteren Einflussmechanismus beschreibt Conger (1989) die Übernahme neuer Werte und Überzeugungen. Für die Mitarbeiter ist es wichtiger, die Einstellungen und Grundsätze der Führungskraft zu übernehmen, als sich Merkmale wie Sprache oder Gesten anzueignen. Eine charismatische Führungskraft bringt durch eine inspirierende Vision ihre Mitarbeiter dazu, Werte zu internalisieren und zu motivieren.

3.4.3 Transformationale Führung

Neben den Konzepten der Charismatischen Führung stellt innerhalb des New Leadership die Transformationale Führung (Bass, 1985a) die einflussreichste Führungskonzeption dar. Bei der Transformationalen Führung steht die Erhöhung des Selbstwertgefühls und der Selbstwirksamkeit und die Transformation von individuellen in kollektive Interessen auf Seiten der Mitarbeiter im Vordergrund. An dieser Stelle sei die Transformationale Führung lediglich aufgrund der Einordnung innerhalb des New Leadership-Ansatzes erwähnt. Da Transformationale Führungsstile in dieser Arbeit als zentrale Führungskonstrukte erhoben wurden und in Anbetracht der Prominenz und Relevanz in Forschung und Praxis, wird Transformationale Führung im Folgenden umfassender und detaillierter als die bisher beschriebenen Theorien dargestellt. In Kapitel 4 und den Unterkapiteln wird ausführlich auf die Entwicklung der Theorie, die Messung Transformationaler Führung, die Beziehungen zu Kriterien des Führungserfolges sowie auf Kritik eingegangen.

3.4.4 Bewertung des New Leadership

Der New-Leadership-Ansatz intergiert verschiedene Aspekte der Trait-, Behaviour- und Kontingenzansätze (Sashkin, 2004). Zahlreiche Studien und Metaanalysen (DeGroot, Kiker & Cross, 2000; Dumdum, Lowe & Avolio, 2002; Fuller, Patterson, Hester & Stringer, 1996; Judge & Piccolo, 2004; Lowe, Kroeck & Sivasubramaniam, 1996) konnten die Kernannahmen Charismatischer und Transformationaler Führung stützen. Theorien des New Leadership tätigen erstmals falsifizierbare Aussagen zu dem außergewöhnlichen Einfluss, den manche Führungskräfte auf ihre Mitarbeiter haben. Erstmals stehen auch nicht-rationale und emotionale Aspekte des Führungsprozesses im Fokus des Interesses, während traditionelle Theorien eher rational-kognitive Aspekte betonen. Vor allem aber umfassen die Theorien klar definierte und verständliche Klassen von Variablen (Traits, Verhaltensweisen, mediierende Prozesse, Situation) und fügen diese zu einem umfassenden Prozess von Führung zusammen.

In Anbetracht des integrativen Charakters der verschiedenen Theorien des New Leadership werden von verschiedenen Führungstheoretikern inhaltliche Überschneidungen zu bestehenden Theorien kritisiert (House & Aditya, 1997; Yukl, 2007; Antonakis & House, 2002). Trotz zahlreicher positiver Impulse für die Führungsforschung weisen Theorien des New Leadership verschiedene konzeptuelle Schwachpunkte auf (Beyer, 1999). Die meisten Theorien zur Charismatischen und Transformationalen Führung spezifizieren die zugrunde liegenden Einflussprozesse nur unzureichend. So formuliert die Selbstkonzept-Theorie Charismatischer Führung zwar detaillierte Einflussmechanismen, aber selbst diese Theorie erläutert nicht, wie die verschiedenen Prozesse interagieren oder sich addieren (Yukl, 2007). Darüber hinaus sind die verschiedenen Theorien noch immer eher auf die Führungskraft zentriert und beschreiben lediglich deren Einfluss auf die Mitarbeiter. Reziproke Einflussprozesse oder die Einflussnahme der Geführten untereinander bleiben unberücksichtigt. Vor allem aber werden aufgabenorientierte Verhaltensweisen innerhalb der Charismatischen und Transformationalen Theorien nicht berücksichtigt. Transaktionale Führung beschreibt zwar auch aufgabenorientierte Verhaltensweisen, diese werden aber stets als weniger erstrebenswert dargestellt. Yukl und Lepsinger (2004) kritisieren, dass Charismatische und Transformationale Führung vornehmlich motivationspsychologische Prozesse beschreibt und eine direkte Verknüpfung zur finanziellen Performanz oder dem Überleben einer Organisation nicht gegeben ist. Als bedeutende Limitation kann die Überbetonung universeller Führungsattribute, die als in allen Situationen erfolgsrelevant postuliert werden, gelten. Vor allem im Hinblick auf situative moderierende Einflüsse ist die empirische Befundlage uneinheitlich und die Zahl der Studien klein.

3.5 Konvergenzen der Führungsansätze und -theorien

In der Führungsforschung wurden zahlreiche Theorien postuliert, modifiziert und wieder verworfen. Die verschiedenen oben beschriebenen Ansätze der Führung stellen dabei bestimmte Aspekte des Führungsprozesses in den Fokus der wissenschaftlichen Betrachtung, ignorieren aber häufig andere, ergänzende Prozesse. Die frühen Trait-Ansätze berücksichtigen beispielsweise keine Führungsverhaltensweisen, obwohl offensichtlich ist, dass der Einfluss dieser „Führungskräfte-Traits" auf Kriterien des Führungserfolges durch Führungsverhalten mediiert wird. Die meisten der folgenden behaviouralen Führungstheorien wiederum ignorierten Aspekte wie Persönlichkeitseigenschaften oder Macht, obwohl diese Variablen das Führungsverhalten beeinflussen. Auch andere intervenierende Variablen, die erläutern, wie das konkrete Führungsverhalten Erfolgskriterien von Führung beeinflusst, wurden in den meisten behaviouralen Konzeptionen von Führung ignoriert. Situative Führungstheorien erläutern zumeist lediglich, wie Charakteristika der Führungssituation die Effekte eines bestimmten Führungsstils oder Traits mindern oder verstärken, anstatt zu erklären, wie Traits, Macht, Führungsverhalten und die Situation interagieren und somit Führungserfolg determinieren. Es wird ersichtlich, dass die traditionellen Ansätze in der Führungsforschung bedeutende „blinde Flecken" aufweisen und das Phänomen der Führung häufig nur unvollständig beschreiben. Gleichzeitig finden sich auch bedeutsame Überschneidungen zwischen den einzelnen Theorien und Ansätzen, die von verschiedenen Autoren kritisiert werden (House & Aditya, 1997; Yukl, 1999b; Yukl, 2002; Antonakis & House, 2002; Yukl, 1989; Sashkin, 2004).

Innerhalb der Führungsforschung wurden zahlreiche neue Theorien postuliert, ohne alternative Konzeptionen der Führung zu berücksichtigen. Block (1995) kritisiert, dass ein „Turm von Babel" geschaffen wurde. Dabei wurden bestehende Führungstheorien und zugehörige Befunde ignoriert und dieselben Phänomene unter neuem Namen postuliert und erforscht. Zahlreiche Experten fordern daher verstärkt integrative Ansätze der Führung (Judge, Piccolo & Ilies, 2004; Sashkin, 2004; Yukl, 1999b; Yukl, 2002; House & Aditya, 1997; Yukl, 1989). Yukl (2007) sieht bedeutsame inhaltliche Konvergenzen hinsichtlich der Schlüsselvariablen der verschiedenen Ansätze (s. Tabelle 16).

Tabelle 16: *Schlüsselvariablen und Konvergenzen der verschiedenen Führungsansätze (mod. nach Yukl (2007)*

Behaviour	Influence Process	Influence Tactic	Leader Trait
Planning operations	Modify expectancies	Persuasion	Achievement Orientation
Clarifying roles/goals	Modify expectancies	Persuasion	Achievement Orientation
Monitoring performance	Instrumental compliance	Pressure	Achievement Orientation
Contingent rewarding	Instrumental compliance	Exchange	Personalized power motive
Contingent punishing	Instrumental compliance	Pressure	Personalized power motive
Supporting	Increase personal identification	Collaboration	Socialized self-efficacy
Recognizing	Increase self-efficacy	Ingratiation	Socialized power motive
Coaching & Mentoring	Increase self and collective efficacy	Persuasion, Apprising	Socialized power motive
Role modeling & self-sacrifice	Personal identification	Inspirational appeals	Self Confidence
Team Building	Collective identification	Inspirational appeals	Specialized power motive
Visioning		Inspirational appeals	Achievement Orientation
Explaining need for change	Modify expectancies	Persuasion	Achievement Orientation, Self-confidence
Encouriging innovation	Increase potency and self-efficacy	Persuasion, Inspirational appeals	Socialized power motive
Participative Leadership	Empowering & Interanization	Consultation, Coalition	Socialized power motive

Zusammenfassend lässt sich festhalten, dass im Wesentlichen alle vorgestellten Theorien Führung als *Prozess* ansehen, der die *Einflussnahme* von Menschen auf Menschen beinhaltet und in einem *Gruppenkontext* stattfindet, damit ein gemeinsames *Ziel* erreicht wird (Weibler, 2001). Von Rosenstiel (2002) fasst die zentralen Variablen der verschiedenen Ansätze in der Führungsforschung – die Person des Führenden, das Führungsverhalten, die Reaktionen der Mitarbeiter, die Ergebnisse (ökonomischer Erfolg) und die Führungssituation in einem Rahmenmodell personaler Führungswirkung zusammen (s. Abbildung 6).

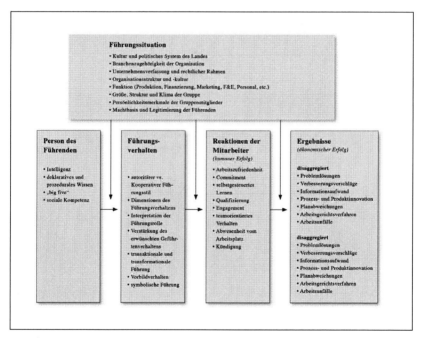

Abbildung 6: Rahmenmodell personaler Führungswirkung

Dabei gehen (Gebert & von Rosenstiel, 2002) davon aus, dass die überdauernden Merkmale der Person (Traits) das Führungsverhalten bedingen. Das Führungsverhalten beeinflusst das Verhalten der Geführten in Interaktion mit den jeweiligen situativen Bedingungen. Das Verhalten der Geführten wiederum beeinflusst den Führungserfolg, doch wird diese Beziehung ebenfalls von den situativen Bedingungen moderiert.

Im folgenden Kapitel wird das Paradigma der Transaktionalen und Transformationalen Führung ausführlich beschrieben. In der Forschung zur Transaktionalen und Transformationalen Führung finden sich zahlreiche Elemente der klassischen Führungstheorien. So werden beispielsweise mitarbeiterorientierte Führungsverhaltensweisen wie der Aufbau einer vertrauensvollen Beziehung wieder aufgegriffen, und auch Annahmen des Kontingenz-Ansatzes finden sich in Form moderierender Einflüsse wieder.

4 Transaktionale und Transformationale Führung

Das Paradigma der Transaktionalen und Transformationalen Führung beschreibt die am häufigsten untersuchten Führungskonstrukte (Antonakis, Avolio & Sivasubramaniam, 2003; Avolio & Yammarino, 2002b; Avolio & Yammarino, 2002a) und ist zwischen 1990 und 2003 häufiger untersucht worden als alle anderen Führungskonzepte zusammen (Judge & Piccolo, 2004). Der Begriff „Transformationale Führung" geht ursprünglich auf James Downtown (1973) zurück, der diesen Begriff in seinem Buch „Rebel Leadership" erstmals benutzte. Das heutige Verständnis Transaktionaler und Transformationaler Führung basiert allerdings im Wesentlichen auf den Ansätzen des Historikers und Politikwissenschaftlers James MacGregor Burns (1978) der in seinem Buch „Leadership" politische Führungskräfte beschreibt. Seine qualitative Analyse zahlreicher Biografien von Politikern und deren Führungsstilen brachte zwei Führungsstile hervor, die er als Transaktionale und Transformationale Führung bezeichnete.

Laut Burns stehen politische Führer meist in einem Austauschverhältnis mit ihren Wählern, welches sich als Transaktion von materiellen, emotionalen oder ideologischen Vorteilen für Wählerstimmen charakterisieren lässt. Auf der anderen Seite existieren sogenannte transformationale Führungskräfte, deren Verhältnis über eine Austauschbeziehung (zu den Wählern) hinausgeht. Transformational Führende erzeugen Begeisterung und Zuversicht und werden als mitreißende Vorbilder wahrgenommen. Der Unterschied zwischen Transaktionaler und Transformationaler Führung besteht also vornehmlich in der Art der (Austausch-) Beziehung von Führungskraft und Geführtem (Conger & Kanungo, 1987). Während transaktional Führende vorrangig durch ihr Streben nach klar definiertem und reguliertem Wertaustausch (Transaktion) mit dem jeweiligen Mitarbeiter (z. B. Leistung gegen Gehalt) gekennzeichnet sind, motivieren transformational Führende mittels einer geteilten attraktiven Vision der Zukunft und inspirieren ihre Mitarbeiter durch eine Veränderung des sozialen Bewusstseins (Burns, 1978). Die Führungskraft verändert – „transformiert" – die Werte und Einstellungen der Mitarbeiter und nimmt so Einfluss auf Kriterien wie Zufriedenheit, Motivation oder Leistung. Transformationale Führung führt dazu, dass sich die Geführten mit den Wünschen und Ideen des Führenden identifizieren (Kuhnert & Lewis, 1987). Transformationale Führungskräfte zeigen einen Sinn auf, der über kurzfristige Ziele hinausgeht und auf intrinsische Bedürfnisse abzielt.

Im Folgenden werden die Konzeptionen Transaktionaler und Transformationaler Führung detailliert beschrieben, und es wird auf Modifikationen und Weiterentwicklungen eingegangen. Daran anschließend werden Erhebungsinstrumente, mediierende und moderierende Variablen sowie potenzielle negative Aspekte und Folgen der Transaktionalen und Transformationalen Führung diskutiert.

4.1 Transaktionale Führung

Der Transaktionale Führungsansatz interpretiert Führung als einen sozialen Austauschprozess, in dem sich Führungskräfte und Mitarbeiter gegenseitig beeinflussen. Mitarbeiter bringen ihren Führungskräften Gehorsam, Unterstützung und Anerkennung entgegen als Gegenleistung für den vom Vorgesetzten erbrachten Koordinationsaufwand, Respekt der Gruppennormen und Bedürfnisse sowie Kompetenz bei der Erfüllung der Aufgaben der Mitarbeiter (Felfe, 2005).

Eine Transaktionale Führungskraft schafft eine Kongruenz zwischen ihren Erwartungen an die Mitarbeiter und deren Belohnungen (Wunderer, 2000). Sie erfüllt im Austausch gegen Unterstützung die Wünsche der Mitarbeiter, empfiehlt Mitarbeiter mit guten Leistungen weiter, erkennt gute Arbeit von Mitarbeitern an und gibt Feedback zu erbrachten Leistungen. Für die gezeigten Verhaltensweisen und Leistungen der Mitarbeiter sind entsprechend der Bewertung positive oder negative Konsequenzen und Reaktionen der Führungskraft zu erwarten. Transaktionale Führung folgt dem Prinzip gegenseitiger Verstärkung, wobei unterstellt wird, dass die Partner der Austauschbeziehung Einsatz, Chancen und Nutzen rational kalkulieren. Schafft die Führungskraft für ihre geführten Mitarbeiter Klarheit und Transparenz, dann erleichtert dies die Erreichung der angestrebten Ziele. Akzeptieren die Mitarbeiter die Art der Belohnungen, dann verhalten sie sich gemäß der Erwartungen, um diese zu erreichen oder um Bestrafung zu vermeiden. Somit weist dieser Ansatz konzeptionelle Ähnlichkeiten zu der in Kapitel 3.3.2 beschriebenen Weg-Ziel-Theorie von House (1971) auf und beschreibt die Motivation der Geführten, ein Arbeitsziel (erwartete Anstrengung und erwarteten Erfolg) erreichen zu wollen, als Erwartungs-Valenz-Modell (s. Abbildung 7).

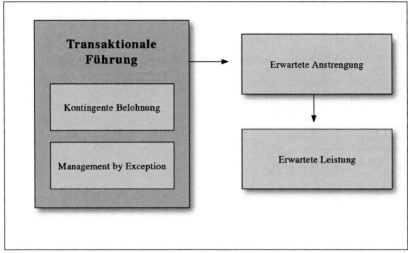

Abbildung 7: Inhalte und Konsequenzen Transaktionaler Führung

Somit greift Transaktionale Führung den zentralen Aspekt der traditionellen Führungsmodelle auf und beschreibt den Austauschprozess zwischen Führungskraft und Mitarbeiter (Avolio & Bass, 1988). Der transaktional Führende lässt sich als eine Person charakterisieren, die innerhalb eines bestehenden Systems oder einer Kultur arbeitet, dazu tendiert, Risiken zu vermeiden, auf zeitliche Grenzen achtet und vor allem in stabilen und vorhersagbaren Arbeitsumgebungen erfolgreich ist (Bass, 1985a).

Trotz positiver Effekte auf organisationale Kriterien beschreiben Avolio und Bass (1988) explizit auch negative Aspekte, die mit Transaktionaler Führung assoziiert sind. Transaktionale Führung ist nicht unter allen Bedingungen angemessen; vor allem ist der Nutzen zu bezweifeln, wenn Ziele, Belohnungen oder Prozesse bereits hinreichend geklärt sind. Zweitens können Verstärker nicht immer individuell abgestimmt werden und bleiben so unter Umständen ohne Konsequenzen. Drittens können externe Leistungsverstärker an Wirksamkeit verlieren, da sie mit dem

Feedback anderer Personen oder selbstbelohnenden Konsequenzen, die direkt aus der Arbeit bezogen sind, konkurrieren. Viertens fokussieren transaktionale Führungskräfte insbesondere auf eine kurzfristige Zielverfolgung. Avolio und Bass (1988) postulieren daher, dass Transaktionale Führung angemessen und zielführend ist, um Rollenverhalten zu erlernen, und weniger, um extraordinäre Anstrengungen zu generieren.

Zusammenfassend lässt sich anmerken, dass Transaktionale Führung auf das Menschenbild des homo oeconomicus zurückgeht – es wird angenommen, dass sich die Mitarbeiter als streng wirtschaftlich denkende Menschen charakterisieren lassen, die ausschließlich nach dem Rationalprinzip handeln. Dabei werden emotionale Aspekte des Führungsprozesses ausgeblendet und außerordentliche oder ungewöhnliche Leistungen können nicht oder nur unzureichend erklärt werden. Obwohl Transaktionale Führung das am stärksten genutzte Führungsverhalten darstellt, kann es nicht für motivierte Mitarbeiter und langfristigen organisationalen Erfolg garantieren (Yammarino & Bass, 1990). Um diesen Ansprüchen zu genügen, sollte die Transaktionale Führung um die Transformationale Führung ergänzt werden (Bass, 1985b).

4.2 Transformationale Führung

Zwar geht die initiale Konzeption Transformationaler Führung auf Burns (1978) zurück, heutige Vorstellungen und Annahmen basieren aber im Wesentlichen auf den Arbeiten von Bernard M. Bass (1985a). Dessen Theorie Transformationaler Führung fußt zwar auf Burns' (1978) ursprünglicher Konzeption, Bass nahm jedoch bedeutsame Modifikationen und Elaborationen vor. Burns beschreibt Transaktionale und Transformationale Führung noch als Pole eines Kontinuums – dementsprechend führt eine Person entweder transaktional oder transformational. Im Gegensatz dazu hebt Bass (1985a) diese Bipolarität auf. Er beschreibt beide Führungsstile als separate Konstrukte und transferiert sie in einen organisationalen Kontext. Transaktionale Führung beschreibt demnach das Fundament Transformationaler Führung und durch eine gerechte und zuverlässige Austauschbeziehung – also Transaktionale Führung – wird das Vertrauen in die Führungskraft aufgebaut. Transformationale Führung geht dabei über Transaktionale Führung hinaus, idealerweise nutzen Führungskräfte aber beide Führungsverhaltensweisen (Bass, Avolio & Goodheim, 1987). Laut Avolio (1999) bilden Transaktionen die Basis von Transformationen.

Transformationale Führung geht also – im Gegensatz zur Transaktionalen Führung – über die Befriedigung rein ökonomischer und sozialer Austauschbedürfnisse hinaus. Menschliches Handeln ist demnach nicht nur rational und zielgerichtet, sondern zielt auf die Erhöhung des Selbstwertgefühls und der Selbstwirksamkeit (Dörr, 2008). House und Shamir (1993) postulieren, dass transformationale Führungskräfte die Bedürfnisse, Werte und Ansprüche der Mitarbeiter von individuellen in kollektive Interessen transformieren. Die Führungskraft „transformiert" die Mitarbeiter, indem sie anspruchsvolle Ziele setzt, eigene Interessen zugunsten übergreifender Ziele zurückstellt, eine emotionale Bindung zu den Mitarbeitern aufbaut und deren Selbstvertrauen nachhaltig stärkt. Die Werte und Ziele der einzelnen Mitarbeiter werden dabei längerfristig verändert, und der Einsatz für die gemeinsamen Ziele der Arbeitsgruppe oder der Organisation wird erhöht (Avolio, 1999; Bass, 1998; Bass & Avolio, 2000a). Dabei geht die Transformationale Führung nicht nur von den aktuellen Bedürfnissen und Motiven der Mitarbeiter aus, sondern ist auch in der Lage, höhere Bedürfnisse und Anspruchsniveaus bei den Mitarbeitern zu wecken und die Organisationskultur zu verändern (Bass, 1999).

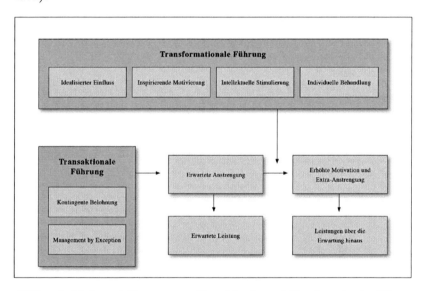

Abbildung 8: Inhalte und Konsequenzen Transaktionaler und Transformationaler Führung (Neuberger, 2002a)

Abbildung 8 zeigt die Inhalte und Konsequenzen Transaktionaler und Transformationaler Führung. Im Gegensatz zur Transaktionalen Führung wird das rationale Kalkül der Austauschbeziehung aufgehoben und letztlich mehr Leistungsbereitschaft hervorgerufen, als zuvor erwartet wurde. Erhöhte Motivation und Anstrengung der Mitarbeiter führen so zu außergewöhnlicher Leistung, die durch rein Transaktionale Führung nicht möglich wäre.

4.3 Der Augmentationseffekt

Ein zentrales Postulat der Transaktionalen und Transformationalen Führungstheorie ist der sogenannte Augmentations-Effekt. Nach Bass und Avolio (1993) führt die Addition der Transformationalen Führung zur Transaktionalen Führung zu einer außergewöhnlichen Motivation und Anstrengung der Mitarbeiter und somit auch zu einer außergewöhnlichen Leistung. Der Augmentationseffekt besagt also, dass Transformationale Führung die Effektivität Transaktionaler Führung erhöht, indem die Anstrengung und Leistung der Mitarbeiter auf ein Niveau gebracht werden, welches oberhalb der Erwartung liegt (Bass, 1985b, s. Abbildung 4). Transformationale Führung ist somit nicht alleine der optimale Führungsstil, sondern die Kombination mit transaktionalen Führungsverhaltensweisen ist anzustreben (Bass, 1998). Es geht nicht darum, Transaktionale *oder* Transformationale Führung zu nutzen, sondern darum, ein angemessenes Verhältnis transaktionaler und transformationaler Führungsverhalten zu zeigen. Daher regt Bass an, dass bei Routinetätigkeiten eher transaktional, bei neuen Prozessen – die stärkere Motivation und Anstrengung erfordern – verstärkt transformational geführt werden soll. Der Augmentationseffekt konnte bislang in den meisten Studien repliziert (Judge & Piccolo, 2004) und für zahlreiche Kriterien wie Extraanstrengung, Effektivität, Zufriedenheit, Arbeitsleistung der Mitarbeiter, Arbeitszufriedenheit, Gesundheit oder Commitment belegt werden (Bass, 1985b; Bycio, Hackett & Allen, 1995; Hater & Bass, 1988; Vandenberghe, Stordeur & D'hoore, 2002; Waldman, Bass & Yammarino, 1990).

Insgesamt scheint Transformationale Führung effektiver zu sein als Transaktionale Führung und kann über diese hinaus Varianz bei Kriterien wie Zufriedenheit oder dem Willen zu Extra-Anstrengungen erklären. Die Annahme, dass Transformationale Führung neben Transaktionaler Führung einen zusätzlichen Beitrag zur Erklärung des Führungserfolgs leistet, kann daher als gesichert gelten.

4.4 „Full Range of Leadership"-Theorie

Um die Konzepte Transaktionaler und Transformationaler Führung wei-
terzuentwickeln, entwarfen Bass und Avolio (1994) das „Full Range of
Leadership"-Modell. Diese konzeptuelle Erweiterung Transaktionaler
und Transformationaler Führung stellt seit Beginn der 80er Jahre die am
häufigsten untersuchte Theorie innerhalb der psychologischen Führungsforschung dar (Avolio, 2002; Antonakis et al., 2003; Avolio &
Yammarino, 2002b).

Das ursprüngliche Modell Transaktionaler und Transformationaler
Führung wurde um die Laissez-faire-Führung ergänzt, die sich im Wesentlichen dadurch auszeichnet, dass aktives Führungsverhalten vermieden wird (Bass, 1999; Bass, Avolio, Jung & Berson, 2003). Durch diese
inhaltliche Erweiterung bildet die Theorie eine geschlossene Taxonomie
der Führung, welche als „Full Range of Leadership" bezeichnet wird
(Bass & Avolio, 1994). Bass und Avolio (1994) gehen davon aus, dass
Führende die ganze Bandbreite des möglichen Führungsverhaltens nutzen und jeden der beschriebenen Führungsstile zu einem bestimmten
Grad anwenden. Die drei Typologien des Führungsverhaltens – Transformationale, Transaktionale und Laissez-faire-Führung – können durch
neun distinkte Faktoren beschrieben werden. Im Folgenden werden die
drei Führungsstile und ihre einzelnen Dimensionen – die so auch mit
dem Multifactor Leadership Questionnaire (MLQ, Bass & Avolio, 1992)
erfasst werden – näher beschrieben. Diese verschiedenen Komponenten
können auf zwei Achsen – Effektivität und Aktivität – abgebildet werden. Abbildung 9 zeigt, dass die verschiedenen transformationalen Führungsstile eine hohe Aktivität erfordern, gleichzeitig aber auch die höchste Effektivität aufweisen. Transaktionale Verhaltensweisen sind dementsprechend weniger effektiv, setzen aber auch ein geringeres Maß an
Aktivität voraus (Judge, Woolf, Hurst & Livingston, 2006). Trans-

formationale Führung lässt sich durch vier zentrale Dimensionen, die sogenannten „vier Is" abbilden und detailliert beschreiben (Bass & Avolio, 1994; Bass, 1985a; Bass, 1998; Bass, 1999):

(1) Idealized Influence,

(2) Inspirational Motivation,

(3) Intellectual Stimulation und

(4) Individualized Consideration,

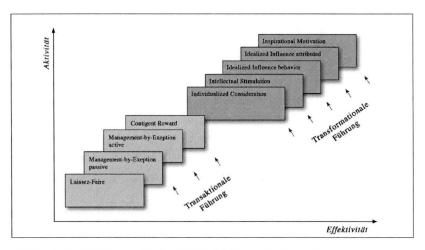

Abbildung 9: Das "Full Range of Leadership"-Modell (Bass & Avolio, 1994)

4.4.1 Charisma oder Idealisierte Einflussnahme (Idealized Influence)

Idealisierte Einflussnahme beschreibt „ideally, influential leadership" (Bass & Avolio, 1994), und bedeutet Beeinflussung der Geführten hin zu einem Ideal. Somit beschreibt *Idealisierte Einflussnahme* das Ausmaß, in dem die Führungskraft sich so verhält, dass sich die Untergebenen mit ihr und ihren Zielen identifizieren können. Charismatisch Führende haben demnach klare Überzeugungen, übernehmen Verantwortung und begegnen den Untergebenen auf einer emotionalen Ebene. Die Basis solchen Verhaltens sind gelebte Wertvorstellungen, die sich in alltäglichen Handlungen zeigen und so das Umfeld beeinflussen. Die Mitarbeiter bringen ihnen hierfür in einem besonderen Ausmaß Anerkennung, Respekt und Vertrauen entgegen. Laut Felfe (2005) identifizieren sie sich mit ihren Vorgesetzten und versuchen, sich an deren Verhalten zu orientieren. Bei detaillierterer Betrachtung lässt sich *Idealisierte Einflussnahme* in einen attributionalen und behaviouralen Teil untergliedern. Die Führungskraft wird zu einer Identifikationsfigur, da ihr Respekt und Vertrauenswürdigkeit zugeschrieben – also attribuiert – wird. Auf Verhaltensebene erwarten Führungskräfte von ihren Mitarbeitern einen hohen Standard, der auch für ihr eigenes Verhalten gilt. Charismatische Führungskräfte nehmen dabei Risiken in Kauf und ordnen die eigenen Bedürfnisse unter.

4.4.2 Inspirierende Motivation (Inspirational Motivation)

Das Konzept der des Führungsstils *Inspirierende Motivation* geht auf Yukls (1981) „inspirational leadership" zurück und beschreibt das Ausmaß, in dem die Führungskraft ihre Vision vorleben, an andere weitergeben und diese dadurch inspirieren kann. Diese Führung wirkt auf die Mitarbeiter transformierend, wenn das Ziel und die zugrundeliegenden Bedürfnisse so beeinflusst werden, dass sie die Motivation fördern, das Ziel zu erreichen. Inspirierende Führungskräfte können so den Dingen und Erfordernissen des Alltags (Aufgaben, Maßnahmen, Anstrengungen etc.) eine weitergehende Bedeutung geben und sie in einen größeren Sinnzusammenhang stellen. Den Mitarbeitern werden die Gründe und Bedeutungen für das eigene Tun aufgezeigt, Hoffnung, Vertrauen und Zuversicht vermittelt und so die Zukunftserwartungen von einer optimistischen und herausfordernden Seite interpretiert. Brodbeck et al. (2000)

merken an, dass in fast allen europäischen Ländern inspirierende und visionäre Führung als Attribute hervorragender Führung gelten.

4.4.3 Intellektuelle Stimulation (Intellectual Stimulation)

Hierbei stimuliert die Führungskraft die Kreativität ihres Teams, indem festgefahrene Annahmen hinterfragt, Risiken bewusst eingegangen und konstruktive Ideen der Gruppe geschätzt und respektiert werden. Fehler werden toleriert und nicht öffentlich kritisiert. Auch wenn die Ideen der Mitarbeiter von den Vorstellungen der Führungskraft abweichen, werden die Mitarbeiter aufgefordert, sich zu beteiligen und selber Ideen einzubringen. Durch dieses Verhalten wird die Kreativität der Mitarbeiter angeregt. *Intellektuelle Stimulation* soll laut Bass (1985a) dann gezeigt werden, wenn die Mitarbeiter schlecht definierte Probleme zu lösen haben. Eine intellektuell stimulierende Führungskraft zeigt also ein Führungsverhalten, welches Entscheidungen hinterfragt und diese an andere weitergibt (Keller, 1992).

4.4.4 Individuelle Betrachtung (Individual Consideration)

Im Mittelpunkt dieses Aspekts steht die individuelle Behandlung des einzelnen Mitarbeiters. *Individuelle Betrachtung* beschreibt das Ausmaß, in welchem der Führende die individuellen Bedürfnisse seiner Teammitglieder erkennt und respektiert. Zentral ist ein Führungsverständnis, das individuelle Unterschiede berücksichtigt und jeden Mitarbeiter individuell fördert. Transformationale Führungskräfte fungieren als Coach oder Mentor für ihre Mitarbeiter und gehen auf deren individuelle Bedürfnisse und Motive nach Leistung und Wachstum und Selbstverwirklichung ein. Transformationale Führungskräfte fördern gezielt das Potenzial der einzelnen Mitarbeiter und erhöhen die Bereitschaft der Gruppe, sich mit dem Ganzen zu identifizieren und die Ziele der Organisation mit den eigenen auszurichten. Es wird ein organisationales Klima geschaffen, in dem Delegation als Lernchance begriffen wird (Kuhnert, 1994).

Zusätzlich zur Transformationalen Führung wird innerhalb der „Full Range of Leadership"-Theorie auch Transaktionale Führung beschrieben, die durch drei Subdimensionen abgebildet wird.

4.4.5 Kontingente Belohnung (Contingent Reward)

Diese Dimension Transaktionaler Führung beschreibt Führungskräfte, die Anforderungen und entsprechende Belohnung der Mitarbeiter in Übereinstimmung bringen (Avolio, 1999). Es werden Belohnungen in Aussicht gestellt, wenn die Erwartungen der Führungskraft erfüllt werden und der Mitarbeiter die vereinbarte Leistung erbringt. *Kontingente Belohnung* entspricht am ehesten der ursprünglichen Konzeption Transaktionaler Führung. Die kontingente und angemessene Belohnung von Mitarbeitern entspricht dabei dem Prinzip des operanten Lernens (Podsakoff, Todor & Skov, 1982).

4.4.6 Management by Exception active

Von aktivem *Management by Exception* wird gesprochen, wenn die Führungskraft sich in der Rolle eines „Monitors" sieht, der die Prozesse permanent im Hinblick auf Abweichungen bzw. Fehler überwacht und im Bedarfsfall eingreift und korrigiert (Bass & Avolio, 1994). Führende, die *aktives Management by Exception* praktizieren, konzentrieren sich in ihrer Position darauf, darüber zu wachen, dass die Abläufe und Vorgänge reibungslos verlaufen.

4.4.7 Management by Exception passive

Im Falle von passivem *Management by Exception* greifen Führungskräfte nur dann ein, wenn Probleme auftreten und bedeutend werden (Bass &

Avolio, 1993). Die Führungskraft interveniert erst dann, wenn ein Ausnahmefall aufgetreten ist, der ein Eingreifen zwingend erforderlich macht. Erst in diesem Ausnahmefall wird die Führungskraft aktiv, und es erfolgt eine Korrektur beziehungsweise Bestrafung. Dieses Verhalten entspricht den Prinzipien operanten Konditionierens und führt dazu, dass die Auftretenswahrscheinlichkeit derartiger Ausnahmen sinkt. Passives Management by Exeption orientiert sich ausschließlich an unerwünschtem Verhaltensweisen der Mitarbeiter, daher reagiert die Führungskraft nicht belohnend, sondern lediglich bestrafend. Wie Howell und Avolio (1993) anmerken, liegt der Unterschied zwischen aktivem und passivem *Management by Exception* im Timing der Intervention durch die Führungskraft.

Neben den Skalen Transaktionaler und Transformationaler Führung beschreibt das „Full Range of Leadership"-Modell auch eine Dimension der Abwesenheit von Führung, die sogenannte Laissez-faire Führung.

4.4.8 Laissez-faire

Laissez-faire bezeichnet das Verhalten einer Führungskraft, die jegliche Führungsverantwortung vermeidet. Es beschreibt den am wenigsten aktiven Führungsstil innerhalb des „Full Range of Leadership"-Modells und stellt weder einen transformationalen noch einen transaktionalen Führungsstil dar (Judge & Piccolo, 2004). Dieser (Nicht-) Führungsstil charakterisiert sich durch maximale Ineffektivität, da anstehende Aufgaben nicht bewältigt werden und bei Problemen in der Regel weder interveniert noch entschieden wird. Bereits vor über 70 Jahren beschrieben Lewin, Lippitt und White (1939) Laissez-faire-Führung als den am wenigsten effektiven Führungsstil.

Bass und Avolio (1994) gehen davon aus, dass Führungskräfte die ganze Bandbreite („Full Range of Leadership") möglicher Führungsverhaltensweisen nutzen. Entscheidend hierbei ist, in welchem Verhältnis die einzelnen Facetten von Führung gezeigt werden. Optimale Führung zeigt sich daran, dass transformationale Verhaltensweisen das Auftreten Transaktionaler Führung überwiegen und *Laissez-faire* nur sehr selten vorkommt. Verschiedene Autoren haben allerdings immer wieder bezweifelt, dass das Modell des „Full Range of Leadership" tatsächlich das ganze Spektrum des Führungsverhaltens abbildet, sodass es zahlreichen Revisionen unterzogen wurde (Gebert, 2002; Kröger & Tartler, 2002). Antonakis und House (2004) beispielsweise ergänzten das „Full Range of Leadership"-Modell um vier eher aufgabenorientierte Dimensionen, die sie als instrumentelle Führung bezeichnen. Die Autoren konnten zeigen, dass die Erweiterung der ursprünglichen Dimensionen um instrumentelle Führungsstile zu einer höheren Varianzaufklärung bei Kriterien der Führungseffektivität führte.

4.5 Messung und Instrumente

Neben den inhaltlichen Aspekten der „Full Range of Leadership"-Theorie wird in der Führungsforschung die Frage diskutiert, wie die theoretisch postulierten Führungsdimensionen differenziert erfasst werden können (Felfe, 2006a). Zur Messung der Transformationalen Führung existieren daher diverse Fragebögen.

Das am häufigsten verwendete Instrument zur Messung der verschiedenen Facetten Transaktionaler und Transformationaler Führung stellt der Multifactor Leadership Questionnaire (MLQ, Bass, 1985a; Bass & Avolio, 2000b) dar. Ziel des MLQs ist es, das gesamte Führungsspektrum von Charisma bis zu Laissez-faire-Führung abzubilden. Der MLQ wurde zahlreichen Revisionen unterzogen, bei denen Faktorstruktur und Anzahl der Items im Laufe der Zeit geändert wurden. Die letzte Revision des MLQ, die Version MLQ-5X (Bass & Avolio, 2000b), umfasst insgesamt neun Skalen zur Erfassung der verschiedenen Führungsstile. Die Struktur entspricht dabei den oben beschriebenen Dimensionen des „Full Range of Leadership"-Modells, mit Ausnahme der Facette *Idealisierte Einflussnahme*, welche im MLQ durch zwei Faktoren – einen attribuierten und einen behaviouralen – operationalisiert ist. Eine aktuelle deutsche Version ist mittlerweile auch von Felfe (2006b) an umfangreichen Stichproben validiert worden. Obwohl der MLQ den prominentesten und am häufigsten eingesetzten Fragebogen darstellt, sind einige Probleme des Messinstrumentes noch nicht hinreichend behoben (Yukl, 1999a). So konnte die postulierte Faktorstruktur von neun Führungsdimensionen häufig nicht repliziert werden (Bycio et al., 1995; Tejeda, Scandura & Pillai, 2001). Daher wurden alternative Faktorstrukturen mit drei (Tepper & Percy, 1994; Tejeda et al., 2001) oder sechs Dimensionen (Bass & Avolio, 2000b) vorgeschlagen. Als weiteren zentralen Kritikpunkt bemängeln Podsakoff, MacKenzie, Moorman und

Fetter (1990), dass wichtige transformationale Verhaltensweisen, wie bei-spielsweise die Förderung von Gruppenzielen oder hohe Leistungserwar-tungen, in bisherigen Konzeptionen keine Berücksichtigung fanden. Die Probleme mit der Faktorstruktur des MLQ sowie die Vernachlässigung weiterer Aspekte Transformationaler Führung – die jedoch zu einem „Full Range of Leadership" gehören – haben dazu geführt, dass ver-schiedene Autoren alternative Messinstrumente für die Transformationa-le Führung entwickelten (Alban-Metcalfe & Alimo-Metcalfe, 2000; Alimo-Metcalfe & Alban-Metcalfe, 2001; Carless, Wearing & Mann, 2000; Podsakoff, MacKenzie, Moorman & Fetter, 1990; Podsakoff, MacKenzie & Bommer, 1996b).

Als Reaktion auf die oben beschriebenen Probleme des MLQs konstruierten Podsakoff und Kollegen (1990) als neues Instrument zur Messung transformationalen Führungsverhaltens das Transformational Leadership Inventory. Durch eine umfangreiche Literaturrecherche iden-tifizierten sie sechs elementare Verhaltensweisen Transformationaler Führungskräfte. Die Autoren identifizierten Dimensionen, die von den meisten anderen Autoren als zentrale transformationale Verhaltenswei-sen beschrieben werden, und fassen diese in sechs Skalen zusammen (Podsakoff, MacKenzie, Podsakoff & Lee, 2003). Diese Dimensionen lassen sich wie im ursprünglichen „Full Range of Leadership"-Modell auf zwei Dimensionen – Aktivität und Effektivität – darstellen. Abbildung 10 zeigt die sechs transformationalen Dimensionen des TLI sowie *Laissez-Faire* und *Bedingte Rückmeldung*. Diese sechs Dimensionen orientie-ren sich an den von anderen Autoren geäußerten theoretischen Überle-gungen zur Transformationalen Führung und erweitern die klassischen Dimensionen. Somit stellt der TLI eine inhaltliche Erweiterung des MLQ dar und ermöglicht eine vollständigere Erfassung des „Full Range of Leadership".

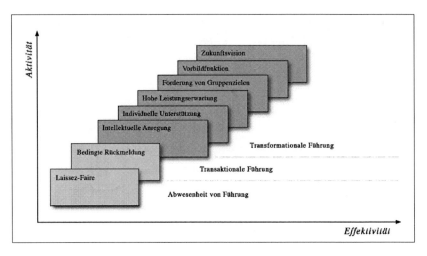

Abbildung 10: Die sechs Dimensionen des TLI sowie Laissez-Faire und Bedingte Rückmeldung

Jede dieser Verhaltensweisen wurde in der einschlägigen Führungsliteratur als wichtiges Element des transformationalen Prozesses identifiziert. So wird das Fördern von Gruppenzielen sowie das Vorbildsein von mindestens vier weiteren Autoren (s. Podsakoff et al., 1990, S. 114) als wichtige transformationale Verhaltensweise angeführt. Um eine umfassende Erhebung der Bandbreite Transformationaler Führung zu gewährleisten, wurden alle sechs Facetten in das Instrument aufgenommen. Abbildung 10 zeigt die verschiedenen Dimensionen des TLI.

Der TLI weist eine stabile Faktorstruktur auf und stützt die postulierte faktorielle Struktur (Podsakoff et al., 1996b). Heinitz und Rowold konnten die Ergebnisse aus den Studien von Podsakoff et al. (1996b) sowie Vandenberghe, Stordeur und D'hoore (2002) für die deutsche Version replizieren und die Konstruktvalidität des TLI stützen. Die berichteten Zusammenhänge zwischen den transformationalen Skalen des TLI und den subjektiv eingeschätzten Leistungsmaßen stehen darüber hinaus im Einklang mit Ergebnissen aus Analysen über die Konstruktvalidität Transformationaler Führung (Lowe et al., 1996). Heinitz und Rowold

(2007) konnten für alle transformationalen Skalen angemessene Reliabilitäten von über $a = .75$ belegen, die von weiteren Studien bestätigt werden konnten (bspw. Muck, Stumpp & Maier, 2008; Rowold, Borgmann & Heinitz, 2009). Krüger, Rowold, Borgmann, Staufenbiehl und Heinitz (2011) konnten darüber hinaus in einer Multitrait-Multimethod-Analyse zeigen, dass die faktorielle Struktur des TLI über verschiedene Perspektiven (Selbst- und Fremdeinschätzung) als invariant betrachtet werden kann. Durch die Kontrolle der Methodeneinflüsse reduzierten sich die Interkorrelationen der transformationalen Subskalen signifikant, sodass sich die Subskalen angemessen diskriminieren ließen. In einer aktuellen Metaanalyse von Sturm, Reiher, Heinitz und Soellner (2011) hat außerdem der Vergleich der Zusammenhänge der beiden Fragebögen MLQ und TLI mit Führungserfolg gezeigt, dass signifikante Unterschiede in der Höhe der Zusammenhänge mit Führungserfolg bestehen. Die Autoren sehen eine mögliche Erklärung dieser Unterschiede darin, dass die höheren Zusammenhänge des MLQ mit Führungserfolg ein methodisches Artefakt darstellen.

4.6 Beziehungen Transformationaler Führung zu Erfolgskriterien

Zahlreiche Studien konnten bestätigen, dass Transformationale Führung positive Korrelationen zu organisational erwünschten Kriterien wie etwa Arbeitszufriedenheit oder Commitment zeigt und gegenüber der Transaktionalen Führung zusätzliche Varianz in den unterschiedlichen Kriterien aufklärt (Felfe, Tartler & Liepmann, 2004). Transformationale Führung wirkt, indem Werte und Ziele der einzelnen Mitarbeiter transformiert werden (Bass, 1998; Avolio, 1999; Bass & Avolio, 2000a), daher finden sich vor allem Effekte auf Kriterien wie die emotionale Verbundenheit mit dem Unternehmen (affektives Commitment; Meyer, Stanley, Herscovitch & Topolnytsky, 2002) oder die Bereitschaft, sich zusätzlich zu engagieren (Organzational Citizenship Behavior - OCB; Organ, 1988). Vor allem bei Leistungsmaßen wie OCB, die besonders motivationalen Einflüssen der Mitarbeiter unterworfen sind, finden sich Zusammenhänge mit Transformationaler Führung (Felfe, 2006a; MacKenzie, Podsakoff & Rich, 2001; Podsakoff, MacKenzie, Paine & Bachrach, 2000). So zeigten Bass, Avolio und Atwater (1996) sowie Bryman (1992), dass Selbsteinschätzungen zu Variablen, wie zum Beispiel Vertrauen in die Führungskraft, Extraanstrengung, Zufriedenheit mit der Führungskraft und wahrgenommene Führungseffektivität, positiv mit dem Transformationalen Führungsstil korrelieren. Laut Felfe (2005) zeigt eine zunehmende Zahl experimenteller Arbeiten, dass Transformationale Führung die Leistung sowie die Einstellungen der Mitarbeiter positiv beeinflussen kann (Awamleh & Gardner, 1999; Shea & Howell, 1999). Studien, die im Militärkontext durchgeführt wurden, belegen ebenfalls einen Effekt von Transformationaler Führung auf individuelle Leistung in Israel (Dvir, Eden, Avolio & Shamir, 2002), den USA (Bass et al., 2003) sowie in Singapur (Lim & Ployhart, 2004). Podsakoff, MacKensie und Bommer

(1996a) fanden heraus, dass transformationale Verhaltensweisen zu einer höheren Leistung führen. Generell belegen Reviews der psychologischen Führungsforschung positive Zusammenhänge von Transformationaler Führung, Mitarbeitermotivation und selbsteingeschätzter Leistung (House & Aditya, 1997; Yukl, 2002).

Neben dem Einfluss auf subjektive Kriterien konnten verschiedene Arbeiten Effekte auf objektive Erfolgskriterien belegen. Beispielsweise wirkt Transformationale Führung auf den Verkaufserfolg bei Mitarbeitern von Finanzdienstleistern (Geyer & Steyrer, 1994; Geyer & Steyrer, 1998; Howell & Hall-Merenda, 1999; MacKenzie et al., 2001). Waldman, Ramirez, House und Puranam (2001) ermittelten in einer längsschnittlichen Studie, dass Charismatische Führung vor allem in einem unsicheren Umfeld zu höheren monetären Leistungen führte.

Tabelle 17: *Metaanalytische Zusammenhänge zwischen Transformationaler Führung und organisationalen Kriterien*

Studie	Lowe, Krock & Sivasubramaniam (1996)	Fuller, Patterson, Hester & Stringer (1996)	DeGroot, Kiker & Cross (2000)	Dumdum, Lowe & Avolio (2002)	Judge & Piccolo (2004)
Leader´s effectiveness	.60 - .71	.78	.74		
Leader´s perfomance		.45			
Subordinates´ satisfaction with leader		.80		.40	
Subordinates´ commitment			.43		
Subordinates´ effectiveness			.31		
Subordinates´ extra-effort			.73		
Subordinates´ job satisfaction			.77		.71
Team perfomance					.60

Fünf Metaanalysen zur Transformationalen Führung konnten bislang auch meta-analytisch Zusammenhänge mit organisationalen Kriterien der Effektivität Transformationaler Führung bestätigen (DeGroot et al., 2000; Dumdum et al., 2002; Fuller et al., 1996; Judge & Piccolo, 2004; Lowe et al., 1996). Tabelle 17 zeigt die zentralen gefundenen Zusammenhänge.

4.7 Mediierende Prozesse der Transformationalen Führung

Die meisten wissenschaftlichen Arbeiten zu Transformationaler Führung und Kriterien des Führungserfolges fokussierten lediglich auf die direkten Effekte der Führung (s. Kapitel 4.6) und betrachteten den Zusammenhang von Führung und Kriterium quasi als „Black Box". Zunehmend strebt die psychologische Führungsforschung aber danach, diese Zusammenhänge detaillierter zu betrachten und verschiedene vermittelnde Variablen zu identifizieren.

Als zentrale mediierende Prozesse der Transformationalen Führung werden in der Führungsforschung vor allem die Veränderung von Einstellungen und Werten sowie die Beeinflussung des Selbstkonzepts diskutiert (Klein & House, 1995; Shamir, House & Arthur, 1993). So konnte in verschiedenen Studien zum Beispiel gezeigt werden, dass der Zusammenhang zwischen Transformationaler Führung und Commitment durch die Entwicklung von Autonomie, Kompetenz und Einfluss der Mitarbeiter (Empowerment; Avolio, Zhu, Koh & Bhatia, 2004) oder höhere Gruppenkohäsion (Pillai & Williams, 2004) sowie durch kollektive Selbstwirksamkeit (Walumbwa, Wang, Lawler & Shi, 2004) mediiert wird. Der Glaube an einen höheren Sinn oder Zweck der eigenen Arbeit mediiert den positiven Effekt Transformationaler Führung auf Zufriedenheit und Anstrengung (Sparks & Schenck, 2001). Die Beziehung zwischen Transformationaler Führung und zusätzlichem Engagement innerhalb der Organisation wird vor allem durch Vertrauen und verminderte Rollenambiguität vermittelt (MacKenzie et al., 2001). Wang, Law, Hackett, Wang und Chen (2005) konnten für eine chinesische Stichprobe zeigen, dass die Zusammenhänge von Transformationaler Führung mit Leistung und zusätzlichem Engagement durch Leader-Member-Exchange – also die Beziehungsqualität von Führendem und Geführtem

– vollständig mediiert wird. Tabelle 18 zeigt Befunde zu mediierenden Prozessen der Transformationalen Führung.

Abschließend formulieren Shamir et al. (1993), dass der Einfluss Transformationaler Führung vor allem durch die Erhöhung von Selbstwirksamkeit, Identifikation und Sinn erklärt werden kann.

Tabelle 18: *Dimensionen Transformationaler Führung, Mediatoren, Moderatoren und Erfolgskriterien (Felfe, 2006a)*

Transformationale Führung (Dimension und Beispielitems)	Mediatoren	Moderatoren	Erfolgskriterien
Idealized Influence · Stellt die eigenen Interessen zurück, wenn es um das Wohl der Gruppe geht · Spricht mit anderen über ihre wichtigsten Überzeugungen und Werte	*Commitment** · Empowerment (Autonomie, Kompetenz und Einfluss) · Identifikation der Mitarbeiter mit ihren Zielen (self-concordance) · Individuelle Sympathie („liking") · Kohäsion · Kollektive Selbstwirksamkeit		*Subjektive Kriterien* (Erleben, Einstellungen und Verhalten) · Zufriedenheit · Commitment · OCB** · Engagement im Ideenmanagement · Selbstwert · Stress (-)
Intellectual Stimulation · bringt mich dazu, Probleme aus verschiedenen Blickwinkeln zu betrachten	*Zufriedenheit und Anstrengung* · Glaube an einen höheren Sinn oder Zweck der eigenen Arbeit	Unsicherheit und Veränderung	
Idealized Influence · stellt die eigenen Interessen zurück, wenn es um das Wohl der Gruppe geht · spricht mit anderen über ihre wichtigsten Überzeugungen und Werte	*OCB** · Vertrauen und verminderte Rollenambiguität · Wahrgenommene Gerechtigkeit · Positivere Wahrnehmung des Arbeitsinhalts · Positives Arbeitsklima	Distanz zwischen Mitarbeiter und Führungskraft	*Objektive Kriterien* · Verkaufszahlen · OCB*** · Patente · Unternehmenserfolg · Kreativität · Innovationen · Absentismus
Individualized Consideration · hilft mir, meine Stärken auszubauen		Kulturelle Unterschiede	
Ausstrahlung und emotionale Bindung (Charisma) · vermag mich durch ihre Persönlichkeit zu beeindrucken und zu faszinieren	*Absentismus** · Investition in Personalbereich		
	Kreativität* · Flow		

Anmerkungen. * gruppiert nach den Kriterien, für die Mediatoreffekte nachgewiesen wurden, ** OCB als Selbsteinschätzung, *** OCB als unabhängige Fremdeinschätzung.

4.8 Transformationale Führung und Kontext

Zahlreiche empirische legen Studien nahe, dass der Kontext einen Effekt auf den Führungsprozess hat und beeinflusst (s. Tabelle 18), welche Art von Führung notwendig ist (Antonakis & House, 2002; Brown, Scott & Lewis, 2004; Lord, 2000). Antonakis, Avolio und Sivasubramaniam (2003) konnten metaanalytisch zeigen, dass die Ausprägung und Wirksamkeit Transformationaler Führung über verschiedene Kontexte variiert. Nach Hinkin und Tracey (1999) wird die Entstehung und Wirkung Transformationaler Führung in komplexen und unsicheren Kontexten begünstigt. So konnte die Forschung Interaktionseffekte zwischen Unsicherheit und Transformationaler Führung aufzeigen (s. Waldman, Ramirez, House & Puranam, 2001; Waldman, Javidan & Varella, 2004). Bei einem als unsicher wahrgenommenen Umfeld zeigte sich ein höherer Zusammenhang zwischen transformationalen Führungsverhaltensweisen und den jeweiligen Kriterien des Führungserfolges. Bass (1985b) merkt an, dass Transformationale Führung vor allem dann erfolgreich ist, wenn wenig strukturierte Situationen vorliegen. Dementsprechend werden Führungskräfte in etablierten Firmen als weniger transformational führend eingeschätzt als in Firmen die sich in der Gründungsphase befinden (Shin & Zhou, 2003). In großen, öffentlichen und etablierten Organisationen ist das Ausmaß und der Einfluss Transformationaler Führung eher gering, während in kleinen, privaten und jungen Unternehmen die Führungskräfte als wesentlich transformationaler eingeschätzt werden und ihr Einfluss auf Kriterien wie Commitment deutlich stärker ausgeprägt ist (Felfe, 2005).

Verschiedene neuere Arbeiten konnten die räumliche oder soziale Distanz von Führungskraft und Geführten als bedeutsame Kontextvariable identifizieren. Offensichtlich scheint direkter Kontakt eine wesentliche Bedingung für den Erfolg Transformationaler Führung zu sein

(Felfe, 2005). Mitarbeiter, die ihre Führungskräfte als transformational führend wahrnehmen, wenden sich häufiger mit Fragen an ihre Vorgesetzten und fordern öfter Feedback bezüglich ihrer Arbeitsleistung ein (Madzar, 2001). Moderatoranalysen konnten zeigen, dass der Zusammenhang zwischen Transformationaler Führung und Leistung bei größerer Kontakthäufigkeit und sozialer Nähe höher ist als bei größerer sozialer Distanz (Howell & Hall-Merenda, 1999). Shamir (1995) stellt fest, dass die Entwicklung einer vertrauensvollen Beziehung in einem organisationalen Setting durch die Distanz zwischen Führungskraft und Mitarbeiter negativ beeinflusst wird. Zusammenfassend nennen Shamir et al. (1993) folgende Kontextvariablen, welche die Effektivität Transformationaler Führung unterstützen: (a) Möglichkeit für moralisches Handeln, (b) abstrakte Ziele, (c) unsichere Ergebnisse, (d) Unstrukturiertheit des Kontexts und (e) Notwendigkeit zu besonderer Anstrengung.

Auch Charakteristika der Mitarbeiter können Einfluss auf den Führungsprozess nehmen. Untersuchungen in den US-amerikanischen Firmen Cummins Engine, General Motors und Procter & Gamble konnten zeigen, dass fachliche Kompetenz und Wissen als Substitut Transformationaler Führung fungieren (Howell & Dorfman, 1981). Die Autoren konnten empirisch belegen, dass Mitarbeiter mit ausgeprägter Erfahrung und Begabung weniger Transformationale Führung benötigen, da fähige und gut ausgebildete Mitarbeiter wissen, welche Aufgaben sie wie zu bewältigen haben, und daher selbstständig auf die verschiedensten Situationen der Arbeit reagieren können.

Insgesamt scheint auch das Paradigma der Transaktionalen und Transformationalen Führung kontextuellen Einflüssen unterworfen. Dabei wurden vor allem transformationale Führungsverhaltensweisen untersucht und transaktionale Aspekte vernachlässigt. Aktuell werden in Bezug auf Transformationale Führung vor allem Unsicherheit und

Veränderung sowie die Distanz zwischen Mitarbeiter und Führungskraft als moderierende Einflüsse diskutiert.

4.9 Transformationale Führung in Teams

Neben Effekten Transformationaler Führung auf individueller Ebene werden im Rahmen dieser Arbeit durch das untersuchte Mannschaftssportsetting auch Effekte auf Gruppenebene betrachtet. Obwohl Effekte Transformationaler Führung auf individuelle Leistung in der wissenschaftlichen Literatur umfassend untersucht worden sind (Avolio & Yammarino, 2002a), liegen zur Leistung auf Teamebene eher wenige Befunde vor (Bass et al., 2003).

In der einschlägigen Literatur wird Teamleistung meist als Rahmenmodell betrachtet, das Input (Ressourcen), Prozesse (kollektive Anstrengung) und Resultate (Leistungsindikatoren) von mehr als zwei Individuen beinhaltet (Guzzo & Shea, 1992). Guzzo und Dickson (1996) definieren Teamleistung als „indication for group-produced outputs, the consequences for the group members, and the enhancement of a team in the future" (p. 309). Da vor allem Transformationale Führung die Einstellungen, Motive und Werthaltungen dahingehend verändern soll, dass egoistische Interessen zu Gunsten gemeinsamer Ziele zurückgestellt werden, sollten sich positive Auswirkungen vor allem auch auf die Effektivität von Gruppen erzielen lassen (Felfe, 2006a). DeGroot et al. (2000) merken in ihrer Metaanalyse an, dass die Effektstärken auf der Teamebene doppelt so groß wie die auf der Individualebene sind. Bestehende Arbeiten haben Transformationale Führung bislang mit verschiedenen Aspekten der Teamleistung in Zusammenhang gebracht. Transformationales Führungsverhalten weist dabei Zusammenhänge mit verschiedenen Leistungsaspekten auf Abteilungs- (Howell & Avolio, 1993) oder Arbeitsgruppenebene (Howell & Frost, 1989) auf, wirkt bei der Bewältigung von Problemlöseaufgaben positiv auf die kollektive Selbstwirksamkeitserwartung und fördert die Qualität der Ergebnisse (Sosik, Avolio & Kahai, 1997). Darüber hinaus gibt es Belege der Beeinflussung von

Werthaltungen im Sinne von Kooperationsbereitschaft (De Cremer & van Knippenberg, 2002). Waldman (1994) diskutierte eine Verbesserung multifunktionaler Teaminnovation durch transformationale Verhaltensweisen, während Bass (1994) positive Effekte Transformationaler Führung auf Entscheidungsprozesse von Teams belegen konnte. Kahai, Sosik und Avolio (2000) demonstrierten, dass transformational Führende die Gruppenleistung verbessern, indem sie soziales Trittbrettfahren unter den Gruppenmitgliedern verhindern. Darüber hinaus präsentierten Atwater und Bass (1994) eine generelle Konzeptualisierung, wie Transformationale Führung mit Teamfaktoren wie Kohäsion und Konfliktmanagement interagiert und diese beeinflusst; jedoch postulierten sie keine spezifischen, überprüfbaren Hypothesen.

Die meisten Arbeiten der Führungsforschung zum Zusammenhang von Transformationaler Führung und Kriterien der Teamleistung haben lediglich deren unmittelbaren Zusammenhang untersucht, wobei mögliche vermittelnde und tiefergehende Prozesse ausgeblendet wurden. Daher haben Dionne, Yammarino, Atwater und Spangler (2004) ein Rahmenmodell zur Führung in Teams postuliert, welches explizit Transformationale Führung mit Teamleistung verbindet und dabei mediierende Prozesse und Variablen spezifiziert. Die Autoren gehen in ihrem Forschungsbeitrag davon aus, dass Transformationale Führung auf vermittelnde Variablen und Teamwork-Prozesse Einfluss nimmt und so neben direkten Effekten die Teamleistung auch indirekt beeinflusst. Abbildung 11 zeigt das postulierte Rahmenmodell und die angenommenen direkten und indirekten Effekte der Transformationalen Führung. Als Teamwork-Prozesse, welche die Leistung positiv beeinflussen, nennen die Autoren Kohäsion, Kommunikation und Konfliktmanagement, da deren Verknüpfung zur Transformationalen Führung in der Forschung bereits hinreichend belegt werden konnte:

Kohäsive Teams weisen weniger Absentismus, ein höheres Engagement bei Teamaktivitäten und ein höheres Level der Koordination bei der Bewältigung von Gruppenaufgaben auf (Morgan, Jr. & Lassiter, 1992). Darüber hinaus hängt Gruppenkohäsion mit Variablen wie Zufriedenheit, Produktivität und Interaktionen der Gruppenmitglieder (Bettenhausen, 1991) und Leistung (Mullen & Copper, 1994) zusammen.

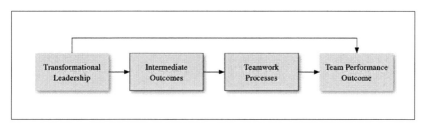

Abbildung 11: General transformational leadership and team performance mediated model

Die Verbindung von Kommunikation und Leistung sehen die Autoren darin begründet, dass ein höheres Ausmaß an Zuhören, Offenheit gegenüber Vorschlägen und arbeitsrelevantes Feedback kommunikationsbasierte Indikatoren effektiver und funktionierender Teams darstellen. Offene Kommunikation in einem Team ist dabei erfolgskritisch für die Zieleerreichung und die Bewältigung der täglichen Teamaktivitäten (Zander, 1994).

Zur mediierenden Variable Konfliktmanagement merken Dionne und Yammarino an, dass Konflikte durchaus einen positiven Nutzen für eine Gruppe und deren Leistung haben können. Konflikte können Gruppenmitglieder dazu ermuntern, einen neuen Blickwinkel einzunehmen und stimulieren die Kreativität bei der Lösung von Problemen und bei der Entscheidungsfindung (Zander, 1994; Dyer, 1995). Jehn und Chatman (2000) konnten zeigen, dass der Umfang aufgabenbezogener Konflikte mit erhöhter Teamleistung und Zufriedenheit zusammenhängt.

Im Zusammenhang mit diesem allgemeinen Rahmenmodell konkretisieren Dionne und Kollegen (2004) auch die spezifischen mediierenden Prozesse und Variablen der verschiedenen Subfacetten Transformationaler Führung (s. Abbildung 12). Die Autoren zeigen theoretisch auf, wie durch *Idealisierte Einflussnahme*, *Inspirierende Motivation*, *Individuelle Betrachtung* und *Intellektuelle Anregung* mittelbar die Gruppenleistung gefördert werden kann.

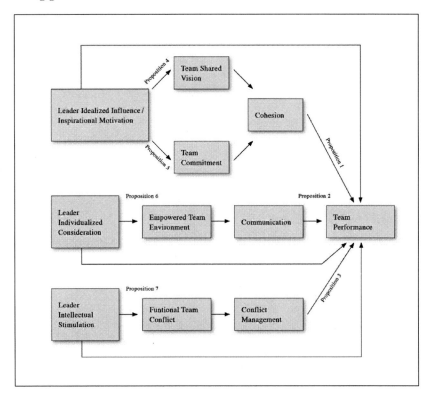

Abbildung 12: Transformational leadership and team performance model

Shamir und Kollegen (1993) beschreiben beispielsweise die Formulierung einer Vision als charismatische Ansprache, welche die kollektive Identität einer Gruppe stärkt. Ähnlich sieht es Sullivan (1988), der anmerkt, dass eine Vision die Betonung des gemeinsamen Teilens beinhaltet und die Bindung des Teams stärkt. Somit fördern *Idealisierte Einflussnahme* und *Inspirierende Motivation* – die vornehmlich charismatischen Facetten der Transformationalen Führung – die Kohäsion der Gruppe durch ein Führungsverhalten, welches die Vision formuliert, dabei die Gruppenbindung betont und eine emphatische Sprache nutzt. Das Modell von Dionne et al. (2004) berücksichtigt diese Befunde und formuliert neben direkten Effekten durch *Idealisierte Einflussnahme* und *Inspirierende Motivation* auf Leistung daher Effekte, die durch den Aufbau einer geteilten Vision und Kohäsion mediiert werden.

Als weiteren indirekten Effekt nennen Dionne et al. (2004) die Beeinflussung der Kohäsion durch die Förderung der Commitments. Eine Führungskraft, welche die transformationalen Führungsstile *Idealisierte Einflussnahme* und *Inspirierende Motivation* zeigt, vermittelt Vertrauen, spricht optimistisch über die Zukunft und beschreibt den organisationalen Wandel als positiv (Bass & Avolio, 1994). Darüber hinaus fördert dieses Führungsverhalten den Stolz der Mitarbeiter darauf, mit der Führungskraft in einer Beziehung zu stehen, und das Commitment gegenüber dieser Führungskraft (Arnold, Barling & Kelloway, 2001). Dieser geteilte Stolz und die Zugehörigkeit gegenüber der Führungskraft stärken die Kohäsion der Arbeitsgruppe (Atwater & Bass, 1994). Somit fördern *Idealisierte Einflussnahme* und die *Inspirierende Motivation* die Kohäsion (und mittelbar die Leistung) durch eine Beeinflussung des Commitments gegenüber der Führungskraft.

Wie oben beschrieben, stellen Zuhören, angemessenes Feedback und Offenheit gegenüber Vorschlägen innerhalb des Teams bedeutende Bedingungen der Teamleistung dar (Stevens & Campion, 1994; Dyer, 1995). Vor allem der transformationale Führungsstil *Individuelle Betrachtung* umfasst Verhaltensweisen wie aufmerksames Zuhören, Coachen und Lehren sowie die Berücksichtigung der individuellen Interessen und

Motive der Mitarbeiter (Bass, 1990b). Eine Führungskraft, die individuelle Betrachtung zeigt, baut eine enge und vertrauensvolle Beziehung zu jedem Mitarbeiter auf und kennt dessen persönliche Gefühle und Bedürfnisse (Bass, 1994). Diese Führungsverhaltensweisen stellen eine laut Dionne et al. (2004) eine bedeutsame Antezedenz effektiver Kommunikation innerhalb der Arbeitsgruppe dar, da diese die Entwicklung von Autonomie, Kompetenz und Einfluss der Mitarbeiter (Empowerment) fördern und die Kommunikationswege zwischen Führungskraft und Mitarbeitern erweitern. Durch *Individuelle Betrachtung* beeinflusst die Führungskraft die Kompetenzen, die Bedeutung und den Einfluss jedes Teammitglieds und fördert dessen individuelle Entwicklung. Diese Führungsaktivitäten begünstigen die Entstehung eines unterstützenden und fördernden Arbeitsumfeldes (Spreitzer, 1995), welches wiederum die effektive Kommunikation innerhalb der Arbeitsgruppe begünstigt.

Chen und Tjosvold (2002) postulieren, dass bei konstruktivem Konfliktmanagement die Möglichkeit besteht, von Konflikten innerhalb der Arbeitsgruppe zu profitieren, da qualitativ hochwertige Lösungen gefunden und die Beziehungen innerhalb des Teams gestärkt werden. Wird eine Arbeitsgruppe nicht durch interne Machtkämpfe und Entscheidungslosigkeit behindert, kann effektives Konfliktmanagement zu einer erhöhten Teamleistung führen (Stevens & Campion, 1994). Vor allem eher kognitiv geprägte und arbeitsbezogene Konflikte gelten als wichtige Antezedenzien von Teameffektivität und -leistung (Amason, 1996). Durch die Demonstration des transformationalen Führungsstils *Intellektuelle Anregung* schafft die Führungskraft ein Umfeld, in dem das Hinterfragen bestehender Annahmen als gewinnbringende Form des Konfliktes angesehen wird (Bass, 1990b). Durch *Intellektuelle Anregung* zeigt die Führungskraft Vertrauen, dass, wenn aufgabenbezogene Konflikte gelöst werden, die folgende Innovation zu einer höheren Teamleistung führt (Bass & Avolio, 1994). *Intellektuelle Anregung* fördert somit die Leistung auf Teamebene, indem funktionale und aufgabenbezogene Konflikte und deren Management gefördert werden.

Das Modell von Dionne und Kollegen (2004) stellt ein erstes Rahmenwerk dar, welches die vermittelnden Prozesse von Transformationaler Führung und Teamleistung beschreibt. Es ist bislang rein theoretischer Natur und umfasst noch zu testende Annahmen. Das postulierte Modell greift zwar als gesichert geltende Einzelzusammenhänge auf, die Gesamtkonzeption ist aber bislang noch nicht empirisch validiert worden.

Die oben beschriebenen Befunde zeigen die Relevanz und Notwendigkeit Transformationaler Führung in einem Gruppenkontext auf. Insgesamt kann daher als gesichert gelten, dass Transformationale Führung mit Kriterien der Führungseffektivität wie beispielsweise Teamleistung in einem positiven Zusammenhang steht (Bass, 1990a; Yammarino, 1996).

4.10 Negative Aspekte und Folgen Transformationaler Führung

Im Rahmen der bisher beschriebenen theoretischen Konzeptionen wird Führung prinzipiell als positiv und sowohl für Führungskraft als auch Geführte gewinnbringend beschrieben. Negative Aspekte von Führung wurden zumeist ausgeblendet und es wurde ignoriert, dass durch personale Einflussnahme auch problematische oder sogar katastrophale Folgen für die Mitarbeiter und die Organisationen entstehen können (Conger, 1990). So zeigen vor allem in Deutschland die Erfahrungen mit der Zeit des Dritten Reiches und die noch heute negative Konnotation des Wortes „Führer" in Deutschland drastisch die negativen Folgen von Führung und blindem Gehorsam auf.

Auch (oder vor allem) Transformationale Führung wird dabei im Hinblick auf mögliche negative Folgen verschiedentlich diskutiert, da sie die Außergewöhnlichkeit des Führenden und die Veränderung der Werte und Bedürfnisse der Geführten in den Fokus stellt. Führungskräfte haben zahlreiche Möglichkeiten, die Geführten negativ zu beeinflussen. Beispielsweise ist laut Conger (1990) und Howell (1988) eine Kernfunktion von Führung, Ressourcen bereitzustellen und Informationen zu kontrollieren. Somit verfügen Führungskräfte über die Möglichkeit, geführte Mitarbeiter zu manipulieren und evasive Taktiken zu nutzen (Weierter, 1997). Vor allem eine transformationale Führungskraft hat die Fähigkeiten, die Wahrnehmung der Mitarbeiter zu lenken sowie eine Vision zu kreieren und zu formulieren (Conger, 1990). Transformationale Führungskräfte besitzen daher das Potenzial, negative Prozesse und Folgen zu initiieren, da sie in der Lage sind, ihre Mitarbeiter auch für ungewöhnliche Aufgaben zu motivieren. Transformational Führende können diese Fähigkeiten nutzen, um Gutes zu initiieren, aber ebenso können sie zu destruktivem Verhalten führen. Neuberger (2002a) spricht

von einer „Verführung" der Mitarbeiter durch die Betonung der Einzig-
artigkeit oder die Ablenkung von negativen Folgen. Die Identifikation
mit der als transformational wahrgenommenen Führungskraft kann bei
Geführten zu unkritischem Verhalten und geringerer Eigeninitiative
(Conger & Kanungo, 1998) sowie zu einer Tendenz zur Abhängigkeit
(Kark, Shamir & Chen, 2003) führen.

In diesem Zusammenhang lassen sich Führungskräfte auf Basis des
Charismabegriffes klassifizieren. Die psychologische Forschung unterscheidet zwei Arten von Charisma: soziales (social) und persönliches
(personalized) Charisma (Bommer, Rubin & Baldwin, 2004). Sozial-
charismatische Führungskräfte dienen allgemeinen Interessen, fördern
Andere und versuchen allen Beteiligten Entscheidungsbefugnis zu geben
(Bass & Riggio, 2006). Persönlich-charismatische Führungskräfte zeigen
hingegen eher persönliche Dominanz und autoritäres Verhalten; diese
Form des Charisma ist selbstverherrlichend, dient dem Selbstinteresse
und tendiert dazu, andere auszunutzen (House & Howell, 1992; Howell
& Avolio, 1992). Korrespondierend zu den Konzeptionen von sozialem
und persönlichem Charisma unterscheiden Bass und Steidlmeier (Bass &
Steidlmeier, 1999) Authentisch Transformationale Führung von Pseudo-
transformationaler Führung. Diese liegt vor, wenn eine Führungskraft
ihr Interesse am Allgemeinwohl nur vortäuscht, in Wahrheit aber eigene
egoistische Interessen verfolgt. Pseudotransformationale Führung stellt
somit die „dunkle Seite" der Transformationalen Führung dar, bei der
sich Führungskräfte zugunsten eigener Interessen unethisch und amora-
lisch verhalten (Howell & Avolio, 1992). Pseudotransformationale und
authentisch transformationale Führungskräfte unterscheiden sich somit
hinsichtlich der Intentionalität der Führung, obwohl sie die gleichen
Führungsverhaltensweisen nutzen.

Zusammenfassend lässt sich festhalten, dass die Frage nach ethischer oder moralischer Führung auf westlichen Moralvorstellungen basiert und diejenigen Führer als „pseudo" eingestuft werden, die diesen Prinzipien nicht genügen (Bass & Steidlmeier, 1999). Grundsätzlich sollte Führung ethischen Ansprüchen genügen und dem Wohl der Mitarbeiter und der Organisation dienen.

4.11 Kulturelle Unterschiede und Transformationale Führung

Felfe, Tartler und Liepmann (2004) betonen, dass es sich bei der Theorie der Transformationalen Führung um ein genuin amerikanisches Konzept handelt. Dementsprechend ist Transformationale Führung vor allem in Nordamerika etabliert und hat zahlreiche Studien an US-amerikanischen Stichproben angeregt. Laut Felfe (2006a) ist das Konzept der Transformationalen Führung nach anfänglichem Zögern auch in den deutschsprachigen Ländern aufgegriffen worden und hat der psychologischen Führungsforschung neue Impulse gegeben. Dabei stellt sich allerdings die Frage nach der Übertragbarkeit Transformationaler Führung und der zugehörigen Befunde. Bass (1997) geht davon aus, dass es sich bei dem Paradigma der Transformationalen Führung um ein grenzübergreifendes Phänomen handele und sich stabile und vergleichbare Effekte über die verschiedenen Kulturen und Länder hinweg finden ließen. So wurden Fragebögen zur Transformationalen Führung in zahlreiche Sprachen übersetzt und beispielsweise in spanischen, französischen, hebräischen, arabischen, chinesischen und koreanischen Kontexten untersucht (Bass & Avolio, 1995). Diese Adaptionen und die zugehörigen Befunde bestätigen die cross-kulturelle Validität des Paradigmas der Transaktionalen und Transformationalen Führung. Während die meisten Führungsexperten der Universalitätsannahme zustimmen (Den Hartog, House, Hanges, Dorfman & Ruiz-Quintanilla, 1999; Walumbwa, Orwa, Wang & Lawler, 2005), zeigen verschiedene Studien allerdings auch gegenteilige Befunde und kulturspezifische Einflüsse.

Wissenschaftliche Befunde deuten dabei an, dass Unterschiede hinsichtlich der Führung in Deutschland und Amerika vor allem auf die unterschiedlichen landesspezifischen Kulturen zurückzuführen sind (Felfe et al., 2004). Kultur wird dabei von House, Hanges, Javidan, Dorfman und Gupta (2004) als „shared motives, values, beliefs, identities, and interpretations or meanings of significant events that result from common experiences of members of collectives that are transmitted across generations (p. 15)" definiert. Viele der wissenschaftlichen Arbeiten, die nationale und kulturelle Unterschiede systematisch untersuchen, gehen auf die wegweisenden Studien von Hofstede (1980) zurück. Hofstede führte eine der umfangreichsten empirischen Studien über kulturelle arbeitsbezogene Unterschiede durch, bei der zwischen 1968 und 1972 in 53 Ländern circa 116.000 IBM-Mitarbeiter befragt wurden. Ziel der Studie war es, die verschiedenen Kulturen systematisch zu beschrieben und zu vergleichen. Faktoranalytisch ermittelte er zunächst vier Dimensionen einer Kultur:

Machtdistanz (Power Distance, PDI): Beschreibt, wie eine Gesellschaft mit der Ungleichheit der Machtverteilung zwischen Mitgliedern der Gesellschaft umgeht, in welchem Ausmaß die weniger mächtigen Mitglieder von Organisationen ungleiche Verteilungen der Macht akzeptieren.

Kollektivismus versus Individualismus (Individualism, IDV): Beschreibt das Ausmaß, in dem Individuen in Gruppen integriert sind. Die Dimension kontrastiert ausgeprägtes „Ich"-Bewusstsein versus Gruppenbewusstsein und Individualismus versus Kollektivismus.

Maskulinität versus Feminität (Masculinity, MAS): Beschreibt die Rollenverteilung zwischen den Geschlechtern einer Gesellschaft. Eine „maskuline" Gesellschaft grenzt die Rollen der Geschlechter klar ab, eher „feminine" Kulturen sind durch Überschneidungen der Geschlechterrollen gekennzeichnet.

Unsicherheitsvermeidung (Uncertainty Avoidance, UAI): Beschreibt den Grad, in dem die Mitglieder einer Kultur sich durch ungewisse oder unbekannte Situationen bedroht fühlen. Kulturen, die Unsicherheiten vermeiden, versuchen durch gesellschaftliche Regelungen, solche Situationen zu minimieren.

Später ergänzten Hofstede und Bond (1984) eine fünfte Dimension, die sie als Langzeitorientierung versus Kurzzeitorientierung (Long-Term Orientation, LTO) charakterisieren. Diese Dimension beschreibt, wie groß der zeitliche Planungshorizont in einer Gesellschaft ist.

Obwohl die nordamerikanische und die deutsche Kultur zu einem gemeinsamen kulturellen Cluster gehören, zeigen sich auf drei der fünf Kulturdimensionen bedeutsame Unterschiede.

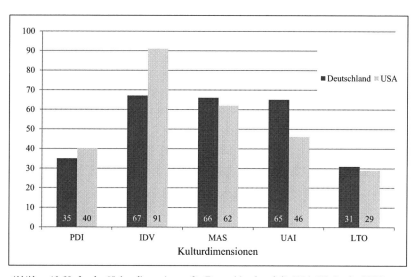

Abbildung 13: Hofstedes Kulturdimensionen für Deutschland und die USA (Hofstede, 2001)

Abbildung 13 zeigt, dass in Deutschland eine geringere Machtdistanz (PDI) vorliegt als in den USA. Das heißt, wenig einflussreiche Mitarbeiter einer Organisation akzeptieren und erwarten eher eine gleichmäßige Verteilung der Macht als US-Bürger.

Obwohl Deutschland zu den eher individualistischen Kulturen zählt, wird die deutsche Kultur hinsichtlich der Dimension *Individualismus* niedriger bewertet als die USA. Somit sind laut Hofstede Amerikaner im Vergleich weniger in Gruppen integriert und weisen eher ein „Ich"-Bewusstsein als ein Gruppenbewusstsein auf.

Im direkten Vergleich zeigen sich für Deutschland im Vergleich zu den USA auch niedrigere Werte auf der Kulturdimension *Unsicherheitsvermeidung* (UAI). Deutsche verlassen sich eher auf Regeln und institutionalisierte Prozesse und vermeiden nach Möglichkeit Unsicherheit oder Ambiguität.

Auf den verbleibenden Kulturdimensionen *Maskulinität versus Feminität* (MAS) und *Langzeitorientierung versus Kurzzeitorientierung* zeigen sich im direkten Vergleich keine signifikanten Unterschiede. Beide Kulturen lassen sich durch eine hohe Maskulinität und eine Kurzzeitorientierung charakterisieren.

Das bisher umfassendste Forschungsprojekt im Bereich der kulturvergleichenden Studien stellt das Global Leadership and Organizational Behaviour Effectiveness Research Program (GLOBE) dar, welches von House und Kollegen (2004) initiiert wurde. Im Rahmen der Untersuchungen wurden 17.000 Manager in 62 Gesellschaften aus 951 Organisationen befragt, wobei 170 Sozialwissenschaftler aus 40 der untersuchten Länder das Projekt unterstützten. Die Ergebnisse für die deutsche Stichprobe (Brodbeck, Frese & Javidan, 2002) zeigen ähnliche Befunde wie die Arbeiten von Hofstede. Es zeigten sich relativ hohe Ausprägungen auf den Dimensionen *Individualismus*, *Unsicherheitsvermeidung* und *Maskulinität*. Eher niedrige Ausprägungen wurden für die Dimensionen *Machtdistanz* und *Langzeitorientierung* gefunden. Darüber hinaus konnten die Autoren zeigen, dass sich die deutsche Kultur durch eine stark ausgeprägte Durchsetzungsfähigkeit (Assertiveness) und eine geringe Ausprägung auf der Dimension *Zwischenmenschliches Verhalten* (Humane Orientation) charakterisieren lässt. Anhand der Dimension *Durchsetzungsfähigkeit* wird der gesellschaftliche Umgang der Menschen miteinander untersucht. Eine hohe Ausprägung (wie in Deutschland) besagt, dass Menschen einer Kultur im Vergleich zu anderen Kulturen im Umgang miteinander eher konfrontativ sind. Die verbale Interaktion deutscher Führungskräfte und Mitarbeiter lässt sich daher als direkt und ernst beurteilen. Dispute und konfrontative Debatten im beruflichen Kontext werden in Deutschland als legitim akzeptiert (Brodbeck & Frese, 2007). Die Dimension *Zwischenmenschliches Verhalten* beschreibt das Ausmaß fairen, freundlichen und freigiebigen Verhaltens der Mitglieder einer Gesellschaft untereinander. In Deutschland ist die soziale Interaktion im Vergleich zu anderen Kulturen eher direkt, aufgabenorientiert und weniger durch Altruismus geprägt. Zusammenfassend attestieren Brodbeck und Kollegen (2002), dass Deutsche es vorziehen, sicher und gut organisiert zu leben, und weniger in sozialen Gruppen organisiert sind. Die Bewältigung von Aufgaben und die Minimierung von Fehlern stehen dabei eher im Vordergrund als Mitgefühl und zwischenmenschliche Rücksichtnahme.

Neben den Unterschieden auf den Kulturdimensionen wurden im Rahmen des GLOBE-Projekts auch Führungsprototypen über die untersuchten Kulturen hinweg untersucht. Dabei wurde allerdings nicht das gezeigte und beobachtbare transaktionale und transformationale Führungsverhalten untersucht, sondern es wurden Prototypen beschrieben, die mit außergewöhnlicher Leistung assoziiert werden (Brodbeck et al., 2002). Somit wird nicht auf das tatsächliche Führungsverhalten Bezug genommen, sondern es wird formuliert, welche Führungsstile in der jeweiligen Kultur als exzellent angesehen werden. Für die deutsche Stichprobe zeigte sich, dass der Prototyp als weniger transformational führend eingeschätzt wurde als in allen anderen untersuchten Ländern. Somit kann vermutet werden, dass in Deutschland erfolgreich Führende im Vergleich weniger als transformational führend empfunden werden.

Studien zeigen, dass aufgrund der Unterschiede zwischen der deutschen und der US-amerikanischen Kultur sich prototypische Führungskräfte auf Basis der Kulturdimensionen *Machtdistanz* und *Kollektivismus versus Individualismus* unterscheiden (Gerstner & Day, 1994). Die Autoren gehen davon aus, dass es in deutschen Organisationen schwieriger ist, ansprechende und begeisternde Visionen zu formulieren und den Mitarbeitern Stolz zu vermitteln, als dies in US-amerikanischen Unternehmen der Fall ist. Da die deutsche Kultur ausgeprägte bürokratische Strukturen und eine starke Betonung von Regeln aufweist, ist der Anwendungsbereich des Führungsverhaltens sowie die Akkumulation von Macht und Einfluss limitiert.

Felfe und Kollegen (2004) sehen bezüglich der Führung einen Unterschied vor allem in den affektiven Reaktionen der Mitarbeiter. US-amerikanische Mitarbeiter scheinen eher geneigt zu sein, ihrer Führungskraft positives und enthusiastisches Feedback zu geben, während in Deutschland Feedback meist eher ausgewogen oder sogar kritisch formuliert wird. Diese Annahme wird von der Tatsache gestützt, dass Unterschiede in der Selbst- und Fremdbewertung in den USA signifikant ausgeprägter sind, da vor allem die Fremdbeurteilung in Deutschland kritischer ausfällt (Felfe, 2003),

Darüber hinaus verhindern historisch bedingte Rollenerwartungen in Deutschland expressives und dominierendes Führungsverhalten und die Existenz herausragender „Helden" in Führungspositionen (Kuchinke, 1999). Ein Führungsverhalten entsprechend der Regeln und Normen sowie faire und kooperative Interaktionen entsprechen dabei eher der niedrigen Machtdistanz der deutschen Kultur. Somit sollten hohe Ausprägungen Transformationaler Führung eher in den USA zu finden sein, während im Vergleich Transaktionale Führung in Deutschland ausgeprägter ist. Der historische Hintergrund und die Erfahrung des

Dritten Reiches mindern in Deutschland auch die affektive Identifikation mit dem Führenden. Aufgrund der klaren Definition der Führungsaufgaben und Verantwortlichkeiten kann erwartet werden, dass in Deutschland eher die Transaktionale Führung den vorherrschenden Führungsstil darstellt. Allerdings konnte Kuchinke (1999) lediglich für zwei Transformationale Führungsstile bedeutsame Unterschiede zwischen den USA und Deutschland empirisch belegen. Hinsichtlich der Führungsstile *Idealisierte Einflussnahme* und *Inspirierende Motivation* lag der Mittelwert der US-amerikanischen Stichprobe höher als in der deutschen, während sich die anderen Kulturdimensionen nicht in ihrer Ausprägung unterschieden.

Da die deutsche Kultur eine eher geringe Langzeitorientierung aufweist, argumentieren Felfe et al. (2004), dass es in Deutschland schwieriger sei, eine inspirierende und langfristig orientierte Vision zu formulieren als in den USA. Diese Annahme wird durch den Befund gestützt, dass Felfe (2003) für deutsche Stichproben niedrigere Mittelwerte für sämtliche transformationalen Subskalen (*Idealized Influence attributed, Idealized Influence behavior, Inspirational Motivation, Intellectual Stimulation* und *Individualized Consideration*) aufzeigen konnte, das arithmetische Mittel für die transaktionalen Skalen *Management by exception active, Management by exception passive* und *Laissez-faire* aber höher lag.

Zwar verweisen die gefundenen Unterschiede zwischen US-amerikanischer und deutscher Führung auf den bestehenden Forschungsbedarf (Judge et al., 2006), insgesamt zeigt sich aber eine Generalisierbarkeit der Transaktionalen und Transformationalen Führung über die verschiedenen Kulturen hinweg. Die Ergebnisse belegen im Wesentlichen die interkulturelle Angemessenheit und Wichtigkeit Transformationaler Führung (Den Hartog et al., 1999), und die Muster der gefundenen Korrelationen und Mittelwerte sind für Deutschland denjenigen der USA sehr ähnlich, sodass die Übertragbarkeit des transformationalen

Konzeptes für den deutschen Kulturraum gegeben scheint (Felfe et al., 2004).

4.12 Kritik der Transformationalen Führung

Das Paradigma der Transaktionalen und Transformationalen Führung sowie das „Full Range of Leadership"-Modell stellen aktuell die einflussreichsten Konzeptionen von Führung dar und konnten bedeutend zum heutigen Verständnis von Führung beitragen. Diese Theorien erklären erstmals den außergewöhnlichen Einfluss, den manche Führungskräfte auf ihre Mitarbeiter haben, und berücksichtigen vor allem auch emotionale Aspekte des Führungsprozesses.

Nichtsdestotrotz wird die Einzigartigkeit und das Ausmaß der Innovation laut Yukl (1999b) überschätzt. Hunt (1999) formuliert etwas pointiert, dass der größte Verdienst der Transformationalen Führung gar nicht das Konzept selbst sei, sondern die Tatsache, dass dadurch das Feld der Führungsforschung transformiert wurde, welches bis dahin eher fragmentarisch, statisch und irrelevant für den angewandten Führungsprozess gewesen sei. Obwohl neue Begrifflichkeiten genutzt werden, greifen diese lediglich bekannte Phänomene des Führungsprozesses auf, die vor allem in den früheren behaviouralen Theorien der Führung beschrieben wurden.

Auch zeigen sich bedeutsame inhaltliche Konvergenzen bezüglich der postulierten Führungsverhaltensweisen. *Intellektuelle Stimulation* ist beispielsweise vergleichbar mit Aspekten der Weg-Ziel-Theorie (Hunt, 1999) und *Individuelle Betrachtung* weist bedeutende Parallelen zur mitarbeiterorientierten Führung auf. Auch bleiben vor allem die eher „charismatischen" Subskalen (*Idealisierte Einflussnahme*) in der Beschreibung des konkreten Führungsverhaltens eher vage. Darüber hinaus bleiben die der Transformationalen Führung zugrundeliegenden Einflussprozesse unklar, da mediierende Prozesse und Variablen bislang eher unsystematisch und vereinzelt untersucht wurden (s. Kapitel 0). Auch stehen die möglichen negativen Konsequenzen Transformationaler Führung (s. Kapitel 4.10) eher selten im Fokus der psychologischen Führungsforschung.

Jede der Subfacetten Transformationaler Führung setzt sich aus verschiedenen Komponenten zusammen, die inhaltliche Überschneidungen aufweisen. Heinitz (2006) merkt dazu an, dass der Führungsstil *Individuelle Betrachtung* sowohl die Entwicklung als auch die Unterstützung der geführten Mitarbeiter beinhaltet. Auf der einen Seite umfasst die Entwicklung der Mitarbeiter dabei Komponenten wie Coaching und Mentoring und stellt somit einen Kernaspekt Transformationaler Führung dar. Unterstützt eine Führungskraft ihre Mitarbeiter, so zeigt sie freundliches und rücksichtsvolles Verhalten, was auf der anderen Seite aber nicht wirklich als transformational beschrieben werden kann und nur in geringem Maße Motivation und Leistung der Mitarbeiter beeinflusst.

Der Transformationale Führungsstil *Intellektuelle Stimulation* umfasst diverse Führungsverhaltensweisen wie die Betrachtung von Problemen aus alternativen Blickwinkeln und das Finden neuer Lösungswege. Allerdings werden in den entsprechenden theoretischen Ansätzen keine konkreten Führungsverhaltensweisen spezifiziert, sodass die Definition der intellektuellen Stimulation eher vage bleibt.

Auch der Transformationale Führungsstil *Idealisierte Einflussnahme* ist eher heterogen konzipiert und umfasst zahlreiche unterschiedliche Aspekte. *Idealisierte Einflussnahme* beschreibt „ideally, influential leadership" (Bass & Avolio, 1994) und beinhaltet den Ausdruck eigener Überzeugungen, die Ausrichtung des Verhaltens an diesen Überzeugungen sowie die Erläuterung des Sinns der Arbeitsaufgaben. Gleichzeitig lässt sich *Idealisierte Einflussnahme* durch eine attributionale Komponente – die Zuschreibung von Charisma durch die Mitarbeiter – beschreiben, obwohl dieser Aspekt eher ein Resultat von Führung und kein beobachtbares Führungsverhalten darstellt.

Auf der anderen Seite fehlen bedeutsame Variablen der Führung. Wie bereits in Kapitel 4.4 erwähnt, wurde verschiedentlich bezweifelt, dass das Modell des „Full Range of Leadership" tatsächlich das ganze Spektrum des Führungsverhaltens abbildet (Gebert, 2002; Kröger & Tartler, 2002). So fehlt beispielsweise die Integration von Führungsverhalten, welches die Entwicklung von Autonomie, Kompetenz und Einfluss der Mitarbeiter (Empowerment) fördert, in das Konzept der Transformationalen Führung (Yukl, 1999b). Auch fehlen innerhalb des „Full Range of Leadership"-Modells Führungsverhaltensweisen, die sich weder als transaktional noch als transformational charakterisieren lassen, sondern eher aufgabenorientiert sind. Auf Basis der aufgabenorientierten Führung ergänzten Antonakis und House (2004) daher das „Full Range of Leadership"-Modell um vier Dimensionen, die sie als instrumentelle Führung bezeichnen.

Da die Theorie der transaktionalen und Transformationalen Führung lediglich auf dyadische Beziehungen und Prozesse fokussiert, fehlen postulierte Wirkmechanismen auf Team- oder Organisationsebene. Obwohl der Zusammenhang von Transformationaler Führung mit Kriterien der Team- und Organisationsebene erfolgreich untersucht wurde, wurden die zugrundeliegenden mediierenden Prozesse zumeist ignoriert (s. Kapitel 4.9).

Auch wird in den transformationalen Führungstheorien vornehmlich beschrieben, wie Führungskräfte Motivation und Loyalität der Mitarbeiter beeinflussen – fundierte Erklärungen zum Einfluss auf monetäre Kriterien der Organisation oder deren Überleben fehlen aber bislang (Yukl & Lepsinger, 2004). Eine Führungskraft kann ihre Mitarbeiter zwar dazu bringen, motivierter und kreativer zu und sich kooperativer zu verhalten, aber welche Aufgaben und Tätigkeiten die Mitarbeiter erledigen sollen und die Angemessenheit des Vorgehens sind ebenfalls bedeutsam für den Erfolg von Führung. Obwohl verschiedene Studien Zusammen-

hänge von Transformationaler Führung des Topmanagements und monetären Kriterien wie Gewinn oder Umsatz der Organisation zeigen
konnten (Jung, Chow & Wu, 2003; Tosi, Misangyi, Fanelli, Waldman &
Yammarino, 2004), erscheint es auch möglich, dass die Führung einer
erfolgreichen Unternehmung lediglich aufgrund des Erfolges als transformational führend wahrgenommen wird.

Auch scheint die von beispielsweise Bass (1997) betonte Universalität beziehungsweise Kontextunabhängigkeit der Transformationalen
Führung nicht in dem postulierten Ausmaß gegeben. In diesem Zusammenhang postulieren Podsakoff et al. (1996a), dass Charakteristika des
Kontextes entscheidenden Einfluss auf das Verhalten von Mitarbeitern
haben (s. Kapitel 4.8). Empirische Studien legen nahe, dass beispielsweise die organisationale Struktur einen Effekt auf den Führungsprozess hat
und beeinflusst, welche Art von Führung in dem jeweiligen Kontext
notwendig ist (Antonakis & House, 2002; Brown et al., 2004; Lord,
2000). Diese Annahme konnte von Antonakis, Avolio und Sivasubramaniam (2003) metaanalytisch bestätigt werden und die Autoren konnten
zeigen, dass die Ausprägung und die Wirksamkeit Transformationaler
Führung über verschiedene Kontexte variiert.

Vor allem aber wurden Situationen, in denen Transformationale Führung
auch abträgliche Effekte haben kann, weitestgehend ignoriert. Porter und
Bigley (2003a) merken in diesem Zusammenhang an, dass Transformationale Führung und der Aufbau enger und vertrauter Beziehungen auch
demotivieren kann, da Neid und Missgunst bei den Mitarbeitern erzeugt
wird, die weniger oder keine individuelle Zuwendung erfahren. So können die Wahrnehmung fehlender Zuwendung und Neid negative Effekte
auf die Motivation der Mitarbeiter aufweisen. Auch können auf Seiten
der Mitarbeiter Rollenkonflikte und -ambiguität entstehen, wenn Führungskräfte konkurrierende Visionen formulieren (Yukl, 1999a).

Neben den erwähnten inhaltlichen Kritikpunkten werden von verschiedenen Autoren auch methodische Bedenken an der Forschung zur
Transformationalen Führung vorgebracht. Als allgemeine Kritik an der
der organisationalen empirischen Forschung weisen Podsakoff et al.
(2003) auf verschiedene methodische Verzerrungen hin. Da in zahlreichen Studien die Befragten Quelle sowohl für die exogene Variable als
auch für die endogene Variable sind, entstehen sogenannte Single-
Source-Verzerrungen. Außerdem wird meist nur eine Methode, wie beispielsweise Fragebögen, genutzt, woraus eine Single-Method-Verzerrung
resultiert. Diese Verzerrungen haben zur Folge, dass Zusammenhänge
zwischen den Konstrukten wenig valide und überhöht sind. Zur Behe-
bung der Methodenverzerrung wird gefordert, dass für exogene und
endogene Variablen unterschiedliche Antworten beziehungsweise unterschiedliche Erhebungsinstrumente eingesetzt werden. Felfe (2006a) weist
in einem Überblicksartikel ebenfalls auf spezielle Unzulänglichkeiten und
Probleme der psychologischen Führungsforschung hin. Er kritisiert, dass
es sich bei den Studien über den Einfluss Transformationaler Führung
auf organisationale Erfolgskriterien bislang überwiegend um Querschnit-
tuntersuchungen handelt. Um kausale Annahmen zu belegen, werden
verstärkt Längsschnittstudien, wie beispielsweise die von Howell und
Hall-Merenda (1999), Waldman et al. (2001) oder Waldman, Javidan und
Varella (2004), gefordert. Es ist noch zu zeigen, dass Transformationale
Führung Werte, Selbstwert und Selbstwirksamkeit positiv beeinflusst und
die Zusammenhänge nicht durch Selektionseffekte verursacht werden.
Darüber hinaus wird kritisch angemerkt, dass die Mehrheit der Studien
über Transformationale Führung die betrachteten Variablen auf der
Individualebene untersucht. Laut Felfe (2006a) werden dabei allerdings
Variablen einbezogen, die auf der Ebene der Gruppe, der Organisation
oder Kultur angesiedelt sind. Die Abhängigkeit der Daten auf unterschiedlichen Ebenen kann mit Mehrebenenanalysen adäquat berücksich-

tigt und dadurch Fehlinterpretationen vermieden werden (Berson & Avolio, 2004; Gavin & Hofman, 2002).

Trotz aller Kritikpunkte konnte das Paradigma der Transaktionalen und Transformationalen Führung bedeutsame neue Impulse für die Führungsforschung liefern und stellt aktuell die einflussreichste Konzeption von Führung dar. Zusammenfassend merkt Yukl (1999a) an, dass Transformationale Führung als bedeutsamer Beitrag zum Verständnis von Führung gelten kann, aber nicht der Fehler gemacht werden sollte, Transformationale Führung als den revolutionären Ansatz zu betrachten, der alle früheren Theorien obsolet mache.

Ausgehend von der Führungsforschung werden in den folgenden Kapiteln Ansätze der Führung im Sport dargestellt und diskutiert. Es werden Parallelen und Unterschiede zur Transaktionalen und Transformationalen Führung diskutiert.

5 Führung im Sport

Betrachtet man die großen Erfolge der deutschen Fußballnationalmannschaft, sind diese immer auch eng mit der Person des Trainers verbunden. Sepp Herberger, Helmut Schön und Franz Beckenbauer gelten in der Retrospektive als zentrale Protagonisten bei dem Gewinn der Fußball-Weltmeisterschaften 1954, 1974 und 1990. „In der Geschichte des Leistungssports war und ist der Trainer neben dem Athleten die zentrale Person. Seine Kompetenz und seine Arbeitsbedingungen sind entscheidend für Erfolg oder Misserfolg" (Brand et al., 2000, S.17). Ein Sporttrainer kann formal als Führungskraft betrachtet werden (Charbonneau, Barling & Kelloway, 2001): Er stellt eine Fußballmannschaft auf, führt sie, bildet sie aus und nimmt so bedeutsamen Einfluss auf die Spieler und die Leistung der Mannschaft beziehungsweise der betreuten Athleten.

In diesem Abschnitt werden zunächst die Anforderungen an den Trainer und die daraus resultierenden Führungsaufgaben beschrieben. Daran anknüpfend werden die Entwicklung der sportspezifischen Führungsforschung und deren zentrale Befunde dargestellt. Abschließend werden die prominentesten Führungsmodelle im Sport, das Mediationsmodell von Smoll und Smith (1989) und das Multidimensional Model of Coach Leadership von Chelladurai (1978; 1990; 1993) beschrieben und diskutiert.

5.1 Bedeutung und Tätigkeiten des Trainers

Während die meistens Menschen mit den Tätigkeiten „normaler" Führungskräfte schon einmal in Kontakt gekommen sind, sind das Aufgabengebiet professioneller Fußballtrainer und die damit einhergehenden konkreten Anforderungen eher weniger bekannt. Dabei umfasst der Posten des Trainers eine Vielzahl sportlicher, ökonomischer und sozialer Anforderungen. An den Trainer werden unterschiedlichste Erwartungen gestellt und gefordert, dass er ein Allrounder auf den unterschiedlichen Gebieten der sportlichen Führung ist. Dabei nimmt der Trainer eine Schlüsselposition mit beträchtlicher Macht und Verantwortung für die Entwicklung und Ausprägung der Leistungsfähigkeit und -bereitschaft der ihm anvertrauten Athleten ein (Ericcson & Hagemann, 2007). Diese Annahme wird auch von der öffentlichen Wahrnehmung geteilt: In nahezu allen westlichen Gesellschaften wird das Führungsverhalten des Trainers gleichsam von Athleten und Nichtathleten als Kernkomponente der Leistung von Athlet und Mannschaft gesehen (Horn, 2007). Siegreiche Athleten unterstreichen häufig die entscheidende Rolle ihres Trainers in ihrer Entwicklung. Der Trainer stellt vor allem im Teamsport eine zentrale Figur im Mannschaftsgefüge dar und ist in vielerlei Hinsicht Entscheidungsträger und Verantwortlicher für den sportlichen Erfolg. Aus wissenschaftlicher Sicht stützen eine Reihe von Studien (Chelladurai, 1990; Fry, Kerr & Lee, 1986; Offermann & Beil, 1992) die Annahme, dass der Trainer und das von ihm gezeigte Führungsverhalten entscheidenden Einfluss auf die von ihm betreuten Athleten nimmt (Case, 1998; Chelladurai, 1981). „Erfolgreiche Trainer sind – auch als Bezugspersonen – theoriekundige Ausbildungsexperten, zudem Psychologen, Pädagogen, Didaktiker, Methodiker [...] und Manager." (Hotz, 1997, S.115). In Anbetracht dieser Anforderungen kann vermutet werden, dass für Trainer unterschiedlichste Erfolgskriterien existieren. Anders als im organisationalen Kontext entscheidet sich, ob ein Trainer erfolgreich ist, nicht an dem Zustandekommen der absoluten Leistung oder der relativen erzielten sportlichen Leistung des Athleten, sondern nahezu ausschließlich am sportlichen Erfolg im Vergleich mit anderen Teams oder Athleten (Patsantáras, 1994).

Dabei ändern sich die Aufgaben eines Trainers im professionellen Sport vor dem Hintergrund fortschreitender Ausdifferenzierung des Hochleistungssports, zunehmender Kommerzialisierung, medialen Interesses und von Leistungsmanipulation (Bette, 1984). Der Prozess der Führung im Sport stellt komplexe Anforderungen, bei denen verschiedene Rollen berücksichtigt werden müssen. Traditionellerweise bekleidet ein Trainer vorgegebene Aufgaben, welche typischerweise ein geplantes, koordiniertes und integriertes Programm zur Vorbereitung der Athleten beinhalten (Baker, Horton, Robertson-Wilson & Wall, 2003; Lyle, 2002; Pyke, 2002; Sabock, 1985; Woodman, 1993). Bette (1984) sieht die Anforderungen an einen Trainer durch drei Kriterien determiniert: die Funktion (zum Beispiel Nachwuchstrainer), die Organisations- und Institutionsebene (Bundes- oder Vereinstrainer) und den Anstellungsstatus (beispielsweise hauptamtlich oder ehrenamtlich). Friedrich, Grosser und Preising (1988) ergänzen das Modell um Eigenarten der jeweiligen Sportart und merken an, dass in Abhängigkeit von der Sportart die Anforderungen an den Trainer in der Führung von Athleten sehr unterschiedlich sind. Auf inhaltlicher Ebene identifizieren Fornoff und Kilzer (1994) folgende Aufgaben des Trainers:

- Trainingssteuerung
- Betreuung
- Beratung und Fürsorge
- Koordination und Verwaltung

- Organisation und Verwaltung
- Öffentlichkeitsarbeit
- Fortbildung und Weiterbildung
- Lehrtätigkeit und wissenschaftliche Mitarbeit

Trotz verschiedener Bemühungen können die Anforderungen an den Beruf des Trainers nicht abschließend definiert werden, da das Aufgabenfeld ständigen Veränderungen unterworfen ist (Patsantáras, 1994; Franke, 1996). Dabei müssen moderne (Fußball-)Trainer neben klassischen sportlichen Aspekten zusätzlich die geschäftliche beziehungsweise ökonomische Perspektive berücksichtigen (Perry, 2000) und sich zunehmend flexibel den variablen Anforderungen stellen (Hagedorn, 2000). Wie bereits erörtert, hängen die Anforderungen an den Trainer zu einem erheblichen Teil von Sportart, Funktion und Organisation ab. Für den Beruf des professionellen Fußballtrainers in England ermittelte Perry (2000) verschiedene und korrespondierende Verantwortlichkeiten und Tätigkeiten. Er schlägt eine Taxonomie vor, die spezifische Kernverantwortlichkeiten (Core Responsibilities), primäre sowie beitragende Aufgaben (Prime Tasks und Contributory Tasks) umfasst. Tabelle 19 zeigt die verschiedenen Aufgaben eines Vereinstrainers, wobei erwähnt werden muss, dass sich das englische Trainerprofil deutlich von dem anderer Länder beziehungsweise Fußballverbände unterscheidet. Vor allem die beitragenden Aufgaben unterliegen in Deutschland meist der sportlichen Leitung in Form des Sportdirektors oder des sportlichen Geschäftsführers.

Tabelle 19: *Roles of a football manager (Perry, 2000)*

Core Responsibilities	First team selection
	Method of play
	Assembly, maintenance of a playing squad
Prime Tasks	Club coaching policy
	Player discipline, fitness, preparation and well-being
	Player development
	Appointment of assistant staff
	Attendance at board meetings
	Media dealings
Contributory Tasks	Salary/contract players
	Club scouting policy
	Preparing match program notes
	General public relations/sponsorship dealings

Die Tätigkeiten eines Trainers gehen weit über das traditionelle Bild der Trainings- und Wettkampfsteuerung hinaus und umfassen zu einem bedeutsamen Anteil personenbezogene Tätigkeiten wie Betreuung, Beratung und Entwicklung der Spieler. Vor allem sozialpsychologische und pädagogische Aspekte finden im Arbeitsfeld von professionellen Fußballtrainern aktuell verstärkt Beachtung und bilden zusammen ein komplexes Geflecht von Anforderungen und damit verknüpften Kompetenzen.

5.2 Kompetenzen und Rollen des Trainers

Ausgehend von den Tätigkeiten der Trainer wurden von verschiedenen Autoren bestimmte fachliche und überfachliche Kompetenzen postuliert, die ein Trainer aufweisen muss, um den beruflichen Anforderungen und Tätigkeiten gerecht zu werden. Die im Folgenden diskutierten Kompetenzen sind jedoch nur selten empirisch begründet und häufig eher allgemein und uneinheitlich formuliert. Dabei stehen in den vornehmlich sportpsychologischen Konzeptionen neben fachlichen Kompetenzen vor allem psychologische Aspekte im Vordergrund.

Daher formulieren Alfermann und Stoll (2005, S.205), „dass Trainer und Trainerinnen eine hohe pädagogische Verantwortung für die Entwicklung ihrer Schützlinge tragen." Sie benötigen die Kompetenz, „die Athleten zu motivieren und in ihrer Gesamtentwicklung zu fördern und zu unterstützen." Schulze, Burrmann und Stucke (2007) ermittelten auf Seiten der Athleten einen Wunsch nach emotionaler Unterstützung und situations-, zielgruppen- und individuumsspezifischen Unterstützungsleistungen des Trainers. Vor diesem Hintergrund forderte Klöckner (2000b; 2000a) daher einen Kulturwechsel in der Trainerausbildung und argumentiert, dass „einer jahrzehntelang primär auf physische Kompetenzen abgestellten Trainingskultur" (S. 14) eine Entwicklung psychologisch kompetenter Menschenführung folgen soll. Ein Rahmenwerk, das versucht, die unterschiedlichen Anforderungen zu systematisieren, wurde von Brack (2002) beziehungsweise Brack und Hohmann (2005) formuliert. Die Autoren präsentieren eine eher allgemeine und theoretische Ausarbeitung der Anforderungen an Sporttrainer und der damit verbundenen Kompetenzen und Fähigkeiten. Die Autoren formulieren ein umfassendes Profil, welches die notwendigen fachlichen Kompetenzen eines erfolgreichen Trainers beschreibt. Das Trainerprofil umfasst dabei drei spezifische Rollen, die mit verschiedenen Kompetenzen assoziiert sind. Diese rollenspezifischen Kompetenzen bilden die Trainerkompetenz oder die sogenannte systemische Kompetenz (Brack, 2002, S.124). Die Rolle des Trainers umfasst die Fachkompetenz im Hinblick auf Planung, Durchführung, Kontrolle und Auswertung von Training und Wettkampf. Die Coach-Rolle definiert sich in diesem Modell über die Sozialkompetenz, er legt seinen Fokus auf führungspsychologische Fähigkeiten und die Beziehung zu Athlet oder Mannschaft. Die Rolle des Managers hängt mit der Strategie-Kompetenz zusammen. Zentrale Aufgaben des Managers sind die Gestaltung des sportlichen Umfeldes des Athleten oder der Mannschaft. Sowohl die Auswahl und Rekrutierung des Spielerkaders und des Trainerstabes als auch die Öffentlichkeitsarbeit mit Sponsoring und Medienpräsenz stellen in dieser Rolle zentrale Aufgaben dar.

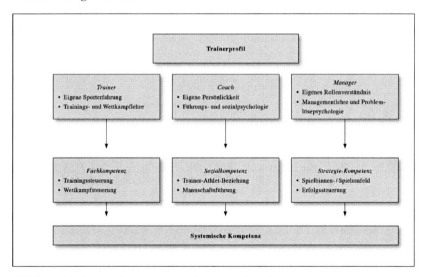

Abbildung 14: Rollen und Kompetenzen des Sportspieltrainers (Brack, 2002, S.125)

Laut Brack (2002) stellt die Rolle des Coachs und dessen Sozialkompetenz die größte Bedeutung für Erfolge dar. Brack zeigt in seinem Modell die verschiedenartigen Anforderungen an einen Trainer auf und unterstreicht die Wichtigkeit der Persönlichkeit und der psychologischen Führung des Trainers. Auch wenn einzelne Aspekte des Modells nicht vollständig konkretisiert sind, stellt es einen systematischen Versuch dar, die Heterogenität und Komplexität trainerbezogener Kompetenzen zu verdeutlichen. Auch Nordmann (2007) weist aktuell darauf hin, dass sich das Trainerprofil im Wandel befindet. Er unterteilt das Profil des Trainers in Rollenkonstanten und in Rollenerweiterungen. Als wichtigste Rollenkonstante sieht er die charismatische Trainerpersönlichkeit. Ein charismatischer Trainer zeichnet sich durch ein hohes Maß an Fachwissen, an methodischem und pädagogisch-psychologischem Können aus. Die Rollenerweiterungen folgen aus dem sich ausdehnenden Verantwortungsbereich des Trainers.

Moderne Kompetenzkonzeptionen von Trainern postulieren daher umfassende Fähigkeiten und Fertigkeiten, die über eine rein sportliche Expertise hinausgehen. Hotz (1997) benennt in diesem Zusammenhang drei Kompetenzbereiche, in denen sich Trainer besonders auszeichnen sollten. Neben der Fachkompetenz, das heißt, dass sie Spezialisten in sportartbezogener Hinsicht sind, werden die pädagogisch-psychologische Kompetenz, also differenzierte Qualitäten im zwischenmenschlich-kommunikativen Bereich, und die didaktisch-methodische Kompetenz, die besagt, dass sie Fachleute für die Vermittlung ihres Wissens sind, hervorgehoben. Diese Auffassung teilen auch Cachay, Borggrefe und Thiel (2007) und fordern Kompetenzen der Trainer in sportspezifischen Bereichen der Psychologie, Pädagogik und Soziologie. Dieser Nutzen sportpsychologischer Methoden und Techniken innerhalb des professionellen Fußballs wird zunehmend erkannt und gefördert (Richardson & Riley, 2004). So beschäftigt die Mehrheit der Profivereine und nationalen Verbände inzwischen Sportwissenschaftler und (Sport-)Psychologen, um einen Wettkampfvorteil zu erlangen (Coleman, Fairweather & Ferrier,

2003). Vor allem im anglo-amerikanischen Sprachraum wird die Notwendigkeit der psychologischen Schulung von Trainern betont und dementsprechende Kompetenzen gefordert (Nash & Collins, 2006; Smith, Smoll & Cumming, 2007; Smoll, Smith & Cumming, 2007; Werthner & Trudel, 2006). Die englische Football Association entwickelte beispielsweise eine 'Psychology Football Strategy', um das Bewusstsein psychologischer Aspekte und Prozesse zu stärken (Pain & Harwood, 2004). In Deutschland umfasst die Ausbildung zum Fußball-Lehrer explizit psychologische Inhalte, um Kompetenzen auf dem Gebiet der personalen Führung und Interaktion zu stärken (Deutscher Fußball Bund e.V., 2011). Der Deutsche Fußball-Bund (DFB) hat im Januar 2000 die DFB-Ausbildungsordnung inhaltlich überarbeitet und legt seitdem fest, dass die Aus- und Fortbildung der Trainer als zentrales Element auch psychologische Inhalte vermittelt.

Trotz der zahlreichen Publikationen zu Rollen und Kompetenzen von Sporttrainern merkt Weidig (2010) kritisch an, dass in der einschlägigen Literatur häufig verschiedene und uneinheitliche Begrifflichkeiten benutzt werden. Dabei ist unklar, ob die Begriffe und Konzepte dasselbe meinen, verschiedene Facetten oder Perspektiven ein und desselben darstellen oder unterschiedliche Bedeutungen haben. Einige Autoren sprechen von Trainerrollen (Bette, 1984; Hagedorn, 2000), andere von Trainerkompetenzen (Brack, 2002; Klöckner, 2000b). Nur wenige Autoren definieren ausdrücklich ihr Begriffsverständnis (Patsantáras, 1994; Emrich, Pitsch & Papathanassiou, 1999), während der überwiegende Teil der Autoren sogar zwischen den Begrifflichkeiten wechselt (Brack, 2002; Nordmann, 2007; Franke, 1996). Inhaltlich bleiben die meisten Konzeptionen zu Rollen und Kompetenzen von Sporttrainern eher allgemein und es werden inhaltlich sehr breite und unkonkrete Konstrukte postuliert. Die beschriebenen Anforderungsmodelle postulieren vage Begriffe wie „Trainer-Athlet-Beziehung" oder fordern pädagogisch-psychologische Kompetenz, ohne diese inhaltlich und verhaltensnah zu konkretisieren. Insgesamt haben aber alle diese Konzeptionen gemein, dass zunehmend psychologische und interpersonale Kompetenzen betont werden.

5.3 Sportspezifische Führungsforschung

Wie bereits in Kapitel 5.1 dargestellt wurde, liegt ein Schwerpunkt der Trainertätigkeit auf der Führung und der Beziehung zu Athlet oder Mannschaft und setzt daher vor allem auch psychologische Handlungs- und Führungskompetenz des Trainers voraus (Weidig, 2010). Psychologische Ansätze zum Führungsverhalten von Trainern im Sport beschäftigen sich hierbei mit der Frage, welchen Einfluss ein bestimmtes Führungsverhalten auf die Athleten und Athletinnen hat (Alfermann, 2010). Ergebniskriterien von Führung im Sport sind meist „klassische" psychologische Kriterien wie Zufriedenheit, Motivation und Selbstkonzept der Athleten sowie Leistungsergebnisse von Individuum und Mannschaft. Analog zu den oben bereits erwähnten Führungsdefinitionen im organisationalen Kontext wird Führung auch im Sport ganz allgemein als Prozess verstanden, in dem Einzelne oder mehrere Personen auf ein Ziel hin beeinflusst werden (Weinberg & Gould, 2007). Der Fokus der sportpsychologischen Führungsforschung konzentrierte sich bislang hauptsächlich auf die Analyse der Interaktion von Trainer und Athlet im leistungsorientierten Sport (Brand & Brand, 2010). Da der Umfang des Trainings und somit auch die Interaktion von Trainer und Athlet im professionellen Sport wesentlich ausgeprägter ist, lassen sich in diesem Setting mögliche Effekte des Führungsverhaltens ausgeprägter und isolierter betrachten als im Breiten- und Freizeitsport. Innerhalb der letzten drei Jahrzehnte konnten substanzielle Fortschritte bei der Identifikation des Führungsverhaltens von Trainern erzielt werden (Sullivan & Kent, 2003), sodass verschiedene Ansätze existieren, die das Führungsverhalten von Trainern erklären (Horn, 2007).

Nach Ansicht verschiedener Autoren können Trainer als Führungskräfte angesehen werden (Charbonneau et al., 2001), daher überrascht es nicht, dass versucht wurde, eher wirtschaftspsychologisch geprägte Führungskonzepte auf den Bereich des Sports zu übertragen (Chelladurai & Saleh, 1980; Smoll & Smith, 1989). In der sportspezifischen Führungsforschung standen vor allem der Trait-Ansatz und Behaviourale Ansatz im Vordergrund (Horn, 2007). Beide Ansätze beruhen darauf, dass bestimmte universelle Traits und Verhaltensweisen zuverlässig zwischen erfolgreichen und nicht erfolgreichen Führungskräften diskriminieren können (s. Kapitel 3.1 und Kapitel 3.2). Crust und Lawrence (2006) merken an, dass diese Forschungsrichtungen begannen, die Forschung zum Führungsverhalten von Trainern im Sport zu beeinflussen. Beispielsweise untersuchten Penman, Hastad und Cords (1974) den Zusammenhang zwischen Führungserfolg und Autoritarismus bei Football- und Basketballtrainern. Penman und Kollegen konnten zeigen, dass erfolgreiche Trainer im Vergleich zu den weniger erfolgreichen ein höheres Ausmaß an Autoritarismus aufweisen. Verschiedene Untersuchungen, die einen ähnlichen Ansatz verfolgten, konnten Zusammenhänge zwischen effektiver Führung und Traits oder Verhaltensweisen wie Entscheidungsstrategien und Kreativität belegen (Hendry, 1969; Lenk, 1977; Pratt & Eitzen, 1989). Einige Theoretiker (Ogilvie & Tutko, 1966; Ogilvie & Tutko, 1970) propagierten bestimmte Eigenschaftsprofile, bei denen sie davon ausgingen, dass erfolgreich Führende eben diese aufweisen. Andere Autoren schlugen Muster etablierter Traits wie Autoritarismus, mentale Robustheit, unabhängiges Denken, emotionale Reife sowie Realismus vor, konnten die Angemessenheit der vorgeschlagenen Profile allerdings nicht hinreichend bestätigen (Weinberg & Gould, 2007).

Der zweite zentrale Ansatz in der sportspezifischen Führungsforschung bezieht sich auf Verhaltensweisen erfolgreicher Trainer und deren Beobachtung. Tharp und Gallimore (1976) sowie Bloom, Crumpton und Anderson (1999) nutzten Fallstudien, um die Verhaltensweisen erfolgreicher Basketballtrainer zu analysieren. Die Ergebnisse legen nahe, dass erfolgreiche Trainer zahlreiche Anweisungen gaben, konkretisierten, was und wie etwas zu erledigen war und häufig auf kurze Demonstration zurückgriffen. Darüber hinaus äußerten sie hohe Leistungserwartungen und forderten Erfolg. Eine qualitative Interviewstudie (Côté, Salmela, Trudel & Russell, 1995), an der 17 professionelle Turntrainer teilnahmen, betont vor allem unterstützendes, technisches und korrigierendes Feedback. In diesem Zusammenhang konnten Smith, Smoll und Curtis (1978) zeigen, dass konkrete Führungsverhaltensweisen durch Trainingsmaßnahmen erlernt werden können. Effektive Führung umfasst ein Verständnis von Motivation und minimiert Produktivitätsverluste durch die Entwicklung von Aufgaben- und Gruppenkohäsion. Loehr (2005) äußerte die Annahme, dass das Hauptmotiv effektiver Führung der "positive impact that individuals can have on group dynamics relative to a team objective" (p. 155) sei.

Trotz der oben beschriebenen Entwicklungen und Befunde sind zahlreiche prominente Führungsstile von der sportpsychologischen Führungsforschung ignoriert worden (Horn, 2007). Während außerhalb des Sportsettings verschiedene Rahmenmodelle und Führungsparadigmen zum Verständnis von Führung postuliert wurden, fehlten im Sport lange Zeit spezifische Modelle, welche die Besonderheiten des Sportkontextes berücksichtigen (Horn, 2007). Um Führung speziell im Sportkontext angemessen beschreiben zu können, wurden verschiedene Modelle der Führung postuliert. Diese greifen die Besonderheiten des Sportes auf und konkretisieren sportspezifische Führungsverhaltensweisen wie beispielsweise die Vermittlung sportspezifischer Taktiken oder umfassen situationale Variablen wie die jeweilige Sportart und das Leistungsniveau der Athleten. Die einflussreichsten Führungsmodelle der sportspezifischen Führungsforschung stellen dabei das Mediationsmodell von Smoll und Smith (1989) und das Multidimensional Model of Coach Leadership

(MML, Chelladurai, 1978; 1990; 1993) dar, auf die in den folgenden Kapiteln detailliert eingegangen wird.

5.4 Das Mediationsmodell von Smoll und Smith

Um den Führungsprozess im Sport systematisch abbilden zu können, schlagen Smoll, Smith, Curtis und Hunt (1978; Smoll & Smith, 1989) ein verhaltensorientiertes Mediationsmodell der Führung vor, welches Beziehungen zwischen situativen, kognitiven, behaviouralen und individuellen Unterschiedsmerkmalen postuliert. Grundannahmen des im Bereich des Kinder- und Jugendsports entwickelten Modells sind, dass Führungsverhalten beobachtbar ist, dass Führungsverhalten von den Athleten wahrgenommen wird und dass wahrgenommenes Führungsverhalten psychologische Variablen wie Zufriedenheit, Motivation oder Selbstwertgefühl beeinflusst. Das Führungsmodell von Smoll und Smith geht davon aus, dass erfolgreiches Führungsverhalten als Funktion situativer Faktoren des Sportkontextes (zum Beispiel Charakteristika der Sportart oder Wettkampfniveau) variiert. Die Autoren postulieren, dass „a truly comprehensive model of leadership requires that consideration be given not only to situational factors and overt behaviors, but also the cognitive processes and individual difference variables which mediate relationships between antecendents, leader behaviors, and outcomes" (p. 1532). Smoll und Smith gehen somit davon aus, dass neben situativen Einflussgrößen auch die subjektive Wahrnehmung und Bewertung des Führungsverhaltens durch die geführten Athleten und durch den Führenden selbst von Belang sind und eine vermittelnde Rolle bei der Beziehung von realem Führungsverhalten und Effekten auf die Geführten spielen. Abbildung 15 zeigt die zentralen Elemente des Führungsmodells. Die Folgen des Führungsverhaltens durch den Trainer lassen sich nicht nur durch die mediierenden Variablen *Athletensicht vom Trainerverhalten* und *Trainersicht von den Athletinnen/Athleten* erklären; diese mediierende Größen werden wiederum selbst von den Variablen *Athletenmerkmale*, *Bewertende Reaktionen* und *situative Merkmale* beeinflusst.

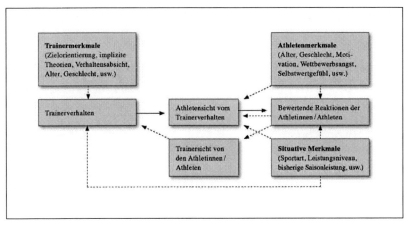

Abbildung 15: Das Mediationsmodell von Smoll und Smith (1989)

Auf Grund der verschiedenen Merkmale und Wechselbeziehungen werden Effekte von Führung auf die Zufriedenheit und das Wohlbefinden der Trainingsgruppe und der Gruppenmitglieder postuliert. Das Mediationsmodell von Smoll und Smith (1989) beschreibt im Vergleich zu anderen Führungskonzeptionen (im Sport) nicht den Einfluss von Führungsverhalten auf die Leistungsergebnisse, sondern beschränkt sich auf psychologische Variablen wie Zufriedenheit und Motivation.

Ein wesentlicher Kritikpunkt am Mediationsmodell ist die Nichtberücksichtigung möglicher Interaktionseffekte von Situation und Merkmalen der Athleten. Darüber hinaus weist das Modell eine Vorhersagekraft auf, die auf „weiche" Kriterien fokussiert und objektive Maße und Kriterien ausschließt. Auch wenn das Mediationsmodell zu den einflussreichsten Führungsmodellen im Sport gehört, lassen sich auf dessen Basis keine Zusammenhänge zu Leistungsmaßen postulieren.

5.4.1 Coaching Behavior Assessment System (CBAS)

Zur Erfassung des konkreten Führungsverhaltens wurde von Smoll, Smith und Hunt (1977) das Coaching Behaviour Assessment System

(CBAS) entwickelt. Im Gegensatz zum klassischen Fragebogenansatz, der in den meisten Studien zum Verhalten von Führenden Berücksichtigung findet, gehen Smoll und Smith (1989) davon aus, dass das Trainerverhalten durch systematische Beobachtung des Führungsverhaltens am besten erfasst werden kann. Ursprünglich wurde das CBAS durch die Verhaltensbeobachtung von Jugendtrainern aus den Sportarten Fußball, Basketball, Baseball und American Football entwickelt.

Das Beobachtungssystem erfasste ursprünglich 12 Kategorien des Trainerverhaltens, die später um die Kategorie *Positive Bekräftigung plus Instruktion* erweitert wurden (Horn, 1985). Diese Verhaltenskategorien lassen sich in zwei Verhaltensklassen, Trainerreaktionen auf Verhaltensweisen von Athleten und Athletinnen sowie spontanes Trainerverhalten, unterteilen. Die Klasse Trainerreaktionen auf Verhaltensweisen von Athleten und Athletinnen beschreibt sieben Verhaltenskategorien, was als Antwort auf eine Vielzahl von Verhaltensweisen der betreuten Athleten gelten kann. Tabelle 21 zeigt die verschiedenen Dimensionen des CBAS und zugehörige Erläuterungen oder Beispiele. Das CBAS konzipiert drei reaktive Verhaltensweisen des Trainers als Antwort auf erwünschte oder erfolgreiche Leistung (*Positive Bekräftigung, Nicht-Bekräftigung und Positive Bekräftigung + Instruktion*) und fünf Trainerverhaltensweisen nach fehlerhafter Leistung (*Fehlerbezogene Ermutigung, Fehlerbezogene Instruktion, Bestrafung, Fehlerbezogene Instruktion + Bestrafung und Ignorieren von Fehlern*). Zusätzlich wird als Antwort auf Fehlverhalten der Athleten die Kategorie Kontrolle behalten ergänzt. Die spontanen Kategorien des Trainerverhaltens beschreiben selbstinitiierte Verhaltensweisen des Trainers und lassen sich als *Allgemeine Instruktionen, Allgemeine Ermutigung, Organisation* und *Allgemeine Kommunikation* benennen.

Tabelle 20: *Coaching Behaviour Assessment System (CBAS) von Smith, Smoll und Hunt (1977), aus Alfermann, 2010*

Verhaltensklasse I: Trainerreaktionen auf Verhaltensweisen von Athleten und Athletinnen

Verhalten Athlet/in	Reaktionen Trainer/in	Erläuterungen, Beispiele
A erwünschte Leistung	A1 Positive Bekräftigung	Positive Reaktionen (Lob, Schulterklopfen usw.) auf gute Leistungen
	A2 Nicht-Bekräftigung	Fehlende Reaktionen auf gute Leistungen
	A3 Positive Bekräftigung + Instruktion *	Positive Reaktionen zusammen mit zusätzlichen Instruktionen
B Fehler/Irrtümer	B3 Fehlerbezogene Ermutigung	Ermutigung nach einem Fehler („das wird noch besser")
	B4 Fehlerbezogene Instruktion	Fehlerkorrekturen durch spezifische Instruktionen („geh weiter vor, hebe den Arm")
	B5 Bestrafung	Tadel und andere negative Reaktionen auf Fehler
	B6 Fehlerbezogene Instruktion + Bestrafung	Wenn B4 mit B5 auftritt
	B7 Ignorieren von Fehlern	Keine Reaktion auf Fehler
C Fehlverhalten (wie Disziplinmangel, Unaufmerksamkeit)	C8 Kontrolle behalten	Reaktion auf Fehlverhaltensweisen der Spieler, wie Bestrafung, Ignorieren, Ironie

Verhaltensklasse II: Spontanes Trainerverhalten

Verhalten Athlet/in	Reaktionen Trainer/in	Erläuterungen, Beispiele
A Aufgaben/spielbezogen	A9 Allgemeine Instruktion	Unterweisungen, Erklärungen und Informationen zu Spiel, Sportart, Technik, Taktik
	A10 Allgemeine Ermutigung	Allgemein ermutigendes, nicht auf bestimmte Leistungen und Handlungen der Spieler bezogenes Trainerverhalten
	A11 Organisation	Organisatorische Handlungen, die nicht ins Spiel oder in die Aufgabe eingreifen, nur indirekt (z.B. durch Spieleraustausch)
B Aufgaben irrelevant	B12 Allgemeine Kommunikation	Gespräche ohne direkten Bezug zu Training oder Spiel (z.B. über Schule oder Fernsehsendungen)

Anmerkungen: * später hinzugefügt durch Horn (1985)

Smith und Smoll (1996) konnten zeigen, dass die mittels des CBAS erfassten Trainerverhaltensweisen die Wahrnehmung der Athleten angemessen abbilden. Die Selbsteinschätzungen der Trainer hingegen wichen zum Teil signifikant vom beobachteten Verhalten ab. Insgesamt aber beurteilen Chelladurai und Riemer (1998) in ihrer Übersichtsarbeit die Testgüte des CBAS als zufriedenstellend.

5.4.2 Befunde zum Mediationsmodell

Zum Mediationsmodell existieren zahlreiche Studien im Bereich des Kinder- und Jugendtrainings, die meist den Einfluss der verschiedenen Trainerverhaltensweisen auf Effektvariablen wie Einstellung, Zufriedenheit oder Motivation untersuchten. In ihrer initialen Studie zum Mediationsmodell konnten Smoll und Smith (1989) zeigen, dass Trainer, die positiv bekräftigten, Ermutigung nach einem Fehler zeigten und technische Unterweisungen gaben, als sympathischer eingeschätzt und von den Athleten bevorzugt wurden. Diese Trainer erzeugten außerdem mehr Zufriedenheit und Freude bei den betreuten Athleten (Smith & Smoll, 1990). Darüber hinaus zeigten die Athleten eine positivere Einstellung, mehr Sportbegeisterung und ein höheres Selbstwertgefühl. Aufbauend auf den Studien zum Mediationsmodell und den im CBAS konkretisierten Führungsverhaltensweisen wurde ein Trainingsprogramm entwickelt, welches das Trainerverhalten verbessern sollte. Trainer sollten vor allem lernen, die Verhaltensweisen Ermutigung, Bekräftigung und Unterweisung zu verbessern und verstärkt zu nutzen. Verschiedene Studien (Smith, Smoll & Christensen, 1996; Conroy & Coatsworth, 2006; Smoll, Smith, Barnett & Everett, 1993) konnten zeigen, dass das Trainerverhalten verbessert werden und die emotionale Einstellung sowie die Zufriedenheit mit Trainer und Sport gesteigert werden konnte.

Smith und Smoll und Cumming (2007) sehen es als erwiesen an, dass die Forschung zu ihrem postulierten Mediationsmodell signifikante und replizierbare Zusammenhänge zwischen dem Führungsverhalten der Trainer und den Einstellungen der betreuten Kinder aufzeigen konnte. Durch die Fokussierung auf den Kinder- und Jugendsport weisen die Befunde zum Mediationsmodell und dem CBAS eine stark eingeschränkte Generalisierbarkeit auf und die Befunde sind nicht direkt auf erwachsene Athleten und den Profisport zu übertragen.

5.5 Das Multidimensional Model of Coach Leadership

Das einflussreichste Führungsmodell im Sport, das Multidimensional Model of Coach Leadership (MML, Chelladurai, 1990; Chelladurai, 1993; Chelladurai, 1978), geht im Gegensatz zu Smoll und Smith (1989) davon aus, dass Trainerverhalten und Führung sowohl die Zufriedenheit als auch die Leistung von Athleten und Athletinnen beeinflussen. Das grundsätzliche Ziel des MML wird von Chelladurai (1999) als Versuch charakterisiert „to synthesize and to reconcile existing theories of leadership" (p.61). Daher integrierte Chelladurai in seinem Modell die zentralen Annahmen und Forschungsergebnisse der organisationalen Führungsforschung und erweiterte sie um sportspezifische Charakteristika (Riemer, 2007). Das Modell wurde 1978 von Chelladurai erstmals im Rahmen seiner Dissertation vorgestellt und basiert auf einer Theorie von Yukl (1971) zum Führungsverhalten in Organisationen. Die Kernannahme in Yukls Überlegungen ist, dass Menschen in Führungspositionen fähig sein müssen, die Wünsche und Bedürfnisse ihrer Mitarbeiter zu erkennen und sich dementsprechend zu verhalten. Entspricht das aus Sicht der Mitarbeiter gewünschte Verhalten dem gezeigten beziehungsweise wahrgenommenen Führungsverhalten, resultiert aus dieser Kongruenz eine Zufriedenheit aller beteiligten Personen.

Das Modell wird aus mehreren Gründen als multidimensional beschrieben: Erstens wird das konkrete Führungsverhalten des Trainers innerhalb des Modells anhand der fünf Dimensionen *Training und Instruktion, Demokratisches Verhalten, Autokratisches Verhalten, Soziale Unterstützung* und *Positives Feedback* beschrieben (s. Tabelle 21). Zweitens wird das Führungsverhalten von Trainerinnen und Trainern anhand dreier verschiedener Varianten, dem tatsächlichen, dem erforderlichen und dem erwünschten Verhalten („requirred, preferred und actual") konzipiert (Chelladurai, 2007). Drittens wird das Führungsverhalten von mehreren

Determinanten bestimmt: Merkmalen der Situation, des Trainers und der betreuten Mannschaftsmitglieder (s. Abbildung 16).

Das MML umfasst in seiner aktuellen Version vier zentrale Elemente, die Chelladurai als notwendig und hinreichend erachtet, um Führungsverhalten im Sport zu beschreiben:

- Bedingungen des Führungsverhaltens

- Führungsverhalten

- Einfluss transformationaler Führung

- Folgen des Führungsverhaltens

Wie aus Abbildung 16a ersichtlich, werden das tatsächliche, das erforderliche und das erwünschte Führungsverhalten unterschiedlich stark durch die Situation, die Bedürfnisse der Mitarbeiter sowie Charakteristika des Trainers determiniert. Das Führungsverhalten wiederum beeinflusst die Zufriedenheit und Leistung der Teammitglieder.

Das erforderliche Trainerverhalten ist in erster Linie abhängig von situativen Anforderungen wie Sportart, Mannschaftszielen oder dem sozialen Kontext der Gruppe oder Mannschaft. Die situativen Charakteristika formen neben den Charakteristika der Athleten die Notwendigkeiten des Trainerverhaltens. Beispielsweise geht Chelladurai (2007) davon aus, dass Trainer gegenüber einer Erwachsenenmannschaft der Spitzenklasse fordernd und bestimmend auftreten sollten, eine Jugendmannschaft dagegen freundliche und sanfte Führung erfordert.

Das erwünschte Trainerverhalten wiederum wird vor allem durch die Athleten bestimmt. Erwünschtes Trainerverhalten bezieht sich auf die Wünsche des Teams nach Instruktion und Lenkung, sozialer Unterstützung und positivem Feedback (Alfermann, 2010).

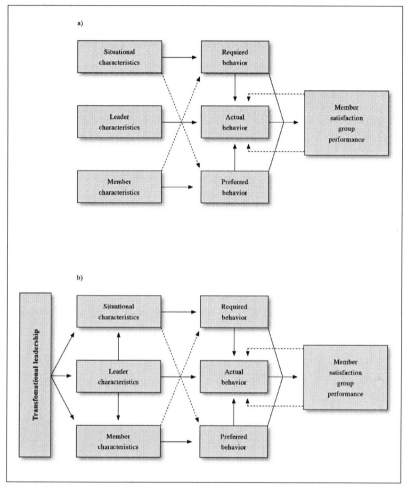

Abbildung 16: a) Das Multidimensional Model of Leadership; b) Effekte der transformationalen Führung im Multidimensional Model of Leadership

Diese Wünsche resultieren aus Charakteristika der Teammitglieder wie Persönlichkeit und Fähigkeiten. Darüber hinaus werden die Wünsche der Athleten an den Trainer durch situative Faktoren beeinflusst.

Das tatsächliche Führungsverhalten des Trainers resultiert vor allem aus Merkmalen des Trainers (z. B. Persönlichkeitseigenschaften, Kompetenzen, Erfahrung), aber auch aus situativen Erfordernissen, die das erforderliche Verhalten bestimmen, und den Wünschen der Umgebung, also dem erwünschten Verhalten. So bestimmen sowohl die Wünsche der Athleten als auch der Kontext zu einem gewissen Grad das tatsächliche Führungsverhalten des Trainers.

Die zentrale Annahme des MML ist, dass erfolgreiche Trainer ihr tatsächliches Verhalten an die Erfordernissen hinsichtlich Situation und Mitarbeitern anpassen. Das Modell postuliert eine Kongruenzhypothese, die besagt, dass Leistung und Zufriedenheit sich als Funktion des Grades der Kongruenz von gewünschtem, situativ erforderlichem und tatsächlichem Führungsverhalten darstellen lassen. Diese Beziehung ist generell als positiv zu betrachten. Das heißt, je stärker das aktuelle Führungsverhalten des Trainers mit dem von den Athleten erwünschten Verhalten und dem durch die aktuelle Situation notwendigen Verhalten kongruent ist, desto höher ist das zu erwartende Level an Leistung und Zufriedenheit.

Die Kongruenzhypothese ist bislang empirisch unter Einbeziehung des erwünschten und des tatsächlichen Führungsverhaltens untersucht worden, das erforderliche Verhalten fand hingegen bislang kaum Berücksichtigung. Es werden zwei Formen der Kongruenz unterschieden. Die erste Form beschreibt die Übereinstimmung zwischen dem von den Athleten wahrgenommenen und dem erwünschten Trainerverhalten. Shields, Gardner, Bredemeier und Bostro (1997) sprechen in diesem Zusammenhang von Wertkongruenz. Es wird somit erfasst, welches Verhalten als bedeutsam eingeschätzt wird. Bei einer hohen Kongruenz sehen die Athleten ihre Erwartungen an den Trainer erfüllt. Die Kongruenz hat einen positiven Effekt auf Zufriedenheit und Leistung der Athleten. Der zweite Kongruenzaspekt ist laut Shields und Kollegen die

Wahrnehmungskongruenz. Diese beschreibt, ob Trainer und Athleten das Führungsverhalten identisch wahrnehmen und beurteilen.

Ursprünglich berücksichtigte das MML lediglich das Führungsverhalten, dessen Bedingungen und Folgen (Chelladurai, 1993). Gleichwohl sieht Chelladurai in den Bedingungen des Trainerverhaltens keine unveränderlichen Merkmale. Weidig (2010) argumentiert, dass vor allem die Aufnahme Transformationaler Führung in das MML dem Trainer die Möglichkeit gibt, auf diese in funktionaler Richtung einzuwirken. Dementsprechend modifizierte Chelladurai (2001; 2006) das ursprüngliche Modell, um die Effekte transformationaler Führung auf situative Gegebenheiten sowie Merkmale untergebener Führungskräfte und der Athleten zu berücksichtigen. Die Komponente der Transformationalen Führung „links the notion of transformational leadership to the elements of transactional leadership within the model" (Chelladurai, 2001, p.319). Transformationale Verhaltensweisen können beispielsweise durch die Formulierung einer Vision situative Merkmale der Organisation verändern und andererseits die Motivation und die Selbstwirksamkeitsüberzeugung der Sportler steigern (s. Abbildung 16). Transaktionale Elemente – das Erfüllen gegenseitiger Bedürfnisse – sieht Chelladurai bereits in seinem Modell integriert. Diese Interaktion beziehungsweise Transaktion wird durch den Austausch von Trainer und Athleten beschrieben. Mit dem Element der Transformationalen Führung wird erstmals eine eher langfristig und situationsinvariant konzipierte Einflussgröße berücksichtigt, die es erlaubt, situative Gegebenheiten wie die Kultur oder Ziele der Organisation aktiv zu verändern.

Erstaunlicherweise wird trotz der Prominenz und Relevanz des transformationalen Führungsparadigmas die Existenz im Multidimensional Model of Coach Leadership in zahlreichen Arbeiten ignoriert. Obwohl sie als letztes Element in die Theorie integriert wurden, fehlt in jüngeren Publikationen jeglicher Hinweis auf ihre Berücksichtigung (z.B. Alfermann & Stoll, 2005; Pfeffer & Gallitschke, 2008; Pfeffer, Würth & Alfermann, 2004; Schlicht, Strauß & Alfermann, 2004; Würth, Saborowski & Alferman, 1999).

5.5.1 Leadership Scale for Sport (LSS)

Um das Multidimensional Model of Coach Leadership empirisch über-prüfen zu können, wurde die Leadership Scale for Sport (LSS, Chelladurai & Saleh, 1980) entwickelt. Der Fragebogen misst das Füh-rungsverhalten von Trainern, indem er das bevorzugte Verhalten von Sportlern, das dem Athleten bewusste tatsächliche Verhalten des Trai-ners und das dem Trainer selbst bewusste eigene Verhalten erhebt. Wie bereits oben beschrieben, unterscheidet Chelladurai fünf inhaltliche Dimensionen des Führungsverhaltens: *Training und Unterweisung, demokra-tisches Verhalten, autokratisches Verhalten, soziale Unterstützung* und *positives Feedback*. Diese fünf Dimensionen werden durch die Leadership Scale for Sports (LSS, Chelladurai & Saleh, 1980) erfasst. Die aufgabenorientierte Interaktion zwischen Trainern und Athleten wird durch die zwei Dimen-sionen *Training und Unterweisung* sowie *Positives Feedback* erhoben. Die Führungsverhaltensweisen *Demokratisches Verhalten* und *Autokratisches Verhalten* beschreiben das Ausmaß der Mitbestimmung durch den Athle-ten. Das Trainingsklima und die sozialen Beziehungen in der Gruppe werden durch die Dimension *Soziale Unterstützung* abgebildet. Tabelle 21 zeigt die postulierten Dimensionen des Trainerverhaltens. Die Fragebo-genentwicklung wurde anhand von Trainerstichproben und erwachsenen Sportlern aus verschiedenen Sportarten (z.B. Basketball, Leichtathletik, Rudern) durchgeführt.

Tabelle 21: *Dimensionen des Trainerverhaltens (nach Chelladurai & Saleh, 1980) mit Beispielen aus der Leadership Scale for Sports (LSS) in der deutschsprachigen Fassung von Würth et al. (1999)*

Dimension	Beschreibung	Beispielitem aus Athleten-sicht	Beispielitem aus Trainer-sicht
Training und Unterweisung	Training, fachliche und organisatorische Unterweisung zwecks Leistungsoptimierung	Meine Trainerin erklärt jedem die Techniken und Taktiken im Sport.	Ich stelle sicher, dass jede(r) ihre/seine Rolle in der Trainingsgruppe versteht.
Demokratisches Verhalten	Einbeziehung der Athleten/-innen in Entscheidungsprozesse; Mitbestimmung	Mein Trainer fragt nach unserer Meinung zu wichtigen Trainingsinhalten.	Ich lasse meine Sportler an wichtigen Entscheidungen teilhaben.
Autokratisches Verhalten*	Trainer/-in betont die eigene Autorität und Entscheidungsbefugnis	[Mein Trainer lässt keine Zweifel an seiner Autorität aufkommen.]*	[Ich lasse keinen Zweifel an meiner Autorität aufkommen]*
Soziale Unterstützung	Sorge um Wohlergehen des Teams, der Mitglieder und um positive Gruppenatmosphäre	Meine Trainerin hilft uns bei persönlichen Problemen.	Ich setze mich persönlich für meine Sportler/innen ein.
Positives Feedback	Lob und Anerkennung guter Leistungen	Mein Trainer lobt Einzelne für ihre Leistungen vor den anderen.	Ich sage es den Sportlern, wenn sie richtig gut waren.

Anmerkungen: *in der deutschsprachigen Fassung nicht verwendet

Die Gütekriterien der LSS werden von Chelladurai und Riemer (1998) als zufriedenstellend beurteilt. Eine Einschränkung zeigt sich in der Bewertung der Dimension zur Erfassung autokratischen Trainerverhaltens. Zur Messung der Fremd- und Eigenwahrnehmungen des Trainerverhaltens in diesen fünf Dimensionen liegt mit der Leadership Scale for Sports (LSS) auch ein validiertes deutschsprachiges Fragebogeninstrument vor (Würth et al., 1999).

Cummin, Smith und Smoll (2006) konnten moderate Zusammenhänge der LSS mit Skalen der CBAS belegen. In einer Untersuchung an 645 Jugendlichen im Alter von 13 bis 18 Jahren wurden beide Instrumente verglichen und die Korrelationen mit den Zufriedenheiten bestimmt. Die Korrelationen von LSS und CBAS verweisen auf eine Unterscheidung von positivem und negativem Trainerverhalten. Positives Trainerverhalten zeigt sich vor allem in Zusammenhängen der LSS-

Skalen *Positives Feedback, Training und Unterweisung, Soziale Unterstützung* und den CBAS-Kategorien *Positive Bekräftigung, Fehlerbezogene Ermutigung* und *Positive Bekräftigung plus Instruktion*. *Autokratisches Verhalten* aus der LSS wies negative Korrelationen zu den CBAS-Kategorien *Positive Bekräftigung, Fehlerbezogene Ermutigung* sowie positive Zusammenhänge zur Kategorie *Bestrafung* auf.

Die Dimensionen der Leadership Scale for Sports weisen inhaltliche Ähnlichkeiten zu den organisational geprägten transaktionalen und transformationalen Führungsstilen auf. Beispielsweise entspricht die Dimension *Positives Feedback* inhaltlich dem Führungskonstrukt *Kontingente Belohnung*. Beide Dimensionen basieren auf dem Prinzip des operanten Konditionierens und wirken so bewusst handlungssteuernd. Auch transformationale Führungsdimensionen wie *Individuelle Betrachtung* weisen inhaltliche Parallelen zu der Dimension *Soziale Unterstützung* auf. Sowohl Bass (1985b) als auch Chelladurai und Saleh (1980) sehen die Bedürfnisse und das Wohlbefinden der Mitarbeiter beziehungsweise Athleten als zentrales Element. Trotzdem sind die Führungsverhaltensweisen eher als reagierend konzipiert und Führungsverhaltensweisen, die proaktiv Einfluss nehmen, fehlen in der LSS. Die LSS ist ein Beispiel dafür, wie theoretische und empirische Forschung sowohl wissenschaftliche als auch praktische Erkenntnisse zum Führungsverhalten von Trainern erweitern kann (s. Chelladurai, 1990; Horn, 2007). Im Folgenden werden die zentralen empirischen Befunde zum MML und der LSS dargestellt.

5.5.2 Befunde zum MML

Zu Chelladurais Führungsmodell sind zahlreiche Studien durchgeführt worden. Die Mehrheit der Studien befasst sich dabei mit den Zusammenhängen von Trainerverhalten und Wert- und Wahrnehmungskongruenz mit der Zufriedenheit und Motivation der Athleten. Alfermann

(2010) geht davon aus, dass erfolgreiche Trainer in der Lage sind, ihr Verhalten an situative Anforderungen und die jeweiligen Athleten anzupassen. Allgemein kann angenommen werden, dass Athleten umso zufriedener sind, je mehr *Training und Unterweisung, Positives Feedback* und *Soziale Unterstützung* sie erfahren (Chelladurai, Imamura, Yamaguchi, Oinuma & Miyauchi, 1988; Dwyer & Fisher, 1990; Chelladurai, 2007; Horn, 2007). Zusätzlich konzentrieren sich die Studien auf die Antezedenzien des Trainerverhaltens, wobei besonders Situations- und Athletenmerkmale im Fokus der Untersuchungen standen. Als bedeutende differentielle Situationsvariable hat sich die Sportart beziehungsweise der Sportartbereich erwiesen, wobei die Befundlage nicht für alle Verhaltensdimensionen einheitlich ist (Weidig, 2010). Verschiedene Autoren berichten übereinstimmend, dass Sportler aus Individualsportarten im Gegensatz zu Sportlern aus Mannschaftssportarten einen demokratischen Führungsstil bevorzugen (Terry & Howe, 1984). Im professionellen Fußball, wo die Teams sehr groß sind, ist es wahrscheinlich, dass ein autokratischer Führungsstil eher angebracht ist, da demokratische Führungsverhaltensweisen bei komplexen Problemen weniger effektiv sind und vor allem einen höheren zeitlichen Aufwand bedeuten (Chelladurai & Doherty, 1998). Terry (1984) zeigt in diesem Zusammenhang, dass Mannschaftssportler ein höheres Maß an Instruktionen und positivem Feedback schätzen. Mannschaftssportler sind umso zufriedener mit dem Trainer, je ausgeprägter das instruktive Verhalten ist (Pfeffer et al., 2004). Allerdings besteht zwischen dem von Sportlern wahrgenommenen instruktiven Verhalten und der Leistungsentwicklung in Mannschaftssportarten ein negativer Zusammenhang. Ein weiterer Befund, der als relativ gesichert gelten kann, ist, dass erwachsene Athleten eine größere Präferenz für autokratische und eher fachlich unterstützende Führung aufweisen (Horn, 2007). Dieser Vorzug liegt daran, dass ältere Sportler zielorientierter und ernsthafter um Leistung bemüht sind. Chelladurai und Carron (1983) vermuten, dass der Zusammenhang von Alter und der Bevorzugung eines autokratischem Führungsstils daran liegt, das Athleten „sozialisiert" werden, weniger Verantwortung innerhalb des Teams zu übernehmen, welches generell autokratische Strukturen aufweist. Auch in sehr interaktiven Sportarten wie Basketball, Fußball oder Volleyball werden im Gegensatz zu Sportarten wie Bowling oder Schwimmen autokratische Führungsverhaltensweisen präferiert (Terry, 1984; Terry & Howe, 1984). Bisherige Arbeiten zum Einfluss des Trainerverhaltens auf Zufriedenheit, Motivation und Leistung der geführten Sportler scheinen Chelladurais Modell generell zu bestätigen.

Als Trainerverhaltensweisen, die mit der Zufriedenheit der Athleten in einem positiven Zusammenhang stehen, ermittelten verschiedene Arbeiten die Verhaltensweisen *Training und Unterweisung, positives Feedback* und *soziale Unterstützung* (Chelladurai, 2007; Chelladurai et al., 1988; Dwyer & Fisher, 1990; Horn, 2007). Arbeiten zum Einfluss des Führungsverhaltens des Trainers auf die Motivation der Athleten weisen kein einheitliches Befundmuster auf (Amorose, 2007). Insgesamt kann bezüglich der Motivation vermutet werden, dass ein autokratisches Führungsverhalten die Motivation minimiert und aufgabenbezogene und demokratische Führung sie maximiert (Alfermann, 2010). Die Befunde zur Motivation und Zufriedenheit wurden von Chelladurai und Riemer detailliert zusammengefasst (Chelladurai, 2007; Chelladurai & Riemer, 1998) und zeigen, dass als wichtige Dimensionen von Führung demokratisches Führungsverhalten, die Verhaltensweisen *Training und Unterweisung, Positives Feedback* und *Soziale Unterstützung* angenommen werden können.

Die wichtigsten Annahmen des MML beziehen sich auf den Zusammenhang der wahrgenommenen Führungsverhaltensweisen des Trainers und der von den Athleten gezeigten Leistung. Gemäß der Modellannahmen sollten vor allem die Führungsdimensionen *Training und Unterweisung* sowie *positives Feedback* einen positiven Einfluss auf die Leistungsentwicklung haben. Zu dieser Fragestellung gibt es allerdings kaum Untersuchungen und die Befundlage kann als widersprüchlich charakterisiert werden (Chelladurai, 2007). Sportliche Leistung weist bedeutende Unterschiede zu Leistungsvariablen der organisationalen Forschung auf. Sportliche Leistung wird hier definiert als motorische Verhaltensweisen, die zur Bewältigung einer Aufgabe gezeigt werden und auf individueller oder kollektiver Ebene gemessen werden können (Singer, Hausenblas & Janelle, 2001). Pfeffer, Würth und Alfermann (2004) merken dazu an, dass die vorliegenden Arbeiten erheblich in der Operationalisierung der Begriffe „Leistung" und „Leistungsentwicklung" variieren. So wurden verschiedentlich als objektive Kriterien zum Beispiel der Tabellenstand, der Kaderstatus oder das Wettkampfniveau und als subjektives Kriterium die Bewertung der eigenen Leistung herangezogen. Die Autoren kritisieren, dass nur wenige Untersuchungen bekannt sind, welche die Leistungsentwicklung, die als Veränderung des motorischen Leistungsprofils über die Zeit definiert ist, in einem längsschnittlich angelegten Untersuchungsdesign über mehrere Messzeitpunkte betrachten. Pfeffer, Würth und Alfermann (2004) schlussfolgern, dass allgemein aus der Führung des Trainers eine positive Leistung beziehungsweise Leistungsentwicklung im Mannschaftssport resultiert. Ergebnisse aus einer längsschnittlich angelegten Studie stützen diese Annahme und weisen darauf hin, dass Athletinnen und Athleten, die ihre Fähigkeiten verbessern, mehr Aufmerksamkeit von ihren Trainern erhalten als diejenigen ohne positive Leistungsentwicklung (Alfermann, Würth & Sabarowski, 2004). Dieser Befund legt nahe, dass das sportliche Potenzial der Athleten, ganz unabhängig von dessen Leistungsniveau, durch die Aufmerksamkeit des Trainers erhöht wird. Bei differenzierterer Betrachtung der einzelnen Führungsstile sind allerdings auch negative Einflüsse auf die sportliche Leistung der Athleten gefunden worden. Weiss und Friedrichs (1986) fanden in ihrer Untersuchung im Basketball, dass ein ausgeprägt sozial unterstützendes Verhalten leistungshemmende Konsequenzen zeigt. Es wird vermutet, dass ein zu „privater" Kontakt zwischen Sportler und Trainer sich negativ auf die Leistungsentwicklung auswirkt. Verschiedene Arbeiten fanden auf Ebene der Athleten negative Zusammenänge von geistiger Robustheit (mental toughness) und der Präferenz für sozial unterstützende Führung (Nicholls, Polman, Levy & Backhouse, 2008). Dabei wurde geistige Robustheit in jüngeren Arbeiten als wichtiges psychologisches Konstrukt identifiziert, das mit Erfolg im Sport korreliert und bei professionellen Sportlern ausgeprägt ist (s. Crust, 2008). Dieser Befund wird von Serpa, Pacatos und Santos (1991) gestützt, die überwiegend negative Korrelationen zwischen dem Erfolg von Handballmannschaften und der Führung durch den Trainer berichten. Es wird vermutet, dass Athleten mit ansteigendem Leistungsniveau unabhängiger von ihrem Trainer werden und bewusst Eigenverantwortung im Trainingsprozess übernehmen, während Sportler mit geringerer Leistungsfähigkeit durch erhöhte Aufmerksamkeit des Trainers unterstützt werden. Horne und Carron (1985) befragten Athletinnen und stellten leistungsfördernde Effekte von positivem Feedback fest. Athleten bewerteten ihre eigene Leistung generell besser, wenn sie mehr Feedback von ihrem Trainer erhielten. In Bezug auf Mannschaftssportarten vermuten Alfermann, Lee und Würth (2005), dass weniger die aufgabenbezogenen Kompetenzen des Trainers ausschlaggebend sind, sondern vielmehr die sozialen Kompetenzen. Dabei steht allerdings nicht die individuelle Unterstützung der einzelnen Athleten durch den Trainer im Vordergrund, sondern es sind vor allem die Förderung eines positiven und sozialen Klimas sowie des Gruppenzusammenhalts, die die Leistungsentwicklung unterstützen.

Die insgesamt eher unklare Befundlage zur sportlichen Leistung erklärt Chelladurai (2007) durch mögliche Einflussgrößen wie Sportart, Erfolg der Mannschaft oder Art der Athleten. Auch durch die besondere Konzeption des MML und seiner drei Arten der Führung – gezeigte, erwünschte und benötigte Führung – wird eine eindeutige Befundlage erschwert.

Im Gegensatz zur organisationalen Führungsforschung, die zahlreiche Führungstheorien hervorbrachte und diese immer wieder hinterfragte und weiterentwickelte, wurde die Führungsforschung im Sport in den vergangenen 30 Jahren von Chelladurais multidimensionalem Führungsmodell dominiert (Singer et al., 2001). Insgesamt kann man festhalten, dass das Multidimensionale Modell des Trainerverhaltens das Zustandekommen von sportlicher Leistung und Athletenzufriedenheit streng genommen lediglich für ganz konkrete Situationen oder bestenfalls Klassen von Situationen erklärt. Brand und Brand (2010) kritisieren in diesem Zusammenhang, dass entsprechende Untersuchungsansätze in der sportpsychologischen Literatur allerdings kaum zu finden sind. In vielen Untersuchungen werden die durch Sportlerinnen und Sportler eingeschätzten, situationsunabhängigen Dimensionen des Trainerinnen- und Trainerverhaltens in Relation zur Zufriedenheit und zum sportlichen Erfolg betrachtet. Zur Überprüfung der mit dem multidimensionalen Modell möglichen Vorhersagen und der zentralen Kongruenzhypothese sind solche Untersuchungen allerdings wenig geeignet. Nur wenige empirische Arbeiten testen tatsächlich die im Modell spezifizierte Kernannahme der Kongruenz. Während aus manchen dieser Untersuchungen hervorgeht, dass vor allem Diskrepanzen in den Dimensionen *Training und Instruktion, Soziale Unterstützung* und *Feedback* zur Vorhersage von Unzufriedenheit auf Seiten der Sportlerinnen und Sportler herangezogen werden können (z.B. Horne & Carron, 1985), fehlt der für die

Modellbewährung so zentrale Aspekt der Übereinstimmung von Wahrnehmungen als Bedingung für Erfolg in anderen Untersuchungen (Riemer & Toon, 2001).

Auch die verschiedenen Varianten des Führungsverhaltens sind nur selten angemessen operationalisiert worden. Laut Alfermann (2010) ist die Konzeption des erforderlichen Trainerverhaltens aus sozialpsychologischer Sicht interessant, da es davon ausgeht, dass an den Trainer je nach den Umständen unterschiedliche Erwartungen gestellt werden. Die Autorin kritisiert allerdings, dass empirische Befunde diese Annahme nicht stützen, da bislang nicht das erforderliche, sondern lediglich das erwünschte und das tatsächliche Trainerverhalten erhoben wurden. Auch die Erfassung des tatsächlichen Führungsverhaltens ist meist kritisch zu bewerten. Neuere Arbeiten (Chelladurai, 2007; Riemer & Toon, 2001) relativieren den „Anspruch der Tatsächlichkeit" etwas und sprechen von wahrgenommenem Verhalten, da als Messmethode die subjektiven Einschätzungen von Trainern und Athleten dienen.

Darüber hinaus existieren keine empirischen Studien, die Transformationale Führung im Rahmen des MML berücksichtigen, obwohl dieses Paradigma das häufigste Führungsparadigma mit aussagekräftigen und stabilen Befunden darstellt. Riemer (2007) kommt zu dem Schluss, dass es schwierig sei, die Validität des Modells einzuschätzen, da bislang nur einzelnen Elemente des Modells getestet wurden. Im Rahmen dieser Arbeit steht das MML wegen der expliziten Berücksichtigung Transformationaler Führung besonders im Fokus.

6 Organisationale Führungsansätze und Sport

Betrachtet man die Parallelen zwischen organisationalem und sportlichem Kontext, fallen zahlreiche populärwissenschaftliche Publikationen und Managementratgeber auf (bspw. Jenewein, 2008; Voelpel & Lanwehr, 2009; Sprenger, 2010), die sich eines „sportlichen Framings" bedienen. Die in diesen Werken postulierten Parallelen, Empfehlungen und Erkenntnisse sind allerdings zumeist eher intuitiv abgeleitet und erscheinen willkürlich, sodass die postulierten Aussagen eher eine Augenscheinvalidität aufweisen. Wissenschaftliche Beiträge zu Kongruenzen von Sport und Organisation finden sich ungleich seltener, können aber dennoch bedeutsame Überschneidungen der beiden Settings aufzeigen.

In diesem Kapitel werden zunächst Parallelen zwischen sportspezifischer und organisationaler Führung beschrieben und anschließend die wenigen empirischen Studien diskutiert, die das organisational geprägte Paradigma der Transaktionalen und Transformationalen Führung im Sport untersucht haben.

6.1 Parallelen organisationaler und sportspezifischer Führung

Keidel (1987) argumentiert, dass die Sportdomäne das organisationale Setting wiederspiegelt und Sport- oder Spielstrukturen denen der organisationalen Welt entsprechen. Verschiedene Autoren gehen davon aus, dass Sport als Mikrokosmos der Gesellschaft gesehen werden kann. Eitzen und Sage (1997) argumentieren: "The types of games people choose to play, the degree of competitiveness, the types of rules, (…) in sport provide us with a microcosm of the society in which sport is embedded " (p. 14). Jones (2002) zieht Parallelen zwischen dem organisationalen und dem sportspezifischen Kontext und fasst diese in einem simplen Rahmenmodell zusammen (Abbildung 17).

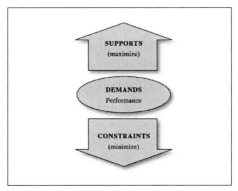

Abbildung 17: Anforderungen, Unterstützung und Beschränkungen von Beruf und Umwelt

Dieses Rahmenmodell basiert auf psychologischen Befunden der organisationalen Forschung, die zwischen Anforderungen (demands), Unterstützung (supports) und Beschränkungen (constraints) unterscheidet (Janman, Jones, Payne & Rick, 1988; Jones, 1987). Anforderungen bilden die Erfordernisse des Berufes ab, wohingegen Unterstützung die Faktoren in der Umwelt umfasst, die zur Verfügung gestellt werden, um den

Anforderungen zu begegnen. Die Beschränkungen beschreiben den Grad, in dem das Umfeld die Erfüllung der Anforderung be- oder verhindert (Payne, 1979). Vor allem die Beschränkungen stehen dabei häufig im Fokus, lenken Mitarbeiter und Athleten von den unterstützenden Faktoren ab und verhindern so Leistung. Das Modell wurde bereits erfolgreich in Wirtschaft und Sport angewendet, um Anforderungen, unterstützende Faktoren und Beschränkungen zu identifizieren, um die Leistung zu maximieren. Jones (2002) sieht dieses Modell im Sport auch im organisationalen Kontext als grundlegend an. Jones (2002) schlussfolgert, dass "the principles of elite performance in sport are easily transferable to the business context, and also that sport has a considerable amount to learn from excellence in business" (p. 279).

Tabelle 22: *Vergleich von Führungs- und Traineraufgaben*

Managementfunktion (Staehle, 1991)	Roles of a football manager (Perry, 2000)
Führen, Anleiten, Entwickeln von Mitarbeitern	Player development
Planung (Ziele, Regeln, Programme)	Club coaching policy, Club scouting policy, Club youth policy
Koordination (Kommunikation mit Managern gleicher/höherer Ebene und anderen Abteilungen)	Attendance at board meetings
Beurteilung von Vorschlägen, Leistungen, Personen	First team selection, Assembly, maintenance of a playing squad
Informationen sammeln, aufbereiten, auswerten	Preparing match program notes
Verhandeln mit Kunden, Lieferanten, Behörden, Gewerkschaften	Media dealings
Personalauswahl, Einstellung, Besetzung, Beförderung, Versetzung	First team selection, Assembly, maintenance of a playing squad; Appointment of assistant staff, Club scouting policy
Repräsentation, Vorträge, Öffentlichkeitarbeit	General public relations/sponsoring deals

Auch in der empirischen Führungsforschung zeigen sich trotz bestehender Differenzen zwischen Sport und Wirtschaft bedeutsame Parallelen im Hinblick auf die Anforderungen und die Konzepte von Führung. So klassifizieren beispielsweise verschiedene Forschungsarbeiten Sporttrainer als Führungskräfte (Chelladurai, 1978; Chelladurai & Carron, 1983; Case, 1990; Chelladurai & Saleh, 1980). Bereits im mittlerweile klassischen *Coaches Guide to Sport Psychology* (Martens, 1987) findet sich ein ganzes Kapitel, welches die Entwicklung von Führungsfähigkeiten als essenziell für die Tätigkeit als Trainer herausstellt.

Auch in der Charakteristik von Sportteams lassen sich eher Gemeinsamkeiten als Unterschiede im Vergleich mit Arbeitsteams finden (Lau, Kauffeld, Schliermann, Conrad & Stoll, 2008), sodass auch ähnliche Anforderungen an Führungskräfte und Sporttrainer gestellt werden. Tabelle 22 stellt die in Kapitel 2.1 beschriebenen Tätigkeiten von Führungskräften dar und stellt die entsprechenden Trainertätigkeiten (Kapitel 5.1) im Fußball einander gegenüber. Auch wenn die Tätigkeiten nicht vollständig identisch sind, zeigen sich dennoch offensichtliche und bedeutende Ähnlichkeiten. Nahezu alle Aufgaben von Fußballtrainern (im englischen Fußball) lassen sich den klassischen Managementfunktionen von Staehle (1991) zuordnen. In der organisationalen Führungsforschung werden Tätigkeiten wie das Führen, Anleiten und Entwickeln von Mitarbeitern explizit im Rahmen Transformationaler Führung berücksichtigt. Es erscheint verwunderlich, dass das in der organisationalen Führungsforschung dominierende und am häufigsten untersuchte Führungsparadigma, die Transaktionale und Transformationale Führung im Sport, bislang weitestgehend ignoriert wurde (Rowold, 2006). Zwar findet Transformationale Führung explizit im beschriebenen MML Berücksichtigung, auf dem Gebiet der Sportorganisationen existieren bislang aber nur wenige empirisch belegte Studien, die Effekte

Transformationaler Führung untersuchten (Yukl, 2002). Vor allem auf Seiten der sportpsychologischen Forschung finden sich Vorbehalte, welche die Anwendbarkeit Transformationaler Führung anzweifeln (Bourner & Weese, 2011; Doherty & Danylchuk, 1996; Kent & Chelladurai, 2001). Kellett (1999) beschreibt die Schwierigkeiten beim Vergleich von Führung im Sport und Mitarbeiterführung im organisationalen Kontext wie folgt:

> If coaching is a legitimate analog of leadership, then our fundamental conceptions of leadership may need a substantial revision … Firstly, [an appropriate leadership framework] would include behavioral observations of what is that coaches actually do when they coach. Secondly, it would compare effective coaches to effective managers (particularly managers who begin from the premise that their role is to empower and facilitate ...). Thirdly, it would work experimentally to determine whether training managers to use some of the techniques actually used by our best coaches really does make a difference in management outcomes´ (Kellett, 1999, p.167).

Obwohl Kellets Bedenken vordergründig begründet erscheinen, können sie durch das Konzept der Transformationalen Führung entkräftet werden. Transformationale Führung entspricht den speziellen Führungsverhaltensweisen, die in Sportteams beobachtet werden können (Hoption, Phelan & Barling, 2007). Die Autoren sehen darüber hinaus fünf Gründe, Transformationale Führung innerhalb der sportpsychologischen Führungsforschung zu berücksichtigen: Erstens ist Transformationale Führung im organisationalen Kontext umfassend untersucht worden, sodass die Sportpsychologie eine Vielzahl von Erkenntnissen übernehmen und von ihnen profitieren kann. Zweitens ist das Paradigma der Transformationalen Forschung, sogar über verschiedene Kulturen hinweg (bspw.

Walumbwa et al., 2005), empirisch und skrupulös getestet worden, was es zu einem weitreichenden und umfassenden Rahmenwerk macht. Drittens zeigen quasi-experimentelle Studien, dass Transformationale Führung gelehrt und gelernt wird (Barling, Weber & Kelloway, 1996; Dvir et al., 2002). Trainings Transformationaler Führung wurden in verschiedenen Kontexten wie beispielsweise Krankenhäusern (Kelloway, Barling & Helleur, 2000), Militär (Dvir et al., 2002) und Unternehmen (Barling et al., 1996) erfolgreich durchgeführt. Die Fähigkeit, transformationale Verhaltensweisen zu verbessern und zu verfeinern, kann eine erfolgskritische Komponente darstellen. Eine Kernannahme Transformationaler Führung bezieht sich auf die Entwicklung der Geführten (Bass, 1998). Werden (Führungs-)Spieler trainiert, transformationale Verhaltensweisen zu verkörpern, so hat dies positive Auswirkungen auf Leistung und Teamdynamiken (wie beispielsweise Kohäsion). Dementsprechend können Trainer, Führungsspieler und Sportmanager Transformationale Führung lernen und von den positiven Effekten auf Einstellungen und Verhalten profitieren. Viertens sind Sport und Sportmanagement ein Geschäftsfeld und die Annahme, dass die sportliche Leitung als Führungskraft gesehen werden kann, ist zulässig (Whisenant & Pedersen, 2004). Daher können Trainer, wie bereits erwähnt, formal als Führungskräfte betrachtet werden (Charbonneau et al., 2001). Fünftens wurde die Rolle des Führenden in Teams intensiv erforscht und es erscheint interessant, bereits klassische und valide Befunde in einem Sportsetting zu replizieren und zu erweitern. Beispielhaft sind hier vielzitierte Arbeiten zur Verteilung von Informationen unter Gruppenmitgliedern (bspw. Hollingshead, 1996), zum Prozess der Definition von Gruppenmitgliedern (bspw. Tajfel & Turner, 1979) oder zur Verteidigung einer Gruppenmitgliedschaft (bspw. Deutsch & Gerard, 1955) zu nennen. Führende sind gleichzeitig auch Mitglied der Gruppe und spielen eine bedeutsame Rolle bei Gruppendynamiken. Sie fungieren beispielsweise als Repräsentant der Gruppe und müssen daher Werte und Charakteristika des Kollektivs verkörpern (van Knippenberg & Hogg, 2003). Das Fehlen eines Führenden einer Gruppe kann problematisch sein, da den Gruppenmitgliedern die Rollenklarheit fehlt (Weick, 1993). Der Einfluss des Führenden innerhalb einer Gruppe wird zum Teil durch die Demonstration Transformationalen Führungsverhaltens beeinflusst: Der Einfluss transformational Führender geht über die direkten Teammitglieder hinaus und erreicht eine größere Zahl an Mitgliedern der jeweiligen Organisation (Bono & Anderson, 2005). Innerhalb der organisationalen Forschung haben sich darüber hinaus Methoden entwickelt und etabliert, anhand derer individuelle und Teameffekte verglichen werden können und die somit auch teamsportspezifischen Strukturen entsprechen (LePine, Erez & Johnson, 2002; Stewart, Fulmer & Barrick, 2005; Chen et al., 2002). Lim und Cromartie (2001) verweisen im Hinblick auf Transformationale Führung im Sport vor allem auf den Augmentationseffekt, den sie als vielversprechend ansehen, um mehr über effektive Führungsstrategien bei Sporttrainern zu lernen. Aufgrund ihrer formalen Rolle in Sportorganisationen, sind Trainer und sportliche Leitung verantwortlich dafür, die Organisationsmitglieder zu befähigen, Ziele und Visionen zu entwickeln, und sie zu motivieren, diese auch zu erreichen (Lim & Cromartie, 2001). Diese Ausführungen zeigen auf, dass die Berücksichtigung organisationaler Führungsparadigmen – insbesondere das der Transaktionalen und Transformationalen Führung – und der zugehörigen wissenschaftlichen Befunde im Sport angemessen erscheint. Horn (2007) argumentiert in diesem Zusammenhang, dass die Anwendbarkeit Transformationaler Führung im Sport äußerst vielversprechend erscheint, auch wenn diese noch weiterer Untersuchung bedarf. Insgesamt stellt Transformationale Führung einen überzeugenden und gewinnbringenden Ansatz dar, um

Führungsverhaltensweisen von professionellen Sporttrainern zu untersuchen (Jones, 2002; Hsu, Bell & Cheng, 2002; Weese, 1994; Rowold, 2006).

6.2 Empirische Studien und Befunde

Trotz der überzeugenden Gründe und theoretischen Überlegungen, Transformationale Führung im Sportkontext zu berücksichtigen, existieren bislang nur wenige Studien, die das Führungsverhalten von Trainern empirisch untersuchten. Bislang standen eher transaktionale Aspekte des Führungsverhaltens in sportspezifischen Konzeptionen im Vordergrund, die lediglich den kurzfristigen Austausch und die Passung von Leistung und entsprechendem Führungsverhalten betonten. Es existieren zwar vereinzelte Arbeiten, die Transaktionale und Transformationale Führung in Sportorganisationen untersuchten, dabei wurde aber nicht der Einfluss des Trainers auf die sportliche Leistung oder andere Kriterien der betreuten Athleten untersucht, sondern Effekte des Führungsstils bei regulären Mitarbeitern wie Trainern oder Betreuern (bspw. Davis, 2002; Doherty & Danylchuk, 1996; Wallace & Weese, 1995). Erste Arbeiten seitens der Forschung stützten sich lediglich auf die Bedeutung von Charisma und die Notwendigkeit einer Vision (Yukelson, 1997).

Zacharatos, Barling und Kelloway (2000) führten eine eher entwicklungspsychologisch orientierte Arbeit zum Einfluss Transformationaler Führung bei Jugendlichen durch. Die Autoren entwickelten und testeten ein Modell, in dem Jugendliche, die ihre Eltern als transformational wahrnahmen, ebenfalls transformationale Verhaltensweisen zeigten. Außerdem wurde untersucht, ob die Jugendlichen, die transformationale Verhaltensweisen zeigten, in einem Teamsportkontext bei Mitspielern und Trainern eine höhere Effektivität, Zufriedenheit und Anstrengung induzierten. Die Stichprobe bestand aus insgesamt 112 High-School-Schülern aus 11 Sportmannschaften sowie deren Trainern. Zacharatos et al. konnten ihr Modell bestätigen und zeigen, dass Transformationale Führung bei jugendlichen Sportlern positive Effekte aufweist. Die jugendlichen Athleten waren in der Lage, transformationale

Verhaltensweisen in ihrer Beziehung zu den anderen Athleten zu nutzen. Einschränkend muss allerdings festgestellt werden, dass die Generalisierbarkeit der Ergebnisse vor dem Hintergrund des geringen Durchschnittsalters der Teilnehmer (15.2 Jahre) eingeschränkt ist. Obwohl die verschiedenen Dimensionen Transformationaler Führung erhoben wurden, berücksichtigten die Autoren in ihrem Gesamtmodell lediglich ein globales Maß Transformationaler Führung, was einen weiteren limitierenden Aspekt darstellt.

In einer qualitativen Studie untersuchten Vallee und Bloom (2005), wie universitäre Sporttrainer erfolgreiche Sportprogramme zur Entwicklung erfolgreicher Athleten entwickeln und umsetzen. Dabei ermittelten die Autoren, dass die notwendigen und erfolgskritischen Führungsverhaltensweisen exakt den von Bass postulierten Dimensionen Transformationaler Führung (*Idealisierte Einflussnahme, Inspirierende Motivation, Intellektuelle Stimulation, Individuelle Betrachtung;* Bass, 1999) entsprechen.

Eine weitere Arbeit zur Transformationalen Führung im Sport stammt von Charbonneau, Barling und Kelloway (2001), die ein Modell der sportlichen Leistung bei studentischen Athleten berichten. Es wurde untersucht, ob intrinsische Motivation den Zusammenhang von Transformationaler Führung und sportlicher Leistung mediiert. Während der laufenden Saison schätzten 168 Studenten das Ausmaß der Transformationalen Führung ihres jeweiligen Trainers sowie ihre eigene intrinsische Motivation ein. Am Ende der Saison bewerteten die Trainer die sportliche Leistung ihrer Athleten. Die Befunde der Studie unterstützen die Annahme, dass intrinsische Motivation einen Mediator des Effektes Transformationaler Führung auf Leistung darstellt und positiv von Transformationaler Führung beeinflusst wird. Wie auch in der Arbeit von Zacharatos und Kollegen (2000) weist die Stichprobe ein sehr geringes Durchschnittsalter von durchschnittlich 17 bis 22 Jahren auf. Aufgrund mangelhafter Reliabilitäten mussten einzelne Subskalen der Transformationalen Führung sowie Transaktionale Führung aus der Untersuchung ausgeschlossen werden, sodass das postulierte Modell lediglich mit einem globalen Maß Transformationaler Führung überprüft werden konnte.

Aufbauend auf der Studie von Charbonneau et al. (2001) untersuchte Rowold (2006) mittels des MLQ-5X die Reichweite und Effektivität Transformationaler, Transaktionaler sowie der Laissez-faire-Führung im Kampfsport. 186 Athleten bewerteten die Wirksamkeit des Trainerverhaltens, ihre eigene Zufriedenheit mit dem jeweiligen Trainer, ihre Extra-anstrengungen und die Trainingsbemühung gemessen in Trainingseinheiten pro Monat. Die Studie konnte zum einen die neunfaktorielle Struktur des MLQ-5X bestätigen und zum anderen den Augmentationseffekt Transformationaler Führung belegen. Obwohl Transaktionale Führung in signifikantem Zusammenhang zur wahrgenommenen Effektivität des Trainers stand, konnte Transformationale Führung zusätzliche Varianz der Effektivität aufklären. Vor allem eine die Führungsstile *Inspirierende Motivation, eine Idealisierte* Einflussnahme und *Individuelle* Zuwendung hatten starke Auswirkungen auf Wirksamkeit, Zufriedenheit und Extraanstrengung. Für eine regelmäßigere Teilnahme am Training pro Monat spielen vor allem *Idealisierte Einflussnahme* und der Rang des Athleten eine Rolle. Die Arbeit von Rowold (2006) nutzte erstmals alle Führungsstile des „Full Range of Leadership"-Modells und konnte Effekte der einzelnen Subdimensionen aufzeigen. Es muss kritisch angemerkt werden, dass lediglich eine subjektive Datenquelle – die Einschätzungen der Athleten – genutzt wurde und für einzelne Dimensionen eher niedrige Reliabilitäten vorlagen.

Eine weitere Arbeit zur Transformationalen Führung im Sport stammt von Hall (2007). Die Autorin untersuchte das transformationale

Führungsverhalten von Fußballtrainerinnen und dessen Effekte auf Leistung und Teamkohäsion. Es konnte gezeigt werden, dass Transformationale Führung positiv mit Teamkohäsion und der Zufriedenheit mit der eigenen Leistung zusammenhängt. Teamkohäsion mediiert den Zusammenhang von Transformationaler Führung und Leistung. Die Arbeit besitzt aufgrund des querschnittlichen Designs und der ausschließlich weiblichen Stichprobe jedoch nur begrenzte Aussagekraft. Darüber hinaus wurde lediglich ein globales Maß an Transformationaler Führung genutzt.

In Anbetracht der wenigen Studien und Erkenntnisse im Bereich des Sports lassen sich noch keine validen zusammenfassenden Erkenntnisse ziehen. Auch wurden methodische Schwächen in den wenigen Studien bislang ignoriert. Transformationale Führung scheint mit Kriterien erfolgreicher Führung des Trainers zusammenhängen, jedoch gilt es einige Einschränkungen zu beachten. Die wenigen empirischen Studien wurden alle im Freizeitsport durchgeführt. Im Vergleich zum professionellen Sport ist der Einfluss des Trainers jedoch deutlich begrenzter. Athlet und Trainer verbringen ein geringeres Maß an Zeit miteinander und der Trainer verfügt über weniger disziplinarische Befugnisse. Auch fehlen bislang Befunde zu objektiven Kriterien. Gerade im Sport ist eine Vielzahl von Leistungsmaßen, wie erreichte Zeit, Punkte oder Siege, denkbar, die keiner möglichen subjektiven Verzerrung unterliegen. Zusätzliche Kritikpunkte entsprechen im Wesentlichen denen an der organisationalen Führungsforschung, wie sie von Felfe (2006a) formuliert wurden. So existiert bislang nur eine längsschnittliche Untersuchung von Zacharatos und Kollegen (2000), obwohl in zahlreichen Sportarten wiederholte Messungen einfach zu realisieren sind, da sie zeitlich in Saisons mit mehreren Spieltagen organisiert sind. Auch die Abhängigkeit der Daten auf unterschiedlichen Ebenen ist bislang nicht adäquat berücksichtigt worden. Während in der organisationalen Forschung bereits Befunde zur Transformationalen Führung und deren Effekte auf verschiedene objektive Daten vorliegen (Geyer & Steyrer, 1994; Geyer & Steyrer, 1998; Howell & Hall-Merenda, 1999; MacKenzie et al., 2001), stehen im Sport beziehungsweise vor allem im Mannschaftsport objektive Maße nur äußerst selten zur Verfügung (Raglin, 1992) und entsprechende Befunde stehen daher noch aus. Als letzter Kritikpunkt ist festzuhalten, dass mögliche Moderatoren oder Mediatoren, zu denen es in der organisationalen Forschung zur Transformationalen Führung valide Befunde gibt, in den Untersuchungen im Sport kaum Berücksichtigung fanden.

7 Hypothesen

Die Ausführungen der vorliegenden Arbeit zeigen, dass Transaktionale und Transformationale Führung bedeutsame Zusammenhänge mit verschiedenen organisationalen Kriterien der Effektivität wie Zufriedenheit, Commitment oder Leistung aufweisen. Inzwischen konnten auch verschiedene Metaanalysen (DeGroot et al., 2000; Dumdum et al., 2002; Fuller et al., 1996; Judge & Piccolo, 2004; Lowe et al., 1996) diese Zusammenhänge bestätigen. Während in Kontexten wie Unternehmen, Militär oder Krankenhäusern positive Effekte Transaktionaler und Transformationaler Führung als gesichert angenommen werden können, liegen für den Bereich des Sports kaum empirische Befunde vor. Theoretische Überlegungen implizieren, dass sich die Anforderungen an Sporttrainer und Führungskräfte inhaltlich überschneiden und organisationale und sportspezifische Führung bedeutende Parallelen aufweisen. Für die inhaltliche Erweiterung der „Full Range of Leadership"-Theorie durch Podsakoff et al. (1990) und das zugehörige TLI existieren bislang wenige Befunde. Vor allem im Mannschaftsport scheinen transformationale Führungsstile wie *Gruppenziele fördern* intuitiv gewinnbringend; diese wurden bislang durch die Nutzung des MLQ allerdings nicht berücksichtigt. Die wenigen, oben beschriebenen Untersuchungen zu Transformationaler Führung im Sport (s. Kapitel 6.2) konnten Effekte Transformationaler Führung auf verschiedene Maße der Effektivität, Zufriedenheit und Anstrengung aufzeigen. Auf Basis der theoretischen Befunde wird die folgende Hypothese postuliert:

H1: Transformationale Führung hat einen positiven Einfluss auf die sportliche Leistung.

Für die einzelnen Dimensionen Transformationaler Führung liegen bislang keine Befunde vor. Auch in der sportspezifischen Führungsforschung sind die Befunde zur Leistung der Athleten uneinheitlich. Generell können entsprechend der Befunde zur Transformationalen Führung auch für die meisten einzelnen Dimensionen positive Befunde erwartet werden. In Bezug auf Mannschaftssportarten sind weniger die aufgabenbezogenen Kompetenzen des Trainers ausschlaggebend, sondern vielmehr die sozialen Führungskompetenzen. Trainer, die ein positives und soziales Klima sowie Gruppenzusammenhalt fördern, unterstützen so auch die Leistungsentwicklung. Daher werden die folgenden Hypothesen formuliert:

H1a: Visionen aufzeigen hat einen positiven Einfluss auf die sportliche Leistung.

H1b: Vorbild sein hat einen positiven Einfluss auf die sportliche Leistung.

H1c: Gruppenziele fördern hat einen positiven Einfluss auf die sportliche Leistung.

H1d: Hohe Leistungserwartung hat einen positiven Einfluss auf die sportliche Leistung.

H1e: Geistige Anregung hat einen positiven Einfluss auf die sportliche Leistung.

Es konnte gezeigt werden, dass, wenn die Teams sehr groß sind, demokratische und beziehungsorientierte Führungsverhaltensweisen weniger effektiv sind. Diese Verhaltensweisen bedeuten vor allem einen höheren zeitlichen Aufwand, sodass dieses Führungsverhalten in Anbetracht der Größe der Kader nicht angemessen erscheint. Einzelne Befunde weisen auch darauf hin, dass ein ausgeprägt sozial unterstützendes Verhalten leistungshemmende Konsequenzen zeigt. Daher kann vermutet werden, dass der stark beziehungsorientierte transformationale Führungsstil *Individuelle Unterstützung* einen negativen Einfluss auf die sportliche Leistung der Athleten hat:

H1f: Individuelle Unterstützung hat einen negativen Einfluss auf die sportliche Leistung.

Transaktionale Führung zeigt inhaltliche Überschneidungen zum Führungsstil positives Feedback des MML. Beide Dimensionen basieren auf dem Prinzip des operanten Konditionierens und wirken so bewusst handlungssteuernd. Folgende Hypothese kann vermutet werden:

H2: Transaktionale Führung hat einen positiven Einfluss auf die sportliche Leistung.

8 Methode

In diesem Kapitel werden zunächst das Untersuchungsdesign und die Stichprobe detailliert beschrieben. Daran anschließend werden die unabhängigen und die abhängigen Variablen dargestellt. Abschließend wird detailliert auf die genutzten Methoden und statistischen Gütemaße eingegangen. Nachdem das Konzept der Interrater-Übereinstimmung erläutert wurde, werden die in dieser Arbeit verwendeten regressionsanalytischen Mehrebenenmodelle ausführlich beschrieben. Dabei wird auf die Vorteile, Voraussetzungen und Logik sowie auf die speziellen Gütekriterien der Hierarchischen Linearen Wachstumsmodelle eingegangen.

8.1 Untersuchungsdesign

Die vorliegende Studie untersucht den Einfluss transaktionaler und transformationaler Führungsstile auf die Leistung professioneller Fußballspieler und deren Teams in der Bundesliga. Dabei werden die Trainer verschiedener Bundesligavereine in Bezug auf die gezeigte Transaktionale und Transformationale Führung sowie deren Subfacetten eingeschätzt. Anhand einer Längsschnittuntersuchung wird die Leistung der Spieler über einen Zeitraum von einer halben Saison hinweg untersucht.

Eine Einschätzung aller Trainer erfolgte durch Sportjournalisten im Anschluss an die Saison 2008/2009. Um Erinnerungseffekte auszuschließen, gingen in die Untersuchung nur Trainer ein, die in den Spielzeiten 2007/2008 und 2008/2009 aktiv waren. Es liegen insgesamt 38 vollständige Einschätzungen durch Journalisten und zusätzlich 10 Einschätzungen durch Vereinsmitarbeiter vor. Diese Einschätzungen wurden herangezogen, um die Güte der Journalistenurteile (in Form der Interrater-Übereinstimmung) zu bestimmen.

In der vorliegenden Studie wurden verschiedene Erfolgskriterien auf der Mannschafts- und der Individualebene analysiert. Auf der Mannschaftsebene wurden die erreichten Punkte, die Anzahl der Siege und Niederlagen und das Verhältnis von Sieg und Niederlage der ersten 17 Spieltage ab Einstellung des Trainers erhoben. Als Kriterium für die individuelle Leistung der jeweiligen Spieler wurden die vom KICKER-Sportmagazin vergebenen Spielernoten herangezogen. Das KICKER-Sportmagazin benotet an jedem Spieltag die Leistung jedes Lizenzspielers in Deutschland.

Als Analysezeitraum wurden 17 Spieltage gewählt – dies entspricht einer halben Saison. Aus methodischer Sicht handelt es sich bei den Leistungsdaten der 17 Spieltage um Messwiederholungen, da wiederholt die gleiche abhängige Variable gemessen wird (Pospeschill, 2006). Auf einen kürzeren Zeitraum mit einer geringeren Anzahl an Messwiederholungen wurde verzichtet, um Gefährdungen der internen Validität in Form möglicher Regressionseffekte zur Mitte zu begegnen. Da neue Trainer häufig nach einer Reihe von extremen Werten – wie schlechten Leistungen oder einer Reihe von Niederlagen – rekrutiert werden, sind in der Folge die Werte weniger extrem. Somit kommt es zu einer Verbesserung, die auf Artefakten und nicht auf untersuchungsrelevanten Variablen beruht. Ein längerer Untersuchungszeitraum wäre problematisch, da das mögliche Wachstum einer Linearitätsannahme unterliegt, das heißt, bei einem positiven Effekt der Führung würden Spieler konsistent und unbegrenzt über die Zeit hinweg besser werden.

Als erster Messzeitpunkt für die Leistungsentwicklung der Mannschaft beziehungsweise der Spieler wurde das erste Spiel der jeweiligen Spieler unter der Verantwortung des Trainers betrachtet. So resultieren unterschiedliche Startpunkte für die verschiedenen Trainer (das heißt, es existiert kein einheitliches Datum oder fester Spieltag für den Beginn der Messreihen). Für Spieler, die später als der zugehörige Trainer eingestellt werden, wird als erster Messzeitpunkt das erste absolvierte Spiel unter dem Trainer betrachtet. Somit können mehr Spieler berücksichtigt werden, als die tatsächliche Mannschaft beim ersten Spiel des Trainers umfasst. Da die Leistungsbenotung unter anderem von der Stärke der gegnerischen Mannschaft abhängt, könnten systematische Verzerrungen entstehen, das heißt, gegen schwächere Gegner wäre die Benotung besser, gegen stärkere dementsprechend schlechter. Durch die Berücksichtigung aller Spieler, die unter dem jeweiligen Trainer gespielt haben, werden systematische Einflüsse, die auf jeweilige Gegner zurückzuführen sind, abgeschwächt.

Insgesamt können in der vorliegenden Arbeit daher zahlreiche Gefährdungen der Validität ausgeschlossen werden, welche die Ergebnisse unter Umständen bedeutend verzerren und deren Gültigkeit negativ beeinflussen.

8.2 Gewinnung der Stichprobe und Einschätzungen des Führungsstils

Zunächst wurden alle Vereine der Ersten und Zweiten Bundesliga sowie die Absteiger aus der Zweiten Bundesliga kontaktiert und um Führungsstileinschätzungen der Trainer gebeten. In den Spielzeiten 2007/2008 und 2008/2009 waren in der Ersten und Zweiten Bundesliga insgesamt 90 verschiedene Trainer tätig (inklusive Interimstrainern). Um zu einer Einschätzung des Führungsstils zu gelangen, wurde zunächst telefonisch mit jedem der Vereine Kontakt aufgenommen und die Fragestellung und das Versuchsdesign erläutert. Die Vereine wurden gebeten, den Führungsstilfragebogen durch eine Person aus dem direkten Arbeitsumfeld des Trainers ausfüllen zu lassen. Hierbei wurde stets vollständige Anonymität zugesichert, das heißt, die Identität der Trainer und der ausfüllenden Personen wird nicht veröffentlicht oder ausgewertet. Den Vereinen wurden per Mail eine Beschreibung des Untersuchungsdesigns inklusive Link zur Befragung sowie der Fragebogen zur Inspektion und ersten Einschätzung der Untersuchungsinhalte zugesandt. Das Anschreiben und der Fragebogen finden sich in Anhang A und Anhang B. Durchschnittlich zwei Wochen nach der ersten Kontaktaufnahme wurden die Vereine, die bislang noch keine Einschätzung der Führung durch den Trainer geleistet hatten, zur Erinnerung erneut per Telefon und E-Mail kontaktiert, um sie zu einer Zusammenarbeit zu bewegen. Entsprechend der Anonymitätszusage werden die teilnehmenden Vereine sowie die Namen der Trainer nicht erwähnt oder ausgewertet. Um zu einer umfangreicheren Trainerstichprobe zu gelangen, wurden zusätzlich circa 250 Sportjournalisten kontaktiert. Es wurde zu allen großen Sportmagazinen (beispielsweise KICKER, Sport-Bild), Internet-Sportportalen (Sport1, Sportal) sowie überregionalen (beispielsweise Süddeutsche Zeitung, Frankfurter Allgemeine Zeitung) und regionalen Tageszeitungen der jeweiligen Vereinsstädte (beispielsweise Neue Westfälische für Arminia Bielefeld, Ruhrnachrichten für Borussia Dortmund) telefonisch und per E-Mail Kontakt aufgenommen. Den Journalisten wurde Fragestellung und Untersuchungsdesign erläutert und sie wurden gebeten, den Trainer – den sie am besten einschätzen können – hinsichtlich seines Führungsstils zu bewerten. Zusätzlich wurde den Journalisten angeboten, nach Beendigung der Untersuchung die zentralen Ergebnisse zur Verfügung zu stellen.

8.3 Transformational Leadership Inventory

Zur Bestimmung der Transaktionalen und Transformationalen Führung wurde die deutsche validierte Version (Heinitz & Rowold, 2007) des Transformational Leadership Inventory (TLI, vgl. Podsakoff et al., 1990; Podsakoff et al., 1996b) verwendet.

Tabelle 23: *Dimensionen des Transformational Leadership Inventory (TLI, vgl. Podsakoff et al., 1990; Podsakoff et al., 1996b) mit Beispielen aus der deutschsprachigen Fassung von Heinitz und Rowold, 2007*

Dimension	Beschreibung	Beispielitem
Visionen aufzeigen (Identifying and Articulating a Vision)	Verhalten der Führungskraft, das darauf zielt, neue Möglichkeiten für die Gruppe/ Abteilung/ Organisation zu finden, Zukunftsvisionen zu entwickeln, aufzuzeigen und andere dafür zu begeistern	… zeichnet ein interessantes Bild der Zukunft unserer Arbeitsgruppe.
Vorbild sein (Providing an Appropriate Model)	Vorbildliches Verhalten, das mit den Werten konsistent ist, für welche die Führungskraft eintritt	… führt eher durch „Taten" als durch „Anweisungen".
Gruppenziele fördern (Fostering the Acceptance of Group Goals)	Verhalten, das darauf zielt, die Zusammenarbeit unter den Mitarbeitern zu unterstützen und sie dazu zu bringen, für ein gemeinsames Ziel zu arbeiten	… ermutigt ihre Mitarbeiter dazu, „team player" zu sein (d.h. gruppenorientiert zu arbeiten.
Hohe Leistungserwartung (High Performance Expectations)	Verhalten, das die hohen Erwartungen der Führungskraft, bezogen auf Qualität und hohen Leistungen, gegenüber den Mitarbeitern zum Ausdruck bringt	… wird sich nicht mit dem Zweitbesten zufrieden geben.
Individuelle Unterstützung (Providing Individualized Support)	Verhalten der Führungskraft, das den Respekt für die Mitarbeiter und deren persönliche Gefühle zum Ausdruck bringt	… zeigt Respekt für meine persönlichen Gefühle.
Geistige Anregung (Intellectual Stimulation)	Verhalten, das die Mitarbeiter dazu herausfordert, ihre Annahmen bezüglich der Arbeit und deren Bewältigung zu überdenken	… hat mir neue Wege gezeigt, an Dinge heranzugehen, die für mich unverständlich waren.

Das TLI umfasst zentrale Verhaltensweisen einer transformationalen Führungsperson, die von verschiedenen einschlägigen Autoren als zentrale transformationale Verhaltensweisen beschrieben werden, und fasst diese in sechs transformationalen Skalen zusammen (Podsakoff et al., 2003). Weiterhin wird mit dem Instrument auch die Transaktionale Führung (*Bedingte Belohnung*) erfasst. *Bedingte Belohnung* beschreibt ein Verhalten, welches durch Streben nach klar definiertem und reguliertem Wertaustausch (Transaktion) mit dem jeweiligen Mitarbeiter (z. B. Leistung gegen Gehalt) definiert ist (Beispielitem: „… gibt mir immer eine positive Rückmeldung, wenn ich gute Leistungen erbringe.") (Podsakoff et al., 1990).

Die deutsche Version des TLI weist eine stabile Faktorstruktur auf und stützt die faktorielle Struktur des amerikanischen Originals (Podsakoff et al., 1996b). Heinitz und Rowold (2007) konnten die Ergebnisse aus den Studien von Podsakoff et al. (1996b) sowie von Vandenberghe, Stordeur und D'hoore (2002) für die deutsche Version replizieren und die Konstruktvalidität des TLI stützen. Die berichteten Zusammenhänge zwischen den transformationalen Skalen des TLI und den subjektiv eingeschätzten Leistungsmaßen stehen darüber hinaus im Einklang mit Ergebnissen aus Analysen über die Konstruktvalidität Transformationaler Führung (Lowe et al., 1996). Heinitz und Rowold (2007) konnten für alle transformationalen Skalen zufriedenstellende Reliabilitäten von über $a = .75$ belegen, die von weiteren Studien bestätigt werden konnten (bspw. Muck et al., 2008; Rowold et al., 2009). Krüger, Rowold, Borgmann, Staufenbiehl und Heinitz (2011) konnten darüber hinaus in einer Multitrait-Multimethod-Analyse zeigen, dass die faktorielle Struktur des TLI über verschiedene Perspektiven (Selbst- und Fremdeinschätzung) als invariant betrachtet werden kann. Bei Berücksichtigung von

Methodeneinflüssen kann auch eine gute diskriminante Validität bestätigt werden.

8.4 Leistungskriterien

Im Sport beziehungsweise im Fußball sind eine Reihe öffentlich verfügbarer Erfolgs- und Leistungskriterien wie die Anzahl gewonnener Spiele, die erreichte Punktzahl oder die Anzahl der Tore nutzbar. Beispielsweise verwendete Koning (2003), der Effekte von Trainereinstellungen und -entlassungen untersuchte, als Leistungskriterium die durchschnittliche Tordifferenz, also die Anzahl der Gegentore und die Anzahl der geschossenen Tore.

In der vorliegenden Studie werden verschiedene Erfolgskriterien auf Mannschafts- und Individualebene, das heißt für jeden Spieler genutzt. Auf der Mannschaftsebene werden die erreichten Punkte herangezogen, die für Sieg, Unentschieden oder Niederlage vergeben werden. Im Fußball erhält eine Mannschaft seit der Saison 1995/1996 für einen Sieg drei Punkte, für ein Unentschieden einen Punkt und für eine Niederlage null Punkte. Die erreichten Punkte stellen somit ein ordinal skaliertes Leistungsmaß dar. Zusätzliche wurden die Anzahl der Siege, die Anzahl der Niederlagen und deren Verhältnis, das heißt Siege geteilt durch Niederlagen, erhoben. Für jeden Trainer wurden die durchschnittlich erreichten Punkte für eine halbe Saison, das heißt 17 Spieltage ab Immission des Trainers, berechnet und mit den jeweiligen Führungsstilen in Zusammenhang gesetzt. Durch dieses Vorgehen konnte für $N = 38$ Trainer Spearmans Rangkorrelationskoeffizient berechnet werden.

Riemer und Chelladurai (1998) kritisieren allerdings, dass das Verhältnis von Sieg und Niederlage oder die Zeit des Ballbesitzes unreliable Maße darstellen, da diese extrem von der Leistung des Gegners abhingen. Neuere Studien nutzen daher Selbst- oder Fremdeinschätzungen der Leistung oder erheben die Zufriedenheit mit der gezeigten Leistung. Subjektive Einschätzungen und Beobachtungen der sportlichen Leistung stellen daher im Mannschaftssport einen praktikablen Ansatz dar, da objektive und unverfälschte quantifizierbare Maße nur äußerst selten zur Verfügung stehen (Raglin, 1992).

Um dieser Verzerrung der Leistung zu begegnen, wurden in dieser Arbeit entsprechend den Empfehlungen von Raglin (1992) auf der Individualebene, das heißt für jeden Spieler, Beobachtungsdaten analysiert. Dazu wurden die Leistungseinschätzungen des KICKER-Sportmagazins genutzt, da diese auf der Individualebene zu jedem Spieltag vorliegen. Das KICKER-Sportmagazin stellt das bekannteste Fußballmagazin in Deutschland dar (Lehmann & Weigant, 1999; Swieter, 2000) und die Einschätzungen durch die KICKER-Redaktion wurden bereits in verschiedenen Studien genutzt (bspw. Schmidt, Torgler & Frey, 2009; Littkemann & Kleist, 2002). Das KICKER-Sportmagazin benotet an jedem Spieltag die Leistung jedes Lizenzspielers in Deutschland, der mindestens 30 Minuten auf dem Platz stand. Allerdings ist es den zuständigen Redakteuren vorbehalten, in Sonderfällen auch darüber hinaus Noten zu verteilen (kicker ONLINE, 2011). Der Torwart wird gesondert betrachtet: Wird der Torwart in einem Spiel nicht gefordert, weil die Defensive gut arbeitet, erhält er eine Drei. Die Bewertung erfolgt nach festen Regeln und orientiert sich an verschiedenen Leistungskriterien wie gewonnene Zweikämpfe oder erfolgreiche Pässe. Jede Bundesligapartie wird von mindestens einem Journalisten beobachtet, der anschließend die Leistung der Spieler einschätzt. Für jeden Trainer wurden die Leistungsdaten aller Spieler für 17 Spieltage ab Immission des Trainers berücksichtigt. Um Abhängigkeiten in der Datenbasis zu vermeiden, wurden Mehrfachberücksichtigungen aus dem Datensatz nach dem Zufallsprinzip eliminiert. Diese Mehrfachberücksichtigungen betreffen Spieler, die unter mehreren Trainern gespielt haben, zum Beispiel nach

Demission und Neueinstellung eines Trainers, falls diese in der Stichprobe mehrfach Berücksichtigung finden würden.

Zusammenfassend lässt sich festhalten, dass die KICKER-Noten eine transparente und öffentlich zugängliche Operationalisierung der individuellen sportlichen Leistung darstellen. Durch die Orientierung an klaren Leistungskriterien (Zweikämpfe, Pässe) weisen die KICKER-Noten eine verhältnismäßig hohe Objektivität auf, sodass der häufig geäußerte Vorwurf der Willkür von Noten für die vorliegende Untersuchung nicht (oder zumindest weniger stark) gilt.

8.5 Stichprobenbeschreibung

8.5.1 Spielerstichprobe

Aus dem oben beschriebenen Vorgehen resultiert eine Gesamtstichprobe von 844 Spielern. Durchschnittlich absolvierte ein Spieler in dem beschriebenen Intervall $M = 8.86$ ($SD = 5.61$) Spieleinsätze, die bewertet wurden. Insgesamt liegen 7480 Einschätzungen der Spielleistung vor. Die demographischen Daten der Spieler wurden der Onlinedatenbank des KICKER-Sportmagazins entnommen.

Tabelle 24: *Herkunftsländer der Spieler*

Herkunftsland	Absolute Häufigkeit	Relative Häufigkeit
Deutschland	494	47.9
Brasilien	56	5.4
Frankreich	32	3.1
Schweiz	31	3.0
Tschechien	28	2.7
Kroatien	26	2.5
Dänemark	19	1.8
Niederlande	18	1.7
Polen	16	1.6
Rumänien	16	1.6
Bosnien-Herzegowina	15	1.5
Slowakei	14	1.4
Kamerun	13	1.3
Türkei	13	1.3
Argentinien	12	1.2
Serbien	12	1.2
Tunesien	11	1.1
Ungarn	11	1.1
Griechenland	10	1.1

(fortgesetzt)

Tabelle 25: (fortgesetzt)

Herkunftsland	Absolute Häufigkeit	Relative Häufigkeit
Nigeria	10	1.1
Italien	9	0.9
Österreich	9	0.9
Schweden	8	0.8
Australien	7	0.7
Portugal	7	0.7
Ghana	6	0.6
Iran	6	0.6
Slowenien	6	0.6
Südafrika	6	0.6
Belgien	5	0.5
Bulgarien	5	0.5
Finnland	5	0.5
Georgien	5	0.5
Kanada	5	0.5
Russland	5	0.5
Ukraine	5	0.5
Sonstige	75	7.5
Gesamt	1031	100

Die Stichprobe der Spieler besteht aus $N = 844$ Personen und ist zu 100% männlich. Das Durchschnittsalter zu Beginn der Erhebung liegt bei 25.71 Jahren ($SD = 4.21$ Jahre). Die Spieler kommen zu 47.9% aus Deutschland (s. Tabelle 24). Der Median des Alters liegt bei 25 Jahren. Die durchschnittliche Zugehörigkeitsdauer der Spieler zum Verein liegt bei 1.35 Jahren ($SD = 2.63$ Jahre). Der Median liegt bei 0 Jahren.

8.5.2 Trainerstichprobe

Von den kontaktierten 42 Fußballvereinen schlossen 7 Vereine eine Mitarbeit direkt aus, trotzdem konnten 10 Führungsstileinschätzungen gewonnen werden. Die Einschätzungen durch die Vereine wurden nur zur Bestimmung der Interrater-Reliabilität genutzt.

Die Führungsstileinschätzungen, die für die eigentlichen Korrelations- und Regressionsanalysen von Leistungskriterien und Führung durch die Trainer herangezogen wurden, wurden von den kontaktierten Sportjournalisten getätigt. Auf Basis dieses Vorgehens konnte eine Trainerstichprobe von $N = 38$ vollständigen Einschätzungen erlangt werden. Die eingeschätzten Trainer waren zu 100% männlich und zu Beginn ihrer Arbeit in dem jeweiligen Verein $M = 45.82$ Jahre ($SD = 5.78$) alt.

8.6 Interrater-Übereinstimmung

Da die Einschätzungen der Führungsstile der Trainer nicht von direkten Mitarbeitern, sondern von Sportjournalisten getätigt wurden, wurden diese Einschätzungen vor der eigentlichen Analyse der Spielerperformanz an Urteilen von Vereinsmitarbeitern validiert. Die Einschätzungen der Vereinsmitarbeiter wurden herangezogen, um die Güte der Journalistenurteile (in Form der Interrater-Übereinstimmung) zu bestimmen. Schätzen zwei Urteiler eine Eigenschaft jeweils derselben Person grundsätzlich verschieden ein, so muss zwangsläufig mindestens einer der Rater falsch urteilen. Urteilen jedoch mehrere Rater sehr ähnlich oder reliabel, so kann man zumindest davon ausgehen, dass von beiden Ratern dasselbe Merkmal erfasst wird: Dies ist die Minimalvoraussetzung dafür, dass genau die interessierende Eigenschaft valide gemessen wird (Wirtz & Caspar, 2002). Um die Ähnlichkeit der Antworten zwischen verschiedenen Perspektiven zu ermitteln, wurden Maße der Interrater-Übereinstimmung (James, Demaree & Wolf, 1984) bestimmt. Im Gegensatz zur Interrater-Reliabilität (Bliese, 2000; Kozlowski & Hattrup, 1992; Lebreton, Burgess, Kaiser, Atchley & James, 2003), bei der die relative Konsistenz multipler Einschätzungen über multiple Objekte bestimmt wird, beschreibt die Interrater-Übereinstimmung den absoluten Grad der Übereinstimmung der von multiplen Beobachtern vergebenen Testscores bei einem Bewertungsobjekt (James et al., 1984; Bliese, 2000; Lebreton et al., 2003). Maße der Interrater-Übereinstimmung werden genutzt, um zu testen, ob die Bewertungen verschiedener Rater austauschbar oder äquivalent in Bezug auf ihre absoluten Werte sind (LeBreton & Senter, 2007). Somit kann bei ausreichend hoher Übereinstimmung darauf geschlossen werden, dass die Einschätzungen der Journalisten mit denen der Mitarbeiter austauschbar sind und somit angemessene Schätzer des Führungsstils der Trainer darstellen.

Zum einen wird der auf James, Demaree und Wolf (1984; 1993) zurückgehende Kennwert r_{wg} herangezogen, welcher den bis heute gebräuchlichsten Kennwert zur Berechnung der Interrater-Übereinstimmung darstellt (Brown & Hauenstein, 2005). Werte von $r_{wg} > .51$ kennzeichnen eine moderate Übereinstimmung, ein $r_{wg} > .71$ beschreibt eine starke Übereinstimmung, und auf sehr starke Übereinstimmung kann ab einem Wert von $r_{wg} > .91$ geschlossen werden (Nunnally & Bernstein, 1967; LeBreton & Senter, 2007). Als weiteres Maß wird der AD-Index von Burke, Finkelstein und Dusig (1999) betrachtet. Dieses Maß wurde ebenso wie r_{wg} entwickelt, um ein intervallskaliertes Maß der Übereinstimmung bei multiplen Beurteilern und einem Beurteilungsobjekt bereitzustellen. Die Autoren beschreiben diesen Index als „pragmatischen" Index der Übereinstimmung, da die Schätzer die Metrik der zu beurteilenden Skala nutzen. Bei der Nutzung fünfstufiger Beobachtungsskalen oder Fragebögen sehen Burke und Dunlap (2002) Werte von *AD < .80* als hohe Übereinstimmung an. Zusätzlich kann bei Nutzung des AD-Index die Nullhypothese getestet werden, dass die Übereinstimmung zufällig ist. Burke und Dunlap (2002) stellen kritische Werte zur Verfügung, ab denen bei einem Alphafehler von 5% von signifikanter Übereinstimmung ausgegangen werden kann.

Kann anhand der oben beschriebenen Kennwerte eine Übereinstimmung zwischen Journalisten und Vereinsmitarbeitern bestätigt werden, ist davon auszugehen, dass die Journalistenurteile eine angemessene und reliable Datenbasis für die folgenden regressionsanalytischen Verfahren bilden.

8.7 Analyse der Daten

8.7.1 Hierarchisch Lineare Modelle und Longitudinal-Analyse

Wenn kollektive Sportleistung auf der individuellen Ebene bewertet, aber auf Teamebene aggregiert und ausgewertet wird, müssen Aspekte der Analyseebene berücksichtigt werden (Chow & Feltz, 2008). Studien zur kollektiven Leistung im Sport vermieden bislang aber zumeist eine Aggregation (Lichacz & Partington, 1996; Spink, 1990) oder nutzten aggregierte Daten auf Teamebene, ohne die Voraussetzung der Aggregation zu prüfen (Hodges & Carron, 1992). In diesem Zusammenhang sprechen Moritz und Watson (1998) sich gegen die alleinige Analyse auf Teamebene aus, da Informationen zur Variabilität innerhalb des Teams vernachlässigt werden. Raudenbush und Bryk (2001) postulieren, dass die Vernachlässigung individueller Daten zu einem Verlust von Power, einer ineffizienten Schätzung der Effekte sowie zu Problemen bei der Interpretation der Varianzaufklärung führt. Daher stellen Hierarchisch Lineare Modelle (HLM) das optimale Rahmenwerk zur Analyse kollektiver Leistung dar (Myers & Feltz, 2007; Moritz & Watson, 1998), obwohl diese bislang eher selten genutzt wurden (Moritz & Watson, 1998). Da in der vorliegenden Arbeit neben der Leistung der Spieler auf Individualebene der potenzielle Führungseinfluss der Trainer auf der Teamebene untersucht wird, bieten Hierarchisch Lineare Modelle die Möglichkeit, Daten der Individualebene mit denen der Trainer auf Teamebene zu verknüpfen. Methodisch stellen Hierarchisch Lineare Modelle eine Erweiterung des klassischen Allgemeinen Linearen Modells auf mehr als eine Analyseebene dar (Raudenbush & Bryk, 2001). Eine wesentliche Anwendungsvoraussetzung von Regressionen, die Unabhängigkeit der Beobachtungen, ist bei einer Gruppen- oder Teamstruktur nicht gegeben, da sich Mitglieder in einem Team üblicherweise gegenseitig beeinflussen. Auch haben bei klassischem Vorgehen Gruppen mit großem

Stichprobenumfang beziehungsweise Teams mit vielen Mitgliedern einen disproportional großen Einfluss in der Regressionsanalyse (Snijders & Bosker, 1999).

Aufgrund der Struktur der untersuchten Daten bietet sich für die vorliegende Arbeit die Nutzung Hierarchisch Linearer Modelle besonders an: Die Datenstruktur weist mehrere hierarchisch geordnete Ebenen auf, das heißt, der Fußballtrainer ist den Spielern funktional übergeordnet. Darüber hinaus existieren innerhalb jeder Ebene beobachtbare, klar definierte Einheiten, das heißt, Charakteristika von Trainern, Spielern und die sportliche Leistung der Spieler sind beobachtbar. Außerdem ist jede Einheit einer niedrigeren Ebene eindeutig einer Einheit auf der nächsthöheren Ebene zugeordnet. Jeder Spieler weist nur einen Trainer auf und kann diesem exklusiv zugwiesen werden.

Die konzeptionelle Logik Hierarchisch Linearer Modelle ist darin zu sehen, dass der Einfluss von Variablen der Teamebene zunächst durch für jede Einheit separate Regressionsanalysen beleuchtet wird. Konzeptuell sind Hierarchisch Lineare Modelle relativ unkompliziert (Hofmann, 1997) und es können Modelle unterschiedlicher Komplexität abgebildet werden (Ditton, 1998). Im Folgenden umfassen die beiden Ebenen jeweils Individuen oder Gruppen – hierarchische Modelle können jedoch immer angewandt werden, wenn die Analyseeinheiten der unteren Ebene innerhalb der Einheiten der höheren Ebene geschachtelt sind.

Hierarchische Modelle nutzen einen Zwei-Ebenen-Ansatz, bei dem das Ebene-1-Modell für jede Gruppe einzeln berechnet wird. Üblicherweise kann dieses Modell regressionsbasiert modelliert werden durch

Ebene 1: $$Y_{ij} = \beta_{0j} + \beta_{1j} X_{ij} + r_{ij},$$ (1)

wobei Y_{ij} das Kriterium für Individuum i in Gruppe j darstellt, X_{ij} beschreibt den Wert des Prädiktors für Individuum i in Gruppe j, β_{1j} und β_{1j} sind Achsenabschnitt und Steigung, ermittelt für jede Gruppe, und j und r_{ij} stellen einen Residualterm dar.

Beispielhaft lässt sich die sportliche Leistung von Fußballspielern als das Ebene-1-Modell beschreiben, wobei als Kriterium die sportliche Leistung untersucht werden kann. Für jede Mannschaft wird somit eine eigene Regressionsgleichung mit eigenem Achsenabschnitt und eigener Steigung bestimmt.

Wenn separate Regressionsgleichungen für jede Gruppe ermittelt werden, können vier verschiedene Muster auftreten.

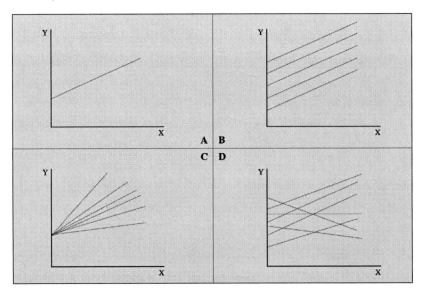

Abbildung 18: Mögliche Beziehungen von Regressionskoeffizienten und -steigungen (Hofmann, 1997, S.727)

Die Abbildungen 18a, 18b, 18c und 18d illustrieren die vier unterschiedlichen Optionen. In Abbildung 18a weisen alle Gruppen dieselbe Regressionsgerade auf. Somit haben alle Gruppen identische Achsenabschnitte und Steigungen. In Abbildung 18b weisen zwar alle Gruppen eine identische Steigung auf, allerdings variieren die Achsenabschnitte signifikant über die Gruppen. Das heißt, obwohl der Zusammenhang zwischen X_{ij} und Y_{ij} über alle Gruppen äquivalent ist, variiert die initiale „Lokation" (d.h. der Achsenabschnitt) dieser Beziehung über die Gruppen. Abbildung 18c zeigt identische Achsenabschnitte für alle Gruppen, die Beziehung zwischen X_{ij} und Y_{ij} variiert jedoch über die Gruppen hinweg. In Abbildung 18d variieren sowohl Achsenabschnitt als auch die Beziehung zwischen X_{ij} und Y_{ij} signifikant über die verschiedenen Gruppen hinweg. Drei der Abbildungen zeigen systematische Muster oder Unterschiede zwischen den Gruppen. Diese Muster lassen vermuten, dass Variablen der Teamebene mit der Variation über die Gruppen zusammenhängen. Beispielsweise können die Unterschiede im Achsenabschnitt in Abbildung 18b und 18d sowie die unterschiedlichen Steigungen in Abbildung 18c und 18d möglicherweise auf Variablen der Teamebene zurückgeführt werden. Diese Fragestellung wird durch die Ebene-2-Analyse bei Hierarchisch Linearen Modellen beantwortet. Die Ebene-2-Analyse betrachtet die Achsenabschnitte und Steigungen der Ebene-1-Modelle als abhängige Variablen. Folgende Gleichungen resultieren daraus:

Ebene 2:
$$\beta_{0j} = \gamma_{00} + \gamma_{01} G_j + U_{0j} \tag{2}$$

$$\beta_{1j} = \gamma_{10} + \gamma_{11} G_j + U_{1j}, \tag{3}$$

G_j stellt eine Variable der Teamebene dar, γ_{00} und γ_{10} bezeichnen die jeweiligen Regressionskonstanten und γ_{01} sowie γ_{11} kennzeichnen die Steigung, welche die Gruppen-variable G_j mit dem Achsenabschnitt und der Steigung des Ebene-Modells verbinden. Die Residuen der Team-ebene werden durch U_{0j} und U_{1j} berücksichtigt.

Abhängig vom Muster der Varianz der Ebene-1-Achsenabschnitte und -Steigungen werden unterschiedliche Ebene-2-Modelle genutzt. In Situationen, in der keine Steigungsvarianz vorliegt (Abbildung 18b), ist eine Inklusion von G_j überflüssig, da β_{1j} für alle Gruppen identisch ist. Dementsprechend ist in Situationen, in denen keine Unterschiede der Achsenabschnitte vorliegen, eine Berücksichtigung von G_j in Gleichung (3) nicht zielführend, da β_{1j} keine Varianz über die Gruppen aufweist.

Die Formeln (2) und (3) beschreiben eine Regression mit Zufalls-koeffizienten. Hierbei wird nicht von der Annahme eines für alle Aggregateinheiten gültigen Steigungskoeffizienten γ_{10} ausgegangen, sondern die Steigungskoeffizienten in den einzelnen Gruppen können hierbei variieren. Die Ebene-2-Gleichungen beschreiben dabei die unterschiedlichen Steigungen innerhalb der einzelnen Gruppen als Differenzwerte von der mittleren Steigung aus.

Bei signifikanter Restvarianz werden sukzessiv Variablen der Aggregatebenen in das Modell einbezogen und überprüft, ob Merkmale auf Teamebene zusätzliche Varianz aufklären.

Die hierarchische Kombination der drei oben beschriebenen Gleichungen wurde von Burstein (1980) unter dem Begriff "intercepts-as-outcomes" and "slopes-as-outcomes" diskutiert (s. Boyd & Iversen, 1979). Zur Berechnung Hierarchisch Linearer Modelle wurden verschiedene Software-Pakete entwickelt (z.B., HLM, Raudenbush & Bryk, 2001; Mln, Rasbash & Woodhouse, 1995; VARCL, Longford, 1990; Mplus, Muthén & Muthén, 2003). Bezogen auf das oben erwähnte Sportbeispiel, wird mittels des Ebene-2-Modells der Einfluss der Trainercharakteristika modelliert. Im Ebene-2-Modell stellen der Achsenabschnitt und die Steigungen der jeweiligen Mannschaften die abhängigen Variablen dar. Durch die Kombination der Regressionsgleichung wird somit der Achsenabschnitt und die Steigung der jeweiligen Mannschaft (Ebene 1) als Funktion der Trainercharakteristika (Ebene 2) beschrieben.

8.7.2 Vorteile

Für die vorliegende Arbeit kann der Mehrwert der Mehrebenenmodelle – also der Verzicht der Aggregation oder Disaggregation – gegenüber klassischen Regressionsmodellen klar veranschaulicht werden. Die zentrale Fragestellung ist, inwieweit die Leistung – beziehungsweise deren Entwicklung – eines Teammitglieds i in einem Team j (Y_{ij}) vom Führungsstil des Trainers (G_j) abhängt. Bei einem klassischen Vorgehen würden jedem Individuum auf Individualebene repräsentative Werte der höher gestellten Teamebene, das heißt jedem Teammitglied Punktzahlen für den Führungsstil des Trainers, zugeschrieben und anschließend lediglich eine Regressionsanalyse auf Ebene der Spieler durchgeführt werden. Dieses Vorgehen führt allerdings zu Verzerrungen, da zum einen die Unabhängigkeit der Beobachtungen durch die Teamstruktur nicht gegeben ist (Walter & Rack, 2009) und Teams mit vielen Mitgliedern einen disproportional großen Einfluss in der Regressionsanalyse (Snijders & Bosker, 1999) aufweisen. Würde die abhängige Variable auf Teamebene betrachtet, wie zum Beispiel dem Teamerfolg, so war bisher eine Aggregation von Daten üblich. Hierbei werden Daten in einer Einheit, zum Beispiel mittels Durchschnittsbildung, zusammengefasst und Analysen erfolgen auf der Teamebene. Im vorliegenden Beispiel würde mit der durchschnittlichen Leistung eines Teams anstatt mit der individuellen Leistung eines Spielers gerechnet werden. Bei dieser Vorgehensweise bleibt somit eine aussagekräftige Varianz auf Individualebene unberücksichtigt. Ebenso wird durch Aggregation das N stark reduziert, so dass multiple Berechnungen nicht mehr möglich sind. Eine Anwendung bisher üblicher Ansätze kann folglich zu einer Fehlinterpretation hierarchisch strukturierter Daten führen. Ein weiterer Vorteil, auch sophistizierteren Ansätzen wie Strukturgleichmodellen gegenüber, liegt darin begründet, dass die geschachtelte Struktur des HLM-Ansatzes eine unterschiedliche Anzahl von Messungen auf Individualebene ermöglicht. Im zugrundeliegenden Datensatz weisen die einzelnen Spieler durch Nichtberücksichtigung oder Verletzungen eine unterschiedliche Anzahl absolvierter und benoteter Spiele auf. Methoden wie Strukturgleichmodelle, die latente Variablen berücksichtigen, benötigen „balancierte Daten", das heißt gleiche Anzahl und gleiche zeitliche Abstände der einzelnen Messzeitpunkte (Raudenbush & Bryk, 2001).

8.7.3 Voraussetzungen

Hofmann (1997, S.739) postuliert für den Zwei-Ebenen-Fall fünf Verfahrensannahmen:

(1) Die Residuen der ersten Ebene (Individualebene) r_{ij}, sind unabhängig voneinander, normalverteilt mit einem Mittelwert von 0 und einer Standardabweichung von σ^2,

(2) die Prädiktoren der ersten Ebene X_{ij} sind unabhängig von den Residuen der ersten Ebene r_{ij},

(3) die Residuen (U_{0j}, U_{1j}) auf Ebene 2 (Teamebene) sind multivariat normalverteilt und unabhängig voneinander,

(4) alle Prädiktoren auf Ebene 2 G_j sind unabhängig von jedem einzelnen Residuum auf Ebene 2 (U_{0j}, U_{1j}) und

(5) die Residuen auf der ersten Ebene r_{ij}, sowie auf der zweiten Ebene U_{0j}, sind ebenfalls unabhängig voneinander.

Neben diesen Grundannahmen stellen Mehrebenenmodelle Voraussetzungen an den Umfang der Stichprobe auf den verschiedenen Untersu-
chungsebenen. Um bei der Nutzung Hierarchisch Linearer Modelle zu
validen Ergebnissen zu gelangen, muss nach Ditton (1998, S. 111) ein
Untersuchungsdesign realisiert werden, bei dem eine genügend große
Anzahl von Untersuchungseinheiten auf jeder Untersuchungsebene vor-
liegen sollte. Zur Beantwortung der Frage nach einer angemessenen
Stichprobengröße bei hierarchischen Modellen und der damit verbunde-
nen Power wurde eine Vielzahl von Simulationsstudien durchgeführt
(Kreft & de Leeuw, 1998). Die Power auf der zweiten Ebene – der
Teamebene – hängt von der Anzahl der Gruppen ab, die Power auf
Individualebene bestimmt sich durch die Gesamtgröße der Stichprobe.
So konnten Bassiri (1988) und Kim (1990) zeigen, dass eine sehr hohe
Power von .90 im Zwei-Ebenen-Fall dann resultiert, wenn 30 Gruppen à
30 Individuen untersucht werden. In dieser Arbeit steht der Einfluss des
Führungsverhaltens im Vordergrund; dieser wird auf der Teamebene
abgebildet. Zur Bestimmung dieser Effekte und von deren Standardfeh-
lern ist die Anzahl der Gruppen deutlich wichtiger als die Anzahl der
Fälle auf der Individualebene (Snijders & Bosker, 1994; Mok, 1995; van
der Leeden & Busing, 1994).

8.7.4 Statistische Tests und Modellgüte

Hierarchisch Lineare Modelle bieten eine Reihe von statistischen Tests
zur Hypothesentestung. Zur Testung der fixen Effekte (γ_{00} und γ_{10})
werden t-Tests herangezogen, um zu überprüfen, ob sich die Parameter-
schätzer signifikant von Null unterscheidet. Mittels Chi-Quadrat-Tests
kann geprüft werden, ob die signifikante Fehler- beziehungsweise Restvarianz (r_{ij}; U_{0j}; U_{1j}) auf der Teamebene vorliegt, und somit geklärt werden, inwiefern es sich bei Ebene-1-Koeffizienten tatsächlich um

zufällige Effekte handelt. Hierzu wird kontrolliert, ob ein entsprechender Koeffizient $(r_{ij}; U_{0j}; U_{1j})$ eine signifikant von Null verschiedene Varianz aufweist.

Um die Erklärungsgüte von verschiedenen, mit HLM spezifizierten Modellen zu beurteilen, können nach der eigentlichen Schätzung Bestimmtheitsmaße („R^2"-Statistiken) herangezogen werden. Diese Werte stellen eine Effektgröße vergleichbar den R^2-Werten der klassischen Regressionsanalyse dar (Hox, 2002, S.63). Bei einer Regression mit Vorhersage der Mittelwerte sind sowohl der Anteil erklärter Varianz auf Ebene 1 als auch der Anteil erklärter Varianz auf Ebene 2 relevant.

$$Ebene\ 1: R^2 = \frac{\sigma^2 \cdot (M_0) - \sigma^2 \cdot (M_1)}{\sigma^2 \cdot (M_0)} \qquad (4)$$

$$Ebene\ 2: R^2 = \frac{\tau^2 \cdot (M_0) - \tau^2 \cdot (M_1)}{\tau^2 \cdot (M_0)} \qquad (5)$$

σ^2 beschreibt die Varianz der ersten Ebene, τ^2 die Ebene-2-Varianz, M_0 ein Basismodell und M_1 lässt sich als ein um mindestens einen Prädiktor erweitertes Modell darstellen. Bestimmtheitsmaße verschiedener Ebene-2-Modelle sind vergleichbar, wenn ihnen das gleiche Ebene-1-Modell zugrunde liegt (Bryk & Raudenbush, 1992, S.150). Die beschriebenen Bestimmtheitsmaße werden für jede abhängige Variable unter Berücksichtigung des Conditional- und des Unconditional Growth-Modells berechnet. Diese Statistik beschreibt den Anteil, zu dem Schätzfehler des Unconditional Growth-Modells im Vergleich zum Conditional-Modell auf der Individual- und Teamebene reduziert werden können.

Neben der Betrachtung des Bestimmtheitsmaßes geben Maximum-Likelihood-basierte Tests auf Grundlage der Devianz-Statistik (Buse, 1982) Auskunft darüber, ob die Aufnahme von zusätzlichen Prädiktoren zu einer Verbesserung der Varianzaufklärung gegenüber dem Modell ohne Prädiktoren führt. Der Likelihood-Ratio-Test vergleicht die Passung der beiden Modelle miteinander, indem die Differenz der Devianzen gegen Null getestet wird (Raudenbush & Bryk, 2001, S. 56).

8.7.5 Wachstumsmodelle

Zusätzlich zu den oben beschriebenen Ebenen lassen sich intraindividuelle Veränderungen über die Zeit durch die Formulierung einer zusätzlichen geschachtelten Ebene – der Messwiederholungsebene – innerhalb der Individualebene untersuchen. Diese linearen Wachstumsmodelle (linear growth models) bilden einen Sonderfall Hierarchisch Linearer Modelle und stellen angemessene Techniken zur Analyse individueller Veränderung dar. Konzeptuell beruhen sie auf identischen Annahmen und Voraussetzungen wie die oben beschriebenen Hierarchischen Linearen Modelle.

In Rahmen der vorliegenden Untersuchung lassen sich somit drei Ebenen beschreiben (Abbildung 19). Auf der untersten Messwiederholungsebene werden die Messungen der sportlichen Leistung abgebildet. Die Messwiederholungsebene beschreibt 17 Spieltage beziehungsweise Messwiederholungen (s. Raudenbush & Bryk, 2001), welche einem bestimmten Spieler zugeordnet werden können. Die Spieler wiederum können einem bestimmten Trainer zugeordnet werden.

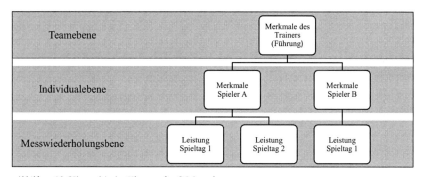

Abbildung 19: Hierarchische Ebenen der Stichprobe

In ihrer einflussreichen Arbeit zu Beginn der 80er Jahre haben Laird und Ware (1982) nachgewiesen, dass diese Art von Mehrebenenmodellen besonders gut zur Analyse von Messwiederholungen geeignet ist. Vor allem im Bereich des Sports stehen intraindividuelle Veränderungen über die Zeit im Fokus. Hofmann, Jacobs und Gerras (1992) diskutieren und belegen beispielsweise signifikante interindividuelle Differenzen in der intraindividuellen Leistungsentwicklung von professionellen Baseball-Spielern. Myers, Feltz und Short (2004) untersuchten unter Verwendung hierarchischer Modelle die Selbstwirksamkeit und Effektivität von Football-Teams über mehrere Spieltage hinweg. Für die vorliegende Arbeit liegen Leistungseinschätzungen über eine halbe Saison hinweg vor, das heißt, für jeden Spieler kann die Leistung über 17 Messwiederholungen hinweg bestimmt werden. Durch diese hohe Anzahl an Messzeitpunkten und Fällen auf der Messwiederholungsebene kann eine hohe statistische Präzision erlangt werden (Raudenbush & Liu, 2000). Ein weiterer Vorteil der hierarchischen Modellierung liegt darin begründet, dass auf der Individualebene die Anzahl der Messzeitpunkte variieren darf, dadurch können beispielsweise Verletzungspausen berücksichtigt werden. Individuelle Veränderung lässt sich zunächst als Hierarchisch Lineares Modell mit zwei Ebenen darstellen. Für jede Person wird ein eigenes Wachstumsmodell geschätzt, bei dem die Abhängigkeit der Kriteriumsvariablen vom Erhebungszeitpunkt und von zeitabhängigen Kovariaten bestimmt wird. Die Varianz der personenspezifischen Regressionskonstanten beziehungsweise Steigungskoeffizienten können anhand von zeitinvarianten Variablen der zweiten Ebene erklärt werden (Langer, 2009). Formal werden die multiplen Messungen für jedes Individuum als innerhalb der Person geschachtelt (nested) betrachtet. Somit weisen hierarchische Verfahren im Vergleich zu alternativen Analysemethoden wie beispielsweise Varianzanalysen mit Messwiederholungen entscheidende Vorteile auf (Raudenbush & Bryk, 2001). Die Betrachtung multipler Messungen als geschachtelte Struktur erlaubt ein Vorgehen trotz unterschiedlicher Anzahl der Messungen und Zeitintervalle zwischen einzelnen Fällen. Außerdem beschreibt das hierarchische Modell das individuelle Wachstum auf der ersten Ebene. Im Gegensatz dazu werden bei einer Varianzanalyse individuelle Veränderungen nicht direkt abgebildet, sondern vielmehr in der Interaktion des Zeitfaktors mit dem Individuum. Im Folgenden wird exemplarisch ein Zwei-Ebenen-Wachstumsmodell betrachtet und die Schätzung der Parameter erläutert. Die Koeffiezienten der Messwiederholungsebene werden durch π und die Individualebene-Parameter durch β repräsentiert. Die Prädiktoren der beiden Ebenen sind a_{ti} und X_{pq}, Fehlerterme werden durch e_{ti} und r_{pi} dargestellt.

8.7.5.1 Messwiederholungsmodell (Ebene 1)

Es wird angenommen, dass Y_{ti}, der beobachtete Wert zum Zeitpunkt t einer Person i, eine Funktion systematischen Wachstums oder einer Wachstumskurve sowie eines Zufallsfehlers darstellt. Das Wachstum über die Zeit wird als Polynom des Grades P berücksichtigt. Somit ist die erste Ebene

$$Y_{ti} = \pi_{0i} + \pi_{1i} a_{ti} + \pi_{2i} a_{ti}^2 + \ldots + \pi_{pi} a_{ti}^P + e_{ti}, \qquad (6)$$

für $i = 1, \ldots, n$ Personen. π_{0i} stellt den Achsenabschnitt dar (der als „wahrer" Wert einer Person zu einem bestimmten (Start)-Zeitpunkt in Reihe der Messungen definiert ist), a_{ti} beschreibt eine Variable für Zeitpunkt t und Person i, die über die Zeit variiert. π_{pi} ist definiert als Wachstumsparameter p für Person i, assoziiert mit dem Polynom des Grades P (d. h., $p = 0, \ldots, P$). Für jede Person liegen T_i Messzeitpunkte vor. Es wird eine einfache Fehlerstruktur für e_{ti} angenommen – jeder e_{ti} ist unabhängig und normalverteilt mit einem arithmetischen Mittel von 0 und einer über die Zeit konstanten Varianz σ_e^2 (Raudenbush & Bryk, 2001) – das heißt,

$$e_{ti} \sim N(0, \sigma_e^2). \tag{7}$$

Die Residualvarianz σ_e^2 repräsentiert die Variation der Residuen um die individuelle wahre Wachstumskurve (Singer & Willett, 2003).

In dieser Studie beschreibt das Messwiederholungsmodell die individuelle sportliche Leistung der Spieler an 17 Spieltagen.

8.7.5.2 Individualebene-Modell (Ebene 2)

Auf der zweiten Ebene können Personenparameter hinzugefügt werden, um die Variation der individuellen Achsenabschnitte (beziehungsweise des Startwerts) und Wachstumsraten zu bestimmen. Für jeden der $P+1$ individuellen Wachstumsparametern gilt:

$$\pi_{pi} = \beta_{p0} + \sum_{q=1}^{Qp} \beta_{pq} X_{qi} + r_{pi}, \tag{8}$$

wobei X_{qi} individuelle Charakteristika wie experimentelles Treatment oder Ähnliches beschreibt; β_{pq} repräsentiert den Effekt von X_{qi} auf den p-ten Wachstumsparameter, und r_{pi} stellt eine Matrix von Zufallseffekten dar.

In dieser Studie beschreibt das Individualebene-Modell die Spieler. Dabei werden allerdings keine zusätzlichen Prädiktoren wie beispielsweise Alter oder Nationalität der Spieler berücksichtigt.

8.7.5.3 Ein lineares Wachstumsmodell

In vielen Situationen ist es angemessen, ein lineares Wachstum anzunehmen. Formel (6) vereinfacht sich unter der Linearitätsannahme zu

$$Y_{ti} = \pi_{0i} + \pi_{1i} a_{ti} + e_{ti}, \qquad (9)$$

unter der Annahme, dass die Fehler e_{ti} unabhängig und normalverteilt mit der Varianz σ_e^2 sind. π_{1i} stellt die Wachstumsrate für Person i über den Datenerhebungszeitraum dar und beschreibt den erwarteten Zuwachs über eine definierte Zeitperiode. Der Achsenabschnitt π_{0i} ist der wahre Wert einer Person i bei $a_{ti}=0$. Die spezifische Bedeutung von π_{0i} hängt daher von der Skalierung der Altersmetrik ab. In der vorliegenden Untersuchung wird von einem linearen Wachstum ausgegangen. Transformationale Führung kann als relativ stabil angesehen werden (Krosnick & Alwin, 1989; Zacharatos, Barling & Kelloway, 2000), sodass eine Durchführung mit wiederholten Messungen der Führung nicht notwendig ist und der Einfluss der Führung als konstant betrachtet werden kann.

Sowohl Achsenabschnitt als auch Wachstumsparameter variieren auf Ebene 2 als Funktion der gemessenen Personencharakteristika. Daher wird Formel (8) zu

$$\pi_{0i} = \beta_{00} + \sum_{q=1}^{Q0} \beta_{p0} X_{qi} + r_{0i}, \qquad (10)$$

$$\pi_{1i} = \beta_{10} + \sum_{q=1}^{Q1} \beta_{1q} X_{qi} + r_{1i}. \qquad (11)$$

Somit liegen zwei Zufallsterme der Ebene-2, r_{0i} und r_{1i}, mit den Varianzen τ_{00} und τ_{11} sowie der Kovarianz $\tau_{01,}$ vor.

Für die vorliegende Arbeit wird angenommen, dass Transaktionale Führung und Transformationale Führung über die Zeit invariant sind, daher wird von einer linearen Entwicklung der sportlichen Leistung der Spieler ausgegangen.

8.7.5.4 Teamebenen-Modell (Ebene 3)

Das Modell der Teamebene modelliert – wie oben bereits beschrieben – den Einfluss des Führungsstils. Die Formeln (12) und (13) beschreiben die Effekte von Teamvariablen auf die Personenparameter. Die Ebene 3 bei der Verwendung linearer Wachstumsmodelle ist identisch mit der Teamebene klassischer Mehrebenenmodelle.

Ebene 3: $$\beta_{00} = \gamma_{00} + \gamma_{01}G_j + U_{0j} \tag{12}$$

$$\beta_{10} = \gamma_{10} + \gamma_{11}G_j + U_{1j}, \tag{13}$$

Kombiniert man die Formeln der drei Modelle, erhält man folgendes Gesamtmodell:

$$Y_{ti} = \left(\left(\gamma_{00} + \gamma_{01}G_j + U_{0j} \right) + \sum_{q=1}^{Q0} \beta_{p0}X_{qi} + r_{0i} \right) + \tag{14}$$

$$\left((\gamma_{10} + \gamma_{11}G_j + U_{1j}) + \sum_{q=1}^{Q1} \beta_{1q}X_{qi} + r_{1i} \right)a_{ti} + e_{ti}.$$

Um die Varianz zu bestimmen, die auf Charakteristika des Trainers zurückzuführen ist, wurde ein Intercept-only-Modell konstruiert (es werden keine Prädiktorvariablen berücksichtigt). Intercept-only-Modelle zerlegen die Varianz einer Variable in zwei Teile: Varianz, die auf Fehler der Individualebene (innerhalb des Individuums) zurückzuführen ist, sowie

Varianz, die mit Teamebenenfehlern (zwischen den Individuen) assoziiert ist (Hox, 2002, S.15). Um die Veränderung über die Zeit zu beschreiben, wird zunächst ein Unconditional-Model berechnet, das lediglich die „Zeit" als Prädiktor umfasst. In diesem (und allen folgenden Modellen) stellt der Achsenabschnitt den initialen Status zu Beginn der Untersuchung, d.h. zum ersten Messzeitpunkt dar. In dieser Untersuchung beschreibt der initiale Status die Leistung der Spieler zum ersten Messzeitpunkt. Somit lässt sich der initiale Status als „Leistungsbasis" in Abhängigkeit von der Führung darstellen. Jegliche Veränderung über die Zeit beginnt mit dem initialen Status und beschreibt den Startwert der individuellen Leistungsentwicklungen.

9 Ergebnisse

In diesem Kapitel werden die Ergebnisse dieser Untersuchung darge-stellt. Als Erstes werden die deskriptiven Statistiken für die Trainer-sowie für die Mannschaftsebene dargestellt. Als Voraussetzung für die eigentlichen Analysen auf Team- und Individualebene wird die Inter-rater-Übereinstimmung von Sportjournalisten und Vereinsmitarbeitern berichtet. Daran anschließend werden die Ergebnisse der Zusammen-hänge auf Teamebene dargestellt und die Befunde der linearen Wachs-tumsmodelle beschrieben. Dazu werden das Unconditional-Modell sowie die Conditional-Modelle berichtet und verglichen.

9.1 Deskriptive Statistiken

Tabelle 25 zeigt die Mittelwerte, Standardabweichungen sowie die Inter-korrelationen der transformationalen Führungsstile der $N = 38$ Fußball-trainer, die durchschnittlich erreichte Punktzahl, die Anzahl der Siege und Niederlagen sowie das Verhältnis von Siegen zu Niederlagen. Aus-gehend von den 90 potenziell einschätzbaren Trainern, die in den Spiel-zeiten 2007/2008 und 2008/2009 aktiv waren, konnten somit 42,22% in der vorliegenden Untersuchung berücksichtigt werden. Methodisch gesehen bilden diese Trainer die Stichprobe der Teamebene.

Tabelle 25: *Mittelwerte, Standardabweichungen & Interkorrelationen auf Trainerebene*

	M	SD	1.	2.	3.	4.	5.	6.	7.	8.	9.	10.	11.
1. TrF	3.84	.52	*.90*										
2. TF	3.56	.76	.68**	*.64*									
3. VA	3.88	.69	.89**	.52**	*.89*								
4. VS	3.94	.65	.79**	.35	.71**	*.83*							
5. GF	4.31	.57	.81**	.39*	.83**	.70**	*.90*						
6. HL	4.16	.63	.69**	.54**	.77**	.46*	.56**	*.81*					
7. IU	3.41	.77	.35	.41*	.29	.18	.23	.17	*.62*				
8. GA	3.22	.96	.76**	.58**	.72**	.53**	.59**	.71**	.34	*.90*			
9. Ø Punkte	1.42	.37	.06†	.30†	.18†	-.09†	-.19†	.05†	.01†	-.02†			
10. Siege	6.08	2.38	.12	.18	.21	.18	.23	-.02	-.05	.06	.72**		
11. Niederlagen	5.11	2.45	.09	.15	.00	-.28	-.16	.07	.28	-.15	-.77**	-.24	
12. Sieg/Niederlage	1.71	1.60	-.17	-.08	.16	.33	.22	.01	-.22	.21	.76**	.61**	-.77**

Anmerkungen: $N = 38$; TrF = Transformationale Führung, TF = Transaktionale Führung, VA = Visionen aufzeigen (Identifying and Articulating a Vision), VS = Vorbild sein (Providing an Appropriate Model), GF = Gruppenziele fördern (Fostering the Acceptance of Group Goals), HL = Hohe Leistungserwartung (High Performance Expectations), IU = Individuelle Unterstüt-zung (Providing Individualized Support), GA = Geistige Anregung (Intellectual Stimulation), † = Spearmans Rangkorrelation, * $p < .05$, ** $p < .01$

Mit Ausnahme der Skalen *Individuelle Unterstützung* und *Transaktionale Führung* weisen alle Skalen gute bis sehr gute interne Konsistenz auf. Nach Cortina (1993) liegen selbst für die Skalen *Individuelle Unterstützung* und *Transaktionale Führung* noch angemessene interne Konsistenzen vor.

Die Spieler bilden die Stichprobe der Individualebene. Die deskriptiven Statistiken sowie die Interkorrelationen des Alters und der Vereinszugehörigkeit (VZ) der Individualebene sind in Tabelle 26 zu sehen. Insgesamt zeigen nahezu alle Skalen sehr hohe Interkorrelationen, lediglich die Zusammenhänge von *Geistiger Anregung* sind als klein bis mittel zu bezeichnen (Cohen, Cohen, West & Aiken, 2002).

Tabelle 26: *Mittelwerte, Standardabweichungen & Interkorrelationen auf Individualebene*

	M	SD	1.	2.	3.	4.	5.	6.	7.	8.	9.	10.	11.	12.	13.	14.	15.	16.	17.	18.	19.
1. Alter	25.71	4.14	1																		
2. VZ	1.52	2.89	.06	1																	
3. ST01	3.66	0.92	-.01	-.03	1																
4. ST02	3.62	0.89	.02	-.05	.22**	1															
5. ST03	3.63	0.94	.01	-.12*	.16**	.21**	1														
6. ST04	3.56	0.91	-.01	-.04	.17**	.34**	.12*	1													
7. ST05	3.52	0.96	.02	-.06	.13*	.22**	.13*	.10	1												
8. ST06	3.66	0.86	-.01	.00	.14*	.18**	.21**	.19**	.21**	1											
9. ST07	3.64	0.91	-.02	-.05	.13*	.23**	.04	.09	.18**	.18**	1										
10. ST08	3.59	0.94	.05	-.06	.19**	.22**	.08	.04	.09	.19**	.15**	1									
11. ST09	3.64	0.86	-.10*	-.05	.19**	-.01	.05	.06	.20**	.10	.22**	.04	1								
12. ST10	3.55	0.87	-.06	-.02	.04	.13*	.12*	.11*	.17**	.13*	.04	.13*	.08	1							
13. ST11	3.67	0.94	-.04	.02	-.07	.14*	.18**	.04	.13*	.18**	.13*	.01	.14**	.15**	1						
14. ST12	3.58	0.90	-.03	-.06	.12*	.04	.17**	.04	.04	.10	.08	.12*	.08	.14**	.06	1					
15. ST13	3.68	0.97	.00	-.04	-.03	.10	.04	.02	.06	.12*	.00	.07	.07	.06	.22**	.08	1				
16. ST14	3.47	0.87	-.03	-.04	.10	.09	.22**	.15*	.06	.12*	.03	.19**	.14*	.21**	.02	.16**	.05	1			
17. ST15	3.60	0.85	-.01	-.01	.07	.17**	.11	.19**	.10	.10	.05	.06	.04	.10	.10	.11*	.01	.13*	1		
18. ST16	3.43	0.91	.02	-.02	.07	.03	.15*	.14*	.05	.13*	-.02	.18**	.17**	.02	-.03	.12*	.09	.20**	.13*	1	
19. ST17	3.58	0.97	.00	-.01	.29**	.23**	.07	.12*	.04	.06	-.08	.17**	.10	.13*	.03	.15**	.04	.11*	.28**	.06	1

Anmerkungen: $N = 1031$; VZ = Vereinszugehörigkeit in Jahren; ST01 = Leistung Spieltag 1, ST02 = Leistung Spieltag 2, usw.; * $p < .05$, ** $p < .01$

9.2 Interrater-Übereinstimmung

Tabelle 27 zeigt die Übereinstimmung zwischen Journalisten und Vereinsmitarbeitern für die verschiedenen Subskalen Transformationaler Führung.

Tabelle 27: *Übereinstimmung von Journalisten und Vereinsmitarbeitern*

	r_{wg}	AD
VA	.19 – (.86) – 1.00	0.00 – (0.26*) – 0.90
VS	.75 – (.92) – 1.00	0.00 – (0.24*) – 0.50
GF	.61 – (.89) – 1.00	0.00 – (0.25*) – 0.63
HL	.00 – (.72) – 1.00	0.00 – (0.46*) – 1.00
IU	.61 – (.78) – 1.00	0.17 – (0.41*) – 0.63
GA	.31 – (.81) – 1.00	0.00 – (0.46*) – 1.17
TF	.44 – (.64) – .94	0.25 – (0.61*) – 1.00

Anmerkungen: VA = Visionen aufzeigen (Identifying and Articulating a Vision); VS = Vorbild sein (Providing an Appropriate Model), GF = Gruppenziele fördern (Fostering the Acceptance of Group Goals), HL = Hohe Leistungserwartung (High Performance Expectations), IU = Individuelle Unterstützung (Providing Individualized Support), GA = Geistige Anregung (Intellectual Stimulation), TF = Transaktionale Führung, * $p < .05$

Die Übereinstimmung für den Führungsstil Transaktionale Führung liegt mit einem Wert von r_{wg} = .64 in einem moderatem Bereich (LeBreton & Senter, 2007). Für alle anderen Führungsstile liegen die Übereinstimmungskoeffizienten über dem Cut-Off-Wert von r_{wg} > .71, ab dem von starker Übereinstimmung ausgegangen werden kann (Burke & Dunlap, 2002). Für die Skala *Vorbild sein* kann sogar eine sehr starke Übereinstimmung (r_{wg} > .91) bestätigt werden. Zusätzlich zum r_{wg}-Koeffizienten wurde das intervallskalierte Average Deviation-Maß (AD) berechnet. Bei der Nutzung fünfstufiger Beobachtungsskalen oder Fragebögen sehen Burke und Dunlap (2002) Werte von AD < .80 als hohe Übereinstimmung an. Somit belegen die AD-Koeffizienten für alle Führungsstile eine hohe Übereinstimmung zwischen Vereins- und Journalistenperspektive. Alle AD-Koeffizienten sind statistisch signifikant (Burke & Dunlap, 2002), somit kann von einer signifikanten Übereinstimmung ausgegangen werden. Aufgrund der hohen Übereinstimmung der Vereinsmitarbeiter und der Sportjournalisten kann davon ausgegangen werden, dass die Einschätzungen der Journalisten eine angemessene Operationalisierung des Führungsstils der Trainer darstellen.

9.3 Ergebnisse auf Teamebene

Auf Teamebene wurden zunächst die Korrelationen der Führungsstilein-schätzungen mit den Leistungskriterien betrachtet. Tabelle 29 (Aus-schnitt der Tabelle 26) zeigt die Zusammenhänge von Transaktionaler und Transformationaler Führung sowie den Subskalen mit der durch-schnittlich erreichten Punktzahl, der Anzahl der Siege, der Anzahl der Niederlagen und das Verhältnis von Siegen zu Niederlagen.

Tabelle 28: *Mittelwerte, Standardabweichungen & Interkorrelationen mit Leistungs-kriterien auf der Teamebene*

	M	SD	TrF	TF	VA	VS	GF	HL	GA
Ø Punkte	1.42	.37	.06†	.30†	.18†	-.09†	-.19†	.05†	.01†
Siege	6.08	2.38	.12	.18	.21	.18	.23	-.02	-.05
Nieder-lagen	5.11	2.45	.09	.15	.00	-.28	-.16	.07	.28
Sieg/ Niederlage	1.71	1.60	-.17	-.08	.16	.33	.22	.01	-.22

Anmerkungen: N = 38; TrF = Transformationale Führung, TF = Transaktionale Führung, VA = Visionen aufzeigen (Identifying and Articulating a Vision), VS = Vorbild sein (Providing an Appropriate Model), GF = Gruppenziele fördern (Fostering the Acceptance of Group Goals), HL = Hohe Leistungserwartung (High Performance Expectations), IU = Individuelle Unterstüt-zung (Providing Individualized Support), GA = Geistige Anregung (Intellectual Stimulation), † = Spearmans Rangkorrelation

Auf Basis der Korrelationen auf Teamebene kann keine der Hypo-thesen angenommen werden, das heißt, auf Teamebene existiert kein Zusammenhang zwischen den verschiedenen Führungsstilen und der sportlichen Leistung. Auf Regressionsanalysen wurde verzichtet, da die Korrelationen belegen, dass kein kausaler Zusammenhang von Führung auf die beschreiben Kriterien existiert.

9.4 Ergebnisse auf Individualebene – Hierarchisch Lineare Modelle

9.4.1 Unconditional-Modell

Zunächst wurde das Unconditional-Modell berechnet, welches keine Prädiktoren, das heißt transaktionale und transformationale Führungsstile, enthält. Wie Raudenbush und Bryk (2001) anmerken, stellt dieses Modell erste wichtige Ergebnisse zur Verfügung. Im Rahmen dieser Analyse liefert es Schätzungen der durchschnittlichen initialen Leistung (Achsenabschnitt) und den durchschnittlichen Trend der Leistung über die Mannschaften der Fußballtrainer hinweg (Steigung) und bildet so eine wichtige Basis für nachfolgende Analysen. Für den Achsenabschnitt β_{00}, der den Mittelwert des Initialstatus darstellt, konnte ein Wert von 3.64 ermittelt werden. Der zugehörige Test, der die empirische Prüfgröße t-Ratio gegen Null testet (Raudenbush & Bryk, 2001, S.56), wurde signifikant ($t = 84.595$, $df = 37$, $p < .01$).

Die durchschnittliche Steigung über 17 Spieltage hinweg liegt bei -0.01, ist aber nicht signifikant von Null verschieden ($t = -1.76$, $df = 37$, $p = .01$). Somit liegt kein Einfluss des Trainers auf die Entwicklung der Spielerleistung über die Zeit vor, wenn die verschiedenen Aspekte Transformationaler Führung unberücksichtigt bleiben. Wie in Tabelle 29 zu sehen ist, liegt sowohl für den mittleren Initialstatus ($X^2 = 3.42$, $df = 37$, $p < .08$) als auch für die mittlere Wachstumsrate ($X^2 = 2.74$, $df = 37$, $p < .01$) eine signifikante Varianz vor. Das Vorliegen bedeutsamer Varianzanteile verweist auf den Einfluss möglicher Moderatorvariablen. Das Modell ohne Prädiktoren klärt einen signifikanten Varianzbetrag auf ($X^2 = 23563.47$, $df = 441$, $p < .01$), der zugehörige Devianzwert liegt bei $D_0 = 22545.96$.

Tabelle 29: *Ergebnisse des Unconditional-Modells*

Fixed Effect	Koeffizient	SE	t
Mittlerer Initialstatus, β_{00}	3.64	0.04	84.60**
Mittlere Wachstumsrate, β_{10}	-0.01	0.00	-1.76

Random Effect	Varianzkomponente		X^2
Mittlerer Initialstatus, r_{00}	0.06	0.02	3.42
Mittlere Wachstumsrate, r_{10}	0.00	0.00	2.74
Level-1 Fehler, e_{ti}			

Devianz	df	p
22545.96	441	.00

Anmerkungen: **<.01

Insgesamt weisen die Ergebnisse darauf hin, dass die reine Trainerimmission keinen Einfluss auf die Entwicklung der Leistung der Spieler über einen Zeitraum von 17 Spieltagen hat. Die signifikanten Varianzanteile verweisen auf die Hinzunahme zusätzlicher Prädiktoren, die diese Varianz erklären können.

9.4.2 Conditional-Modell auf Globalebene

Im folgenden Modell wurde geprüft, ob weitere Variablen einen Einfluss auf den initialen Status und die Wachstumsrate haben und ob die Aufnahme dieser Variablen zu einer verbesserten Varianzaufklärung des Gesamtmodells führt. Als potenzielle Prädiktoren werden die Transaktionale und Transformationale Führung auf der Teamebene berücksichtigt (Tabelle 31). Im Mittel liegt die initiale Leistung bei einem Wert von $\beta_{00} = 3.52$ und unterschiedet sich signifikant von Null ($t = 9.71$, $df = 37$, $p < .01$). Die Regressionskoeffizienten der einzelnen Prädiktorvariablen beschreiben die Abweichung von diesem Mittelwert.

Tabelle 30: *Ergebnisse des Conditional-Models auf Globalebene*

Fixed Effect	Koeffizient	SE	t
Model für Initialstatus, π_{1i}			
Basis, β_{00}	3.52	0.36	9.71**
TrF, β_{01}	0.03	0.13	-0.25
TA , β_2	0.07	0.08	0.77
Modell für Wachstumsrate, π_{1i}			
Basis, β_{10}	0.03	0.03	1.03
TrF, β_{11}	0.00	0.01	-0.28
TA , β_{12}	-0.01	0.01	-0.97

Random Effect	Varianzkomponente	SE	
Mittlerer Initialstatus, r_{00}	0.05	0.02	2.98**
Mittlere Wachstumsrate, r_{10}	0.00	0.00	2.21*
Level-1 Fehler, e_{ti}			

Devianz	df	p	
18190.17	331	.00	

Anmerkungen: TrF=Transformationale Führung, TA = Transaktionale Führung, * p < .05, **<.01

Weder Transaktionale Führung (*t* = -0.97, *df* = 37, *p* = .80) noch Transformationale Führung (*t* = -0.25, *df* = 37, *p* = .44) weisen einen signifikanten Einfluss auf die intitiale Leistung auf. Auch auf die Wachstumsrate hat weder Transaktionale Führung (*t* = -0.97, *df* = 37, *p* = .34) noch Transformationale Führung (*t* = -0.28, *df* = 37, *p* = .78) Einfluss. Hypothese 1 und Hypothese 2 können somit nicht angenommen werden. Weder Transaktionale noch Transformationale Führung haben einen signifikanten Einfluss auf die initiale Leistung oder die Leistungsentwicklung.

Die Betrachtung des Gesamtmodells zeigt, dass das Conditional-Model mit einer Devianz von D_1= 1540.93 signifikant mehr Varianz aufklärt als das Unconditional-Model (X^2 = 4355.79, *df* = 50, *p* < .01). Die

Devianz stellt den Vergleichswert dar, gegen den alternative Modelle mit Hilfe des Likelihood-Ratio-Tests getestet werden (Raudenbush & Bryk, 2001, S.56). Der Vergleich zeigt, dass zwar die Aufnahme der Prädiktoren Transaktionale Führung und Transformationale Führung in der Summe zu einer besseren Varianzaufklärung führt, die einzelnen Prädiktoren jedoch keinen signifikanten Einfluss aufweisen.

9.4.3 Conditional-Modell auf Subskalenebene

Im folgenden Regressionsmodell wurde geprüft, ob Transaktionale Führung und die Subskalen Transformationaler Führung einen Einfluss auf den initialen Status und die Wachstumsrate haben und ob die Aufnahme dieser Variablen zu einer verbesserten Varianzaufklärung des Gesamtmodells führt. Als potenzielle Prädiktoren werden daher neben Transaktionaler Führung (*Bedingte Belohnung*) die verschieden Subskalen *Visionen aufzeigen, Vorbild sein, Gruppenziele fördern, Hohe Leistungserwartung, Individuelle Unterstützung* sowie *Geistige Anregung* in das Modell aufgenommen (s. Tabelle 32).

Im Mittel liegt die initiale Leistung bei einem Wert von β_{00} = 4.01 und unterschiedet sich signifikant von Null (*t = 9.26, df = 37, p < .01*). Die Regressionskoeffizienten der einzelnen Prädiktorvariablen beschreiben die Abweichung von diesem Mittelwert.

Tabelle 31: *Ergebnisse des Conditional-Modells Subskalenebene*

Fixed Effect	Koeffizient	SE	t
Model für Initialstatus, π_{1i}			
Basis, β_{00}	4.01	0.43	9.26**
VA, β_{01}	-0.06	0.15	-0.39
VS , β_2	-0.19	0.09	-2.00*
GF, β_{03}	-0.05	0.13	-0.43
HL, β_{04}	0.15	0.11	1.28
IU, β_{05}	-0.04	0.07	-0.59
GA, β_{06}	0.08	0.07	1.24
TF, β_{07}	0.02	0.08	0.31
Modell für Wachstumsrate, π_{1i}			
Basis, β_{10}	-0.05	0.03	-1.55
VA, β_{11}	0.02	0.01	1.75
VS , β_{12}	0.01	0.01	1.80
GZ, β_{13}	-0.01	0.01	-0.84
HL, β_{14}	0.00	0.01	0.33
IU, β_{15}	0.01	0.01	2.52*
GA, β_{16}	-0.02	0.00	-4.09**
TF, β_{17}	-0.01	0.01	-1.71

Random Effect	Varianzkomponente	SE	
Mittlerer Initialstatus, r_{00}	0.03	0.01	2.43
Mittlere Wachstumsrate, r_{10}	0.00	0.00	0.82
Level-1-Fehler, e_{ti}			

Devianz	df	p	
16110.99	391	0.00	

Anmerkungen: VA = Visionen aufzeigen (Identifying and Articulating a Vision); VS = Vorbild sein (Providing an Appropriate Model), GF = Gruppenziele fördern (Fostering the Acceptance of Group Goals), HL = Hohe Leistungserwartung (High Performance Expectations), IU = Individuelle Unterstützung (Providing Individualized Support), GA = Geistige Anregung (Intellectual Stimulation), TF = Transaktionale Führung, * p < .05, **<.01

Die einzige Führungsfacette, die signifikant vom durchschnittlichen Initialstatus abweicht, kann für die Skala *Vorbild sein* (Providing an Appropriate Model) bestätigt werden ($t = -2.00$, $df = 37$, $p = .05$). Hypothese H1b kann bestätigt werden; je stärker ein Trainer ein angemessenes Vorbild darstellt, desto besser ist die Leistung seiner Spieler in der ersten Partie unter seiner Verantwortung. Einen signifikanten Einfluss auf die Wachstumsrate haben die transformationalen Verhaltensweisen Support (*Individuelle Unterstützung*) ($t = 2.53$, $df = 37$, $p = .01$) sowie *Geistige Anregung* ($t = -4.09$, $df = 37$, $p < .01$). Je stärker Trainer ihre Spieler individuell unterstützen, desto schlechter werden die Spieler über die Zeit, das heißt, Hypothese H1f kann bestätigt werden. Auch Hypothese H1e kann angenommen werden, da *Geistige Anregung* einen leistungsfördernden Effekt über die Zeit hinweg aufweist.

Für die Führungsstile *Visionen aufzeigen*, *Gruppenziele fördern*, *Hohe Leistungserwartung* und *Transaktionale Führung* konnten weder Effekte auf den initialen Status noch auf die Wachstumsrate ermittelt werden, sodass die Hypothesen H1a, H1c, H1d und H2 nicht bestätigt werden können.

Die Betrachtung des Gesamtmodells zeigt, dass das Conditional-Model mit einer Devianz von $D_1 = 17139.04$ signifikant mehr Varianz aufklärt als das Unconditional-Model ($X^2 = 6434.97$, $df = 50$, $p < .01$).

Als weiteres globales Gütemaß werden die Reliabilität des Initialstatus und der Wachstumsrate betrachtet.

Tabelle 32 zeigt, dass die Aufnahme transformationaler Führungsstile zu einer Varianzaufklärung von 54.55% führt. Somit kann mehr als
die Hälfte der Variation des Initialstatus auf die transformationalen Führungsstile zurückgeführt werden. Für die Wachstumsrate kann keine Reliabilität bestimmt werden, da beide Werte erwartungsgemäß nahe bei
Null liegen.

Tabelle 32: *Vergleich der Reliabilitäten*

Modell	Initialstatus Var (π_{1i})	Wachstumsrate Var (π_{i1})
Unconditional	0.06	0.00
Conditional auf Führungsstile	0.03	0.00
Anteil erklärter Varianz	54.55	/

Da allerdings, wie oben beschrieben, die Steigung des Unconditional-Modells im Gegensatz zu der des Conditional-Modells einen signifikanten Varianzterm aufweist, kann auch hier eine verstärkte Varianzaufklärung zumindest vermutet werden.

10 Diskussion

Das Ziel dieser Analyse war die Untersuchung Transaktionaler und Transformationaler Führung im professionellen Fußball der Ersten und Zweiten Bundesliga. Es wurde untersucht, ob professionelle Fußballtrainer durch transaktionale und transformationale Führungsverhaltensweisen Einfluss auf die Leistung der betreuten Fußballmannschaften und der Spieler nehmen können. Die Entwicklung der Leistung wurde über eine halbe Saison hinweg auf Ebene der Teams durch Korrelationsanalysen und auf der Individualebene anhand linearer Wachstumsmodelle analysiert. Das Paradigma der Transaktionalen und Transformationalen Führung wurde in einem Profisportsetting untersucht und versucht, das sportpsychologische Führungsverständnis zu erweitern. In diesem Kapitel werden die Befunde diskutiert und mit existierenden Befunden verglichen.

Im Folgenden werden zunächst die zentralen Befunde zusammengefasst und anschließend hinsichtlich der theoretischen und praktischen Implikationen diskutiert. Abschließend werden Stärken und Schwächen dieser Arbeit kritisch dargestellt und ein Ausblick für zukünftige Forschung präsentiert.

10.1 Zusammenfassung

Zum ersten Mal wurde das Paradigma der Transaktionalen und Transformationalen Führung im professionellen Fußball in Deutschland untersucht. Zwar findet Transformationale Führung in der einflussreichsten sportpsychologischen Führungskonzeption – Chelladurais (1978; 1990; 1993) multidimensionalem Modell der Führung im Sport – Berücksichtigung, trotzdem wurden transformationale Führungsstile in der sportspezifischen Führung weitestgehend ignoriert (Rowold, 2006; Weidig, 2010; Yukl, 2002). Diese Arbeit verfolgt daher, wie bereits zu Beginn der Arbeit erwähnt, zwei Ziele:

Zum einen wird die Übertragbarkeit Transaktionaler und Transformationaler Führung untersucht und der Nutzen in einem neuen, sportpsychologischen Setting betrachtet. Es wird untersucht, ob sich das Paradigma der Transaktionalen und Transformationalen Führung auf den professionellen Fußball übertragen lässt und auch in einem Sportkontext leistungsfördernde Effekte aufweist. Das zweite Ziel ist eine Erweiterung des sportpsychologischen Führungsverständnisses und die Ableitung von Handlungsempfehlungen auf Basis der Transaktionalen und Transformationalen Führung, die bislang auf diesem Forschungsgebiet ignoriert wurden.

Als notwendige Voraussetzung der Studie wurde in einem ersten Schritt geprüft, ob die Erhebung des Führungsstils durch Sportjournalisten eine angemessene Operationalisierung Transaktionaler und Transformationaler Führung darstellt. Dazu sollten die Führungsstileinschätzungen der Sportjournalisten mit denen der Vereinsmitarbeiter austauschbar sein und daher in der Analyse genutzt werden können. Die Maße zur Interrater-Übereinstimmung belegen sowohl für Transaktionale Führung als auch für alle Transformationalen Führungsstile eine angemessene bis sehr gute Übereinstimmung. Dies impliziert, dass die

Journalisten und Vereinsmitarbeiter unabhängig voneinander zu demselben, objektiven Urteil kommen und die Einschätzungen der Sportjournalisten eine gelungene Operationaliserung der Führunsgstile der Fußballtrainer darstellen.

Die eigentliche Fragestellung – die Frage nach möglichen Effekten Transaktionaler und Transformationaler Führung im Profifußball – wurde sowohl auf der Team- als auch auf der Individualebene untersucht. Als Analysezeitraum wurde eine halbe Saison, das heißt 17 Spieltage gewählt. Auf der Teamebene wurden mögliche Zusammenhänge mit verschiedenen Leistungskriterien betrachtet. Dazu wurde untersucht, ob Transaktionale und Transformationale Führung mit der durchschnittlich erreichten Punktzahl, der Anzahl der Siege, der Anzahl der Niederlagen und dem Verhältnis von Siegen und Niederlagen zusammenhängen. Auf der Individualebene wurde ein sophistizierteres methodisches Vorgehen gewählt, welches es erlaubt, eine zeitliche Komponente und somit die Entwicklung der Leistung zu berücksichtigen. Mittels hierarchischer linearer Wachstumsmodelle wurde untersucht, ob und in welchem Umfang sich die individuelle Leistung der Spieler in Abhängigkeit von der Führung entwickelt. Die Nutzung hierarchischer linearer Wachstumsmodelle erlaubt die Untersuchung zweier verschiedener Einflussmöglichkeiten durch die Führung des Trainers. Zum einen werden mögliche Einflüsse Transaktionaler und Transformationaler Führung auf den initialen Status untersucht. Methodisch stellt der initiale Status die durchschnittliche Leistung der Spieler im ersten Spiel unter Verantwortung des jeweiligen Trainers in Abhängigkeit von der Führung dar und beschreibt die Ausgangsbasis der sportlichen Leistungsentwicklung.

Auf der Teamebene konnten keine signifikanten Effekte von Transaktionaler und Transformationaler Führung auf die Teamleistung gefunden werden. Auch die Subfactten Transformationaler Führung weisen keinen Einfluss auf. Auf Basis dieser Befunde muss somit die Annahme verneint werden, dass durch Transaktionale und Transformationale Führung die sportliche Leistung professioneller Fußballteams beeinflusst werden kann.

Betrachtet man allerdings die Individualebene, können einzelne bedeutsame Effekte bestätigt werden. Als eine bedeutsame Einflussgröße auf den initialen Status – die Basis der Leistung – konnte der transformationale Führungsstil *Vorbild sein* identifiziert werden. Das heißt, je ausgeprägter der Trainer ein vorbildliches Verhalten zeigt und als Vorbild agiert, welches mit den Werten konsistent ist, für welche der Trainer eintritt, desto besser ist die initiale sportliche Leistung der betreuten Spieler. Durch vorbildliches Verhalten kann somit also eine Basis der sportlichen Leistungsentwicklung geschaffen werden.

Als transformationale Einflussgrößen auf die individuelle Leistungsentwicklung der Spieler über die Zeit wurden die transformationalen Führungsstile *Individuelle Unterstützung* und *Geistige Anregung* ermittelt. Ein positiver Effekt auf die Leistungsentwicklung der Spieler kann für den transformationalen Führungsstil *Geistige Anregung* bestätigt werden. Fordert der Trainer seine Spieler heraus, ihre Annahmen bezüglich der Tätigkeit und deren Bewältigung zu überdenken, zeigt dieses Führungsverhalten als Folge eine positivere Leistungsentwicklung der Spieler. *Individuelle Unterstützung* hingegen hat hypothesenkonform einen negativen Einfluss auf die individuelle sportliche Leistungsentwicklung der Spieler. Zeigt der Trainer also ein stark individualisiertes Führungsverhalten, das sich stark durch Respekt für die Spieler und deren persönliche Gefühle charakterisiert, belegen die Befunde, dass die betreuten Spieler über die Zeit eine zunehmend schlechtere Leistung zeigen.

Für die transformationalen Führungsstile *Visionen aufzeigen, Vorbild sein, Gruppenziele fördern, hohe Leistungserwartung* sowie *Transaktionale Führung* konnte kein Einfluss auf die Leistung der individuellen Athleten oder Teams ermittelt werden.

Zusammenfassend lässt sich festhalten, dass auf der Individualebene ein Einfluss einzelner Subskalen der Transformationalen Führung für den professionellen Fußball gezeigt werden konnte, dass dieser sich aber auf der Teamebene nicht bestätigen lässt. Die transformationalen Führungsstile *Vorbild sein* und *Geistige Anregung zeigen* positive Effekte auf die individuelle sportliche Leistung beziehungsweise die Leistungsentwicklung der Spieler. Lediglich *Individuelle Unterstützung* wirkt sich negativ auf die Spielerleistung aus und steht im Widerspruch zu bestehenden Befunden der organisationalen Führungsforschung. Vor allem zur Wirksamkeit Transaktionaler und Transformationaler Führung auf der Teamebene besteht daher noch Forschungsbedarf. Aus sportpsychologischer Perspektive können sowohl erste theoretische Erkenntnisse als auch praktische Handlungsempfehlungen auf Basis des Transaktionalen und Transformationalen Führungsparadigmas, welches bislang auf diesem Forschungsgebiet ignoriert wurde, generiert werden.

10.2 Diskussion der Befunde

Die Befunde zeigen, dass durch einzelne transformationale Führungsstile auch in einem Sportkontext beziehungsweise im professionellen Fußball signifikant Einfluss auf die individuelle Leistung der Geführten genommen werden kann. Auch im Sport scheinen transformationale Führungskräfte bestrebt zu sein, ihre Mitarbeiter beziehungsweise Spieler zu fördern und zu befähigen, eine Leistung zu bringen, die über dem Standard liegt (Avolio & Bass, 2004). So stützen und erweitern die Ergebnisse teilweise die wenigen bisherigen Befunde zu Transformationaler Führung im Sport (Zacharatos et al., 2000; Rowold, 2006; Charbonneau et al., 2001; Vallee & Bloom, 2005; Hall, 2007). Vor allem die Befunde zum Führungsstil der *Geistigen Anregung* zeigen, dass Mitarbeiter in die Lage versetzt werden können, eine positive Leistungsentwicklung mit einer stetigen Leistungssteigerung zu durchlaufen.

Im Gegensatz zu den signifikanten Befunden auf der Individualebene zeigen sich jedoch keine Effekte auf die Teamleistung. Der Trainer kann zwar auf die individuelle Leistung der Spieler Einfluss nehmen, diese Effekte spiegeln sich jedoch nicht in der Teamleistung wider. Dieser Befund steht im Widerspruch zu wissenschaftlichen Arbeiten wie beispielsweise der Metaanalyse von DeGroot et al. (2000), die zeigen konnten, dass die Effektstärken auf der Teamebene doppelt so groß wie die auf der Individualebene sind. Entsprechend dem Rahmenmodell zur Führung in Teams von Dionne et al. (2004) kann davon ausgegangen werden, dass dabei mediierende Prozesse auf der Individualebene wie beispielsweise die Beeinflussung der Gruppenkohäsion zu einer stärkeren Leistung auf der Teamebene führen. Die Befunde bestätigen zwar teilweise die unmittelbaren Effekte verschiedener transformationaler Führungsverhaltensweisen auf die individuelle Leistung, die angenommenen mittelbaren Effekte auf der Teamebene konnten jedoch nicht bestätigt werden.

Im Folgenden werden die Befunde der einzelnen Führungsverhaltensweisen detailliert diskutiert.

10.2.1 Befunde zu Transaktionaler und Transformationaler Führung

Für die Globalskalen Transaktionale und Transformationale Führung konnten weder für die Team- noch für die Individualebene statistisch signifikante Effekte gefunden werden. Werden also alle transformationalen Führungsstile aggregiert, zeigen diese insgesamt keine Effekte auf die sportliche Leistung der Teams oder der Spieler.

Diese Befunde widersprechen daher zunächst der von Bass (1997) postulierten Universalität beziehungsweise Kontextunabhängigkeit der Transformationalen Führung. Verschiedene Autoren (Antonakis & House, 2002; Brown et al., 2004; Lord, 2000) gehen davon aus, dass situative Größen einen Effekt auf den Führungsprozess haben und die Wirksamkeit Transformationaler Führung moderieren und auch mindern können. Unter Umständen weist der Profisportkontext Charakteristika auf, welche die Effekte Transaktionaler und Transformationaler Führung neutralisieren.

Wie bereits in Kapitel 4.9 erwähnt, fokussiert die Theorie der Transaktionalen und Transformationalen Führung vornehmlich auf dyadische Beziehungen und Prozesse. Außer einzelnen Postulaten zu Effekten auf Team- und Organisationsebene fehlen bislang empirische Arbeiten, die Transaktionale und Transformationale Führung in einem Teamkotext untersuchen und konkrete Wirkmechanismen belegen. Der professionelle Fußball weist jedoch eine klare Führungssituation von Führendem – dem Trainer – und einem geführten Team – den Spielern –

auf. Dabei sind die zu führenden Teams im professionellen Fußball im Vergleich zu organisationalen Arbeitsteams sehr groß und umfassen in der Regel mehr als 25 Spieler. Transformationale Führung setzt hingegen voraus, dass der Führende sich individuell mit den Geführten auseinandersetzt, ihre individuellen Bedürfnisse und Fähigkeiten kennt. Stark individuenbezogene und demokratische Führungsverhaltensweisen wie die Transformationale Führung bedeuten daher einen höheren zeitlichen Aufwand und sind somit bei komplexen Problemen in einem Teamsetting weniger effektiv (Chelladurai & Doherty, 1998). Durch die hohe Anzahl von Spielern ist es unter Umständen nicht oder nur sehr schwer möglich, eine vertrauensvolle und von Nähe geprägte Beziehung zu allen Spielern aufzubauen. Die Teamgröße erschwert es daher, einen engen Kontakt und soziale Nähe zu allen Spielern zu schaffen. Moderatoranalysen konnten zeigen, dass der Zusammenhang zwischen transformationaler Führung und Leistung bei größerer Kontakthäufigkeit und sozialer Nähe höher ist als bei größerer sozialer Distanz (Howell & Hall-Merenda, 1999). Shamir (1995) berichtet, dass die Entwicklung einer vertrauensvollen Beziehung in einem organisationalen Setting durch die Distanz von Führungskraft und Mitarbeiter negativ beeinflusst wird. In einer engen, meist dyadischen Beziehung können Führungskräfte Empathie zeigen und individuell auf die Spieler eingehen, während bei einer Beziehung, die von Distanz geprägt ist, dieses Führungsverhalten nicht möglich ist. Transformationale Führung erfordert intensive Kommunikation und die Distanz zwischen Trainer und Spielern kann sich erschwerend auf die Interaktion zwischen Geführtem und Führungskraft auswirken (Felfe, 2006a). Es kann vermutet werden, dass der transformationale Führungsstil, der stark von Kommunikation, einer engen und vertrauensvollen Beziehung sowie der Berücksichtigung der individuellen Gefühle gekennzeichnet ist, besonders stark von einer höheren sozialen Distanz beeinträchtigt wird.

Betrachtet man die einzelnen transformationalen Führungsstile auf der Individualebene isoliert, zeigt sich ein differenzierteres Bild und es lassen sich einzelne Effekte bestätigen (s. Kapitel 9.4). Vor allem bei Berücksichtigung der zeitlichen Dynamik finden sich gegenteilige Effekte. Während *Geistige Anregung* einen positiven Effekt auf die individuelle Leistungsentwicklung aufweist, zeigt sich in Folge des transformationalen Führungsstils *Individuelle Unterstützung* ein Leistungsabfall. Möglicherweise neutralisieren sich diese Effekte gegenseitig, sodass sich bei der Betrachtung der globalen Transformationalen Führung, also der aggregierten Subskalen, keine Effekte auf die individuelle Leistungsentwicklung finden lassen.

Auch aus methodischer Sicht existieren methodische Einschränkungen, welche ursächlich für die nicht signifikanten Effekte sein können. Vor allem auf der Teamebene wurden lediglich aggregierte Leistungskriterien betrachtet, die nicht die zeitliche Dynamik über den Untersuchungszeitraum berücksichtigen. Möglicherweise lassen sich durch längsschnittliche Analysemethoden Effekte auf der Teamebene bestätigen. In Anbetracht der geringen Stichprobengröße von $N = 38$ ist die Nutzung sophistizierterer statistischer Verfahren, wie beispielsweise Hierarchisch Linearer Modelle, welche auf der Individualebene genutzt wurden, nicht möglich. Neben dem Untersuchungsdesign auf der Teamebene ist möglicherweise die geringe Power der Korrelationsanalysen die Ursache für die nicht bestätigten Effekte. In den Analysen der Zusammenhänge wurden $N = 38$ Einheiten untersucht. Geht man davon aus, dass die Effekte Transformationaler Führung auf die Teamleistung den metaanalytischen Befunden von Judge, Piccolo und Ilies (2004) entsprechen, können mittlere Effektstärken (Cohen et al., 2002) erwartet werden. Legt man diese Effekte zugrunde, weist die Untersuchung lediglich eine Power von .47 auf. Somit liegt selbst bei bedeutsamen Effekten die

Wahrscheinlichkeit, diese statistisch bestätigen zu können, nur bei 47%. In Anbetracht dieser geringen Teststärke, sollte zukünftige Forschung eine bedeutend größere Stichprobe heranziehen, um mögliche Effekte mit einer angemessenen Teststärke untersuchen zu können.

10.2.2 Befunde zum transformationalen Führungsstil Vorbild sein

Die transformationale Führungsdimension *Vorbild sein* beschreibt ein öffentlich gezeigtes Verhalten, das mit den Werten und Verantwortlichkeiten konsistent ist, für welche die Führungskraft eintritt. Während auf der Teamebene keine Effekte vorbildlichen Führungsverhaltens bestätigt werden konnten, zeigt sich auf der Individualebene, dass durch den transformationalen Führungsstil *Vorbild sein* Einfluss auf den initialen Status, das heißt auf die Basisleistung, genommen werden kann.

Je ausgeprägter ein Trainer ein Verhalten zeigt, das dem transformationalen Führungsstil *Vorbild sein* entspricht, desto besser ist die individuelle Basis der sportlichen Leistung der Spieler zu Beginn seiner Trainertätigkeit. Vergleicht man beispielhaft zwei Trainer, die sich hinsichtlich der Führungsdimension *Vorbild sein* um eine Einheit unterscheiden, sollte sich die mittlere Leistung der Spieler um 0.19 Einheiten unterscheiden. Die Standardabweichung der Spielernoten auf Mannschaftebene lag in der Saison 2009/2010 bei 0.23, das heißt, die Leistung der beiden Mannschaften unterscheidet sich um 0.73 Standardabweichungen.

Vermutlich ist es durch den transformationalen Führungsstil *Vorbild sein* möglich, über die dyadische Beziehung hinaus Einfluss zu nehmen, da das Vorbildverhalten für alle Spieler sichtbar ist. Die Effekte dieses transformationalen Führungsstils auf der Individualebene können vor allem durch den Ansatz der sozialen Lerntheorie erläutert werden. Diese Theorie geht davon aus, dass Verhalten vor allem durch soziale

Interaktionen erlernt wird und von Modellen – in diesem Fall dem Trainer – übernommen wird. Die Führungskraft stellt somit ein Modell dar, von dem der oder die Geführte Verhalten erlernen und übernehmen kann (Bandura, 1991). Bestimmte Merkmale des Modells – wie zum Beispiel Attraktivität und Glaubwürdigkeit – moderieren die Wahrscheinlichkeit der Verhaltensnachahmung durch die Geführte(n). Vor allem die Demonstration konkreten Verhaltens, welches als erfolgsrelevant bekannt ist, scheint dabei von Nutzen zu sein und wird von den Geführten übernommen (Yukl, 2007). Wird der Trainer also als glaubwürdig und erfolgreich wahrgenommen, steigt die Wahrscheinlichkeit, dass die Spieler dessen Verhalten übernehmen. Im Sport konnte gezeigt werden, dass die Demonstration erfolgskritischen Verhaltens durch den Trainer in einem positiven Zusammenhang zu sportlicher Leistung steht (McCullagh & Weiss, 2001). Beauchamp (2007) geht davon aus, dass ein Athlet angemessene Vorbilder benötigt, um seine Rolleneffektivität (role efficacy) zu steigern. Die Rolleneffektivität beschreibt dabei das Ausmaß an Vertrauen und Wissen, eine Rolle und die zugehörigen Verantwortlichkeiten auszufüllen. Durch die Demonstration vorbildhaften Verhaltens wird den Spielern aufgezeigt, welche Anforderungen und Pflichten von ihnen erwartet werden. Eine hohe Rolleneffektivität steht dabei laut Beauchamp (2007) mit sportlicher Leistung in einem positiven Zusammenhang. Es kann also vermutet werden, dass die Spieler vorbildhaftes und erfolgskritisches Verhalten, welches durch den Trainer gezeigt wird, übernehmen. Der Trainer ist somit möglicherweise durch den transformationalen Führungsstil *Vorbild sein* in der Lage, auf die Rolleneffektivität der Spieler Einfluss zu nehmen. Die Spieler vertrauen darauf, ihre Rolle im Team angemessen auszufüllen und die zugehörigen Aufgaben und Pflichten anzunehmen. Diese Klarheit und das gesteigerte Vertrauen können wiederum zu einer höheren sportlichen Leistung führen. Da die Führungsdimension *Vorbild sein* einen Effekt auf die Basis der sportlichen Leistung der Spieler hat, scheint dieses Führungsverhalten gerade zu Beginn einer Trainertätigkeit von Relevanz zu sein. Durch die Präsentation angemessenen Verhaltens und der aktiven Verkörperung von Werten erreicht der Trainer kurzfristig und zeiteffizient viele Spieler. Der transformationale Führungsstil *Vorbild sein* hat dabei keine zeitlich dynamischen Effekte auf die sportliche Leistungsentwicklung, sondern es wird möglicherweise einmalig die Basis für eine Rolleneffektivität geschaffen. Nachdem Aufgaben und Pflichten der Spieler demonstriert und somit definiert sind, bleibt der Effekt konstant und führt nicht zu einer längerfristigen Zu- oder Abnahme der sportlichen Leistung.

Auf der Teamebene weist der transformationale Führungsstil *Vorbild sein* keine leistungsfördernden Effekte auf. Somit können die positiven unmittelbaren Effekte auf die individuelle sportliche Leistung auf der Teamebene nicht bestätigt werden.

Zieht man das Rahmenmodell zur Führung in Teams von Dionne et al. (2004) heran, so wird die Teamleistung nur mittelbar durch Transformationale Führung beeinflusst. Die postulierten Effekte Transformationaler Führung werden nach Ansicht der Autoren durch Teamwork-Prozesse wie Kohäsion und Kommunikation mediert. Die vorliegende Arbeit konnte zwar direkte Effekte auf die individuelle sportliche Leistung belegen, die angenommenen Zusammenhänge von Transformationaler Führung und den beschriebenen Mediationsvariablen wurden jedoch nicht untersucht. Möglicherweise wirkt Transformationale Führung lediglich als eine von mehreren Größen auf die erwähnten Mediationsprozesse wie Kohäsion und Kommunikation. Es erscheint daher wünschenswert, nicht nur direkte Effekte zu untersuchen, sondern auch verstärkt indirekte Effekte zu betrachten.

Auch kann vermutet werden, dass ausschließlich psychologische überfachliche Führung auf der Teamebene keine leistungsfördernde

Wirkung aufweist. Zwar verbessern sich die Spieler in Abhängigkeit von der Führung, aber erst durch eine fachliche fußballspezifische Führung werden diese Leistungssteigerungen möglicherweise kanalisiert und zeigen Effekte auf der Teamebene. Eine rein individuelle Leistungssteigerung reicht somit nicht aus, um automatisch zu einer stärkeren Teamleistung zu führen. Denkbar sind in diesem Zusammenhang Interaktionseffekte mit fußballspezifischen, eher taktisch geprägten Führungsstilen.

Aus methodischer Perspektive kann argumentiert werden, dass die gefundenen unmittelbaren Effekte des transformationalen Führungsstils *Vorbild sein* unter Umständen zu gering sind, um mittelbar die Leistung auf der Teamebene zu beeinflussen. Auch die weiteren methodischen Einschränkungen zu den Globalskalen Transaktionaler und Transformationaler Führung, die in Kapitel 10.2.1 beschrieben, können für den Führungsstil *Vorbild sein* auf der Teamebene angeführt werden.

Insgesamt zeigen sich für den transformationalen Führungsstil *Vorbild sein* auf der Individualebene leistungsfördernde Effekte, die jedoch nicht auf der Teamebene bestätigt werden können.

10.2.3 Befunde zum transformationalen Führungsstil Geistige Anregung

Durch den Führungsstil *Geistige Anregung* fördert die Führungskraft Kreativität, ermuntert Geführte dazu, Risiken einzugehen und unterstützt neue Ideen von Mitarbeitern (Bono & Judge, 2004). Auf der Individualebene konnte ein positiver Effekt für den transformationalen Führungsstil *Geistige Anregung* auf die sportliche Leistungsentwicklung der Spieler ermittelt werden. Auf der Teamebene konnte dieser leistungsfördernde Effekt jedoch nicht bestätigt werden.

Vergleicht man auch für diesen Führungsstil beispielhaft zwei Trainer, die sich um eine Einheit unterscheiden, so liegt die durchschnittliche individuelle Noten- beziehungsweise die Leistungsdifferenz nach 17 Spieltagen bei 0.29 Einheiten. Legt man auch hier wieder die Standardabweichung der Teamleistungen zu Grunde, so würde ein Unterschied der geistigen Anregung von einer Einheit nach einer halben Saison eine Verbesserung der Teamleistung um 1.26 Standardabweichungen bewirken. Durch *Geistige Anregung* werden Mitarbeiter dazu gebracht, alte Probleme auf eine neue Weise zu überdenken. Da Mitarbeiter herausgefordert werden, ihre eigenen Ansichten sowie die der Kollegen und der Führungskraft zu hinterfragen, entwickeln die Geführten die Fähigkeit, zukünftige Probleme selbstständig zu lösen (MacKenzie et al., 2001). Durch *Geistige Anregung* fördert die Führungskraft das kritische Hinterfragen bestehender Prozesse in der Abteilung sowie die Implementierung innovativer Vorschläge (Peus, Frey & Braun, 2009). Analog dazu kann angenommen werden, dass Trainer, die *Geistige Anregung* zeigen, ihre Athleten ermutigen, Trainingsinhalte und Techniken zu überdenken, kreative Wege zu finden und diese an die Mannschaft weiterzugeben (Hall, 2007). Athleten werden so dazu befähigt, sich aktiv mit Ideen und Vorschlägen einzubringen, und ermutigt, bei Bedarf selbstständige und möglicherweise auch risikoreiche Entscheidungen zu treffen. Bass (1985b) merkt an, dass *Geistige Anregung* (beziehungsweise *Intellektuelle Stimulation*) als Führungsstil vor allem dann erfolgreich ist, wenn wenig strukturierte Situationen vorliegen. Sportsituationen stellen dabei eine komplexe Umgebung dar, die sich durch bedeutende Zeitlimitationen, Unsicherheit und Stress beschreiben lässt (Ripoll, Kerlirzin, Stein & Reine, 1995). Speziell der professionelle Fußball charakterisiert sich durch komplexe Muster, wobei die technisch-taktischen Anforderungen und die geforderte Handlungsschnelligkeit im Fußball in den letzten Jahren deutlich gestiegen sind (Schwesig et al., 2011). Da während eines Fußballspiels der Trainer nur begrenzt Einfluss auf die Entscheidung der Spieler nehmen kann, müssen die Spieler zwangsläufig eigene Entscheidungen treffen. Durch den transformationalen Führungsstil *Geistige Anregung* werden sie aufgefordert, selbstständige Entscheidungen in komplexen (Spiel-)Situationen zu treffen. Treffen die Spieler komplexe Entscheidungen, können sie neue Impulse und Anregungen setzen und so Einfluss auf die individuelle sportliche Leistung nehmen. Darüber hinaus konnte in der Arbeit von Charbonneau et al. (2001) gezeigt werden, dass *Geistige Anregung* sogar stärker als Charisma oder individuelle Zuwendung mit intrinsischer Motivation zusammenhängt. Nach Ansicht der Autoren führt *Intellektuelle Stimulation* dazu, dass die intrinsische Motivationsfacette *Wissen, Lernen und Verständnis* gesteigert wird, was wiederum einen leistungsfördernden Effekt aufweist. Somit können sowohl direkte als auch indirekte – das heißt durch intrinsische Motivation mediierte – Effekte auf die sportliche Leistung angenommen werden. Der positive Einfluss auf die Leistungsentwicklung zeigt, dass dieses transformationale Führungsverhalten längerfristig wirkt und zunehmende leistungsfördernde Effekte aufweist. Somit sind praktisch bedeutsame Effekte geistiger Anregung erst nach einer gewissen Zeitperiode zu erwarten, da neue Blickwinkel, neue Denkansätze sowie Wissen, Lernen und Verständnis sich möglicherweise eher langsam und kumulativ konstituieren. Die sportliche Leistung der Spieler wächst vermutlich schrittweise mit der zunehmenden Fähigkeit, Probleme neu zu betrachten und zu bewerten sowie mit neuem Wissen und tieferem Verständnis. Obwohl *Geistige Anregung* auf Seiten des Trainers als zeitkonstant angenommen wird, zeigen die Befunde, dass über die Zeit eine lineare Leistungssteigerung erfolgt. Spieler profitieren also zunehmend von dem transformationalen Führungsstil *Geistige Anregung* und bringen über die Zeit eine stetig bessere sportliche Leistung. Vor allem diese zeitliche Komponente zeigt erstmals, dass durch transformationale Führung bedeutsame und längerfristige Entwicklungen durch den Trainer gefördert werden können.

Auf der Teamebene konnten keine signifikanten Effekte belegt werden. Auch für die transformationale Führungsfacette *Geistige Anregung* liegen somit positive Befunde auf der Individualebene vor, die sich jedoch nicht auf die Teamleistung auswirken.

Zwar erwähnen Dionne et al. (2004) in ihrem Rahmenmodell zur Führung in Teams explizit *Geistige Anregung* (beziehungsweise *Intellektuelle Stimulation*), die postulierten leistungsfördernden Effekte konnten jedoch nicht bestätigt werden. Auch konnte die postulierte Mediation durch ein verbessertes Konfliktmanagement in dieser Arbeit nicht untersucht werden. Unter Umständen verhindert das selbstständige Entscheiden und Hinterfragen die Abstimmung auf Teamebene. Bußmann (2009) beschreibt, dass durch viele Wiederholungen die Spieler Automatismen entwickeln, die sich positiv auf die Leistung auswirken. Das kritische Hinterfragen dieser Wiederholungen, die unter Umständen als monoton wahrgenommen werden, kann möglicherweise die Entstehung der Automatismen und der Spielabstimmung verhindern. Folgt man dieser Argumentation, entscheiden Spieler selbstständig und verbessern ihr individuelles Spiel, verhindern aber gleichzeitig eine Abstimmung mit den anderen Teammitgliedern und die Entstehung erfolgskritischer Automatismen.

Die auf der Individualebene gefundenen, zeitlich dynamischen Effekte lassen sich anhand der genutzten Korrelationsanalysen jedoch nicht belegen. Podsakoff et al. (1990) argumentieren, dass *Intellektuelle Anregung* vor allem langfristige Effekte zeigt und kurzfristig keine bedeutsamen Effekte zu erwarten sind. Aus methodischer Sicht lassen sich durch Korrelations- oder Regressionsanalysen lediglich Zusammenhänge untersuchen, welche die zeitliche Dynamik nicht berücksichtigen können. Wie im vorherigen Abschnitt erläutert wurde, konnten aus methodischen

Gründen Analysemethoden, welche die zeitlichen Einflüsse angemessen berücksichtigen, nicht genutzt werden.

Zukünftige Forschung sollte daher gezielt diese zeitliche Dynamik berücksichtigen und angemessene Untersuchungsdesigns heranziehen.

10.2.4 Befunde zum transformationalen Führungsstil Individuelle Unterstützung

Das Ergebnis, dass *Individuelle Unterstützung* einen negativen Effekt auf die individuelle sportliche Leistungsentwicklung hat, deckt sich nur teilweise mit Befunden der organisationalen und sportspezifischen Führungsforschung. Dieser negative Effekt konnte auf der Teamebene nicht bestätigt werden.

Zeigt eine Führungskraft ein Verhalten, das verstärkt den Respekt für die individuellen Mitarbeiter und deren persönliche Gefühle zum Ausdruck bringt, resultiert dies in einer negativen Entwicklung der individuellen Leistung. Angenommen, zwei Trainer unterscheiden sich um eine Einheit auf der transformationalen Führungsdimension *Individuelle Zuwendung*, so kann erwartet werden, dass sich die individuellen Leistungen der beiden betreuten Mannschaften zum Ende des Untersuchungszeitraumes im Mittel um 0.19 Einheiten unterscheiden. Setzt man diesen Befund ebenfalls zur Standardabweichung der Spielernoten ins Verhältnis, unterscheidet sich die Leistung der beiden Mannschaften um 0.83 Standardabweichungen. Sportspezifische Befunde zeigen, dass ein stark sozial unterstützendes Verhalten im Sport auch leistungshemmende Konsequenzen aufweisen kann (Weiss & Friedrichs, 1986). Von allen transformationalen Führungsstilen charakterisiert sich der Führungsstil *Individuelle Unterstützung* am stärksten durch Nähe und Vertrauen. Für *Individuelle Unterstützung* ist es notwendig, eine vertrauensvolle und von Verständnis geprägte Beziehung zu allen Spielern aufzubauen. Die oben beschrieben moderierenden Einflüsse der Teamgröße und der sozialen Distanz auf Transformationale Führung und Leistung wirken sich unter Umständen daher besonders stark aus, weil die per definitionem individuelle Betrachtung und Behandlung der einzelnen Spieler nicht möglich ist. Unter Umständen führt *Individuelle Unterstützung* sogar zu negativen Effekten, da die Zuwendung des Trainers zwangsläufig ungleich verteilt wird. Porter und Bigley (2003b) zeigten in diesem Zusammenhang, dass der Führungsstil *Individuelle Unterstützung* demotivieren kann, da Neid und Missgunst speziell bei den Mitarbeitern erzeugt wird, die weniger oder keine individuelle Zuwendung erfahren. Möglicherweise mindert die Wahrnehmung fehlender individueller Zuwendung und der Neid auf Andere zunehmend die Motivation und führt so zu einer negativen Leistungsentwicklung.

Eine weitere Erklärung von Serpa, Pacatos und Santos (1991) vermutet, dass Athleten mit ansteigendem Leistungsniveau unabhängiger von ihrem Trainer werden und Eigenverantwortung im Trainingsprozess übernehmen können. Da die erste und zweite Bundesliga in Deutschland das höchstmögliche sportliche Leistungsniveau im professionellen Fußball darstellt, kann angenommen werden, dass die Spieler eine enge Beziehung eher als hinderlich empfinden und sich in ihrer Eigenverantwortung gehindert fühlen. Diese gefühlte Einmischung und gefühlte Bedrohung der Eigenverantwortlichkeit resultiert dann unter Umständen in einer zunehmend schlechteren sportlichen Leistung.

Besondere Brisanz erfährt der Befund zur individuellen Unterstützung dadurch, dass sich die negativen Effekte über den Untersuchungszeitraum kumulieren und die durchschnittliche sportliche Leistung der Spieler zunehmend schlechter wird. Obwohl individualisierte Unterstützung als zeitlich invariant modelliert wurde, werden die negativen Effekte auf die sportliche Leistung zunehmend bedeutender.

Auch die negativen Effekte des transformationalen Führungsstils *Individuelle Unterstützung* finden sich lediglich auf der Individualebene und Effekte auf der Teamebene müssen verneint werden. Wie bereits oben erwähnt, lassen sich neben alternativen Wirkmechanismen vor allem methodische Gründe vermuten, die das Auffinden signifikanter Effekte erschweren.

10.2.5 Befunde zu den weiteren transformationalen Führungsstilen

Für Transaktionale Führung und die Transformationalen Führungsstile *Visionen aufzeigen*, *Gruppenziele fördern* sowie *hohe Leistungserwartung* wurden keine Effekte auf Teamebene sowie auf die initiale individuelle sportliche Leistung oder die Leistungsentwicklung der Spieler gefunden.

Fehlende Effekte des transformationalen Führungsstils *Visionen aufzeigen* spiegeln möglicherweise Unterschiede zwischen organisationalen Teams und Sportmannschaften wider. Es ist denkbar, dass in Sportmannschaften die Athleten das Ziel des Gewinnens bereits verinnerlicht haben und daher nicht an der Vision des Trainers partizipieren (Charbonneau et al., 2001). In organisationalen Teams dagegen sind die Ziele und Visionen nicht so offensichtlich und benötigen daher eine Klärung und Formulierung durch die Führungskraft. Eine weitere Erklärung liegt unter Umständen in der Organisation der Vereine. Die inhaltliche Ausrichtung und somit auch die Vision einer Mannschaft oder eines Vereins werden meist von der Leitung des Vereins festgelegt und der Trainer wird anschließend passend zur Vision ausgesucht.

Auch für die transformationale Führungsdimension *Gruppenziele fördern* kann vermutet werden, dass die Ziele der Mannschaft bereits bekannt sind. Die Ziele der jeweiligen Mannschaft – wie Meisterschaft, Nichtabstieg oder einfach nur Gewinn des nächsten Spiels – sind allgemein bekannt und von den Athleten bereits internalisiert. Da sie im Mannschaftsport ausschließlich gemeinsam erreicht werden können, sind Individual- und Mannschaftsziele zu einem großen Teil deckungsgleich.

Darüber hinaus nimmt die Förderung von Gruppenzielen Einfluss auf die emotionale Bindung der Gruppenmitglieder untereinander – die so genannte Sozialkohäsion (Brand & Brand, 2010). Wilhelm (2001) konnte speziell für Mannschaftssportarten zeigen, dass eine hohe Sozialkohäsion allein negativ mit der Mannschaftsleistung assoziiert ist. Ist das gemeinsam verfolgte Gruppenziel offensichtlich bekannt, wird durch die Förderung von Gruppenzielen möglicherweise eher die Sozialkohäsion gefördert, was wiederum negative Auswirkungen auf die sportliche Leistung der Spieler haben kann.

Die Tatsache, dass für den transformationalen Führungsstil *Hohe Leistungserwartung* kein Einfluss auf die Leistung der Spieler oder der Teams gefunden wurde, kann im Leistungsmotiv der Sportler begründet sein. Leistungssportler haben in aller Regel ein ausgeprägtes Leistungsmotiv und werden durch den Leistungssport implizit in den zentralen Aspekten der Motivation geschult (Gabler, 2002). Daher hat die Formulierung einer hohen Leistungserwartung durch den Trainer vermutlich keinen Effekt, da die Spieler bereits selbst über eine hohe Leistungserwartung verfügen, die nicht mehr bedeutend durch den Trainer gesteigert wird.

Für Transaktionale Führung konnten in dieser Arbeit keine leistungsfördernden Effekte bestätigt werden. Auch Charbonneau und Kollegen (2001) vermuten, dass Transaktionale Führung keine positiven Effekte auf die sportliche Leistung der Athleten aufweist. Die Autoren gehen davon aus, dass die Nutzung extrinsischer Leistungsanreize zur Kontrolle der Leistung die Kernkomponente Transaktionaler Führung darstellt. Demensprechend sollte Transaktionale Führung zwar die extrinsische Motivation erhöhen, gleichzeitig aber die intrinsische Motivation mindern (Deci & Ryan, 1985). Wie Charbonneau et al. (2001) zeigen konnten, stellt intrinsische Motivation einen bedeutsamen Mediator von Transformationaler Führung und sportlicher Leistung dar. Transaktionale Führung hat möglicherweise nicht nur positive Effekte, sondern kann auch die intrinsische Motivation und somit auch die Leistung negativ beeinflussen.

10.3 Theoretische Implikationen

Auch im Sportkontext lässt sich effektive Führung durch einzelne transformationale Führungsstile abbilden. Zumindest auf der Individualebene scheint ein Nutzen verschiedener transformationaler Führungsfacetten auch außerhalb der bislang untersuchten Kontexte wie beispielsweise Krankhäusern (Kelloway et al., 2000), Militär (Dvir et al., 2002) oder Unternehmen (Barling et al., 1996) gegeben. Der Befund, dass sich auch im Sport leistungsfördernde Befunde verschiedener transformationaler Führungsstile finden lassen, unterstreicht daher sowohl die Konstruktvalidität als auch die externe Validität dieser Führungsstile. Die bestehenden Befunde der organisationalen Führungsforschung (bspw. Awamleh & Gardner, 1999; Shea & Howell, 1999) können zum Teil bestätigt werden, was nahelegt, dass zumindest Aspekte Transformationaler Führung valide erhoben werden können und die Messungen auch das erfassen, was sie erfassen sollen. Auch die Übertragbarkeit dieser transformationalen Führungsstile kann als bestätigt angesehen werden. Die Befunde zeigen, dass einzelne Subfacetten Transformationaler Führung mit sportlicher Leistung zusammenhängen.

Bestehende Befunde zu Transformationaler Führung im Sport (Zacharatos et al., 2000; Rowold, 2006; Charbonneau et al., 2001; Vallee & Bloom, 2005; Hall, 2007) können durch diese Arbeit bestätigt und erweitert werden. Neben der Arbeit von Rowold (2006) stellt die vorliegende Arbeit die erste Studie dar, welche die einzelnen Führungsstile des „Full Range of Leadership"-Modells (Bass & Avolio, 1994) untersucht. Somit können detaillierte Befundmuster aufgezeigt werden, die eine differenzierte Betrachtung der individuellen leistungsfördernden Effekte ermöglichen.

Erstmals wurden die transformationalen Führungsstile dabei nicht mit dem MLQ (Bass, 1985a; Bass & Avolio, 2000b) erhoben, sondern es wurde als inhaltliche Weiterentwicklung des MLQ der TLI (Podsakoff et al., 1990) genutzt, um eine vollständigere Erfassung des „Full Range of Leadership" zu erhalten. Der gefundene Einfluss des transformationalen Führungsstils *Vorbild sein* zeigt auf der Individualebene, dass die inhaltliche Erweiterung von Podsakoff et al. (Podsakoff et al., 1995) des ursprünglichen „Full Range of Leadership"-Modells um diesen Führungsstil zumindest im einem Sportkontext sinnvoll erscheint. Obwohl im ursprünglichen Modell der transformationale Führungsstil *Vorbild sein* nicht berücksichtigt wurde, sehen verschiedene Autoren (House, 1977; Bass, 1985b; Conger & Kanungo, 1987; Kouzes & Posner, 1987) vorbildhaftes Führungsverhalten als elementaren transformationalen Führungsstil an. Die Angemessenheit dieses im TLI spezifizierten transformationalen Führungsstils konnte als Einflussfaktor auf die sportliche Leistung der Spieler bestätigt werden.

Ein weiterer interessanter Befund bezieht sich auf die zeitliche Komponente der verschiedenen Führungsstile. Während der transformationale Führungsstil *Vorbild sein* einen positiven Einfluss auf die initiale sportliche Leistung der individuellen Spieler aufweist, zeigen *Geistige Anregung* und *Individuelle Unterstützung* einen Einfluss auf die Leistungsentwicklung und wirken längerfristig. Somit sollte das „Full Range of Leadership"-Modell um eine zeitliche Komponente erweitert werden. Vor allem zeigt diese Arbeit, dass Transformationale Führung auf die Entwicklung der individuellen sportlichen Leistung wirkt und diese linear anwächst, obwohl die Führung in der statistischen Analyse als invariant und konstant konzeptualisiert wird. Durch die Berücksichtigung zeitlicher Einflüsse kann ein differenziertes und vollständigeres Bild Transaktionaler und Transformationaler Führung erreicht werden. Daher lässt sich auch vor allem gegenüber Transaktionaler Führung eine inhaltliche Abgrenzung bewirken. Während bei Transaktionaler Führung der kurzfristige Austauschprozess betont wird und die Führungskraft eher reagiert, können durch Transformationale Führung aktiv und agierend langfristige Effekte und Veränderungen bei den Mitarbeitern erreicht werden.

Aus sportpsychologischer Sicht stellt Transformationale Führung eine sinnhafte Erweiterung des ursprünglichen MML dar. Chelladurai (2001) erweiterte sein Führungsmodell, um auch die Effekte Transformationaler Führung auf situative Gegebenheiten sowie Merkmale untergebener Führungskräfte und der Athleten zu berücksichtigen. In Chelladurais anfänglichen Konzeptionen ist das Führungsverhalten im Modell quasi ausschließlich transaktional konzipiert, da das Erfüllen gegenseitiger Bedürfnisse – also der Austausch von gefordertem und gezeigtem Führungsverhalten – im Vordergrund steht. Das MML konzeptualisiert Führungsverhalten lediglich als kurzfristiges Reagieren auf Umwelt- und Spieleranforderung und ein proaktives Agieren des Führenden ist innerhalb des Modells nicht vorgesehen. Die inhaltliche Erweiterung um Transformationale Führung beschreibt eine eher langfristig und situationsinvariant konzipierte Einflussgröße, die es dem Führenden erlaubt, situative Gegebenheiten, wie beispielsweise die Kultur oder Ziele der Organisation, aktiv zu verändern. In der vorliegenden Arbeit zeigen vor allem die Ergebnisse zu dem transformationalen Führungsstil *Geistige Anregung*, dass längerfristige positive Effekte von Führung auf die sportliche Leistung der Spieler in Chelladurais Führungsmodell berücksichtigt werden müssen. Unabhängig von der Situation kann durch *Geistige Anregung* die sportliche Leistungsentwicklung der Spieler erreicht werden. Auch die leistungshemmenden Effekte individueller Unterstützung wirken eher längerfristig. Geht man davon aus, dass diese Effekte auf die Größe des Kaders und die damit ungleichmäßig verteilte Unterstützung zurückzuführen sind, so zeigt dies die Wichtigkeit der bereits berücksichtigten

Situationsvariablen. Daher sollten neben den bereits berücksichtigten mediierenden Prozessen auch mögliche moderierende Einflüsse in Chelladurais Führungsmodell aufgenommen werden. Das Modell berücksichtigt moderierende Einflüsse ansatzweise bereits durch die Kongruenzhypothese, also die Annahme, dass erfolgreiche Führung den Erwartungen der Athleten und den Gegebenheiten der Situation angepasst werden muss, um eine positive Wirkung zu zeigen. Der Einfluss der Transformationalen Führung wird im MML bislang über Variablen wie Spieler, Führungsstab und Situation mediiert (s. Abbildung 16), sodass alternative Wirkmechanismen denkbar sind. In der organisationalen Führungsforschung konnten beispielsweise zahlreiche Moderatorvariablen des Zusammenhangs von Transformationaler Führung und verschiedenen organisationalen Erfolgskriterien wie beispielsweise Leistungsspanne (Kerr & Jermier, 1978), Heterogenität der Mitarbeiter (Rowold, 2011), Formalisierung (Podsakoff, Todor, Grover & Huber, 1984) oder das Ausmaß an Unsicherheit des Umfelds (De Hoogh et al., 2005) identifiziert werden. Somit ist nicht nur die bloße Erweiterung des MML um Transformationale Führung sinnvoll, sondern es sollten auch weitere Moderatorvariablen von Transaktionaler und Transformationaler Führung modelliert werden, um Führung im Sport ganzheitlicher und detaillierter beschreiben zu können.

Vor allem aber zeigt der Vergleich der Befunde auf der Individual- und der Teamebene, dass es notwendig erscheint, weitere moderierende und mediierende Effekte Transformationaler Führung zu untersuchen. Wie oben erwähnt, scheint es denkbar, dass erst die simultane Berücksichtigung sportspezifischer und taktischer Führung bedeutsame Effekte auf der Teamebene zeigt.

Obwohl Transformationale Führung in sportspsychologischen Arbeiten bislang ignoriert wurde (z.B. Alfermann & Stoll, 2005; Pfeffer &

Gallitschke, 2008; Pfeffer et al., 2004; Schlicht et al., 2004; Würth et al., 1999), erscheint eine stärkere Berücksichtigung im Sport und vor allem im MML gewinnbringend. Auch eine Erweiterung der möglichen Wirkprozesse auf verschiedene Erfolgskriterien von Führung sollte angestrebt werden, um ein ganzheitlicheres Bild Transaktionaler und Transformationaler Führung im Sport zu erhalten.

10.4 Praktische Implikationen

Anhand der Befunde, dass die transformationalen Führungsstile *Vorbild sein* und *Geistige Anregung* positive Effekte auf die individuelle sportliche Leistung und die Leistungsentwicklung der Spieler aufweisen, können direkt praktische Implikationen und Handlungsempfehlungen für die Führung einer professionellen Fußballmannschaft abgeleitet werden. Auch die gefundenen negativen Effekte des Führungsstils *Individuelle Unterstützung* zeigen möglicher praktische Grenzen und Einschränkungen der Transformationalen Führung im deutschen Profifußball auf. Aufbauend auf den Erkenntnissen können praktische Anregungen für Personalentwicklung abgeleitet werden.

Als vermutlich wichtigste Implikation für die Praxis lässt sich allerdings konstatieren, dass durch verschiedene transformationale Führungsstile zwar Einfluss auf die individuelle Leistung genommen werden kann, sich dieser Einfluss aber nicht auf der Teamebene bestätigen lässt. Somit reicht allein Transformationale Führung nicht aus, um die Teamleistung bedeutsam zu beeinflussen. Es lässt sich vermuten, dass erst durch fachliche Führung – also taktische und fußballspezifische Führung – sich die individuellen leistungsfördernden Effekte bündeln lassen und sich auf die Mannschaftleistung auswirken. Trotzdem erscheint es durch die positiven Effekte auf der Individualebene erstrebenswert, Transformationale Führung im professionellen Fußball zu nutzen und möglicherweise durch fußballtaktische Kompetenzen die verbesserten individuellen Leistungen in eine bessere Mannschaftsleistung zu überführen.

Durch die positiven Befunde zu einzelnen transformationalen Führungsstilen können bestehende Überlegungen erweitert werden, wie beispielsweise das Konzept der Transformationalen Führung für den Bereich der Personalentwicklung im professionellen Fußball genutzt werden kann. Dabei können Empfehlungen für die beiden Richtungen

Training und Diagnostik (s. Vandenberghe, 1999) getätigt werden. Einschränkend muss jedoch immer bei allen Befunden beachtet werden, dass die leistungsfördernden Effekte lediglich auf der Individualebene bestätigt werden konnten.

Im Bereich der Diagnostik kann auf Basis der Befunde der vorliegenden Arbeit ein differenziertes Anforderungsprofil für die Auswahl von professionellen Fußballtrainern formuliert werden. Neben der fachlichsportlichen Qualifikation sollte ein Trainer als überfachliche Qualifikation vor allem auf den transformationalen Führungsdimensionen *Vorbild sein* und *Geistige Anregung* eine hohe Ausprägung aufweisen. Mit dem TLI steht ein deutschsprachiges Instrument zur Erfassung der verschiedenen transformationalen Führungsstile zur Verfügung, welches im Rahmen der Personalauswahl genutzt werden kann. Krüger et al. (2011) veröffentlichten für den TLI Normen für die Selbst- sowie die Fremdbeschreibung, so dass beide Perspektiven zur Bestimmung standardisierter Werte genutzt werden können. Bei der Formulierung eines Anforderungsprofils sollte auch die zeitliche Komponente der Befunde berücksichtigt werden. Der transformationale Führungsstil *Vorbild sein* weist kurzfristig positive Effekte auf die sportliche Leistung auf, hat allerdings keinen Einfluss auf die Entwicklung der Leistung über die Zeit. Es scheint daher angebracht, einen Trainer, der eine hohe Ausprägung auf dieser Führungsdimension aufweist, vor allem in Situationen einzustellen, in denen kurzfristige Leistungssteigerungen notwendig sind. Beispielsweise sollte ein abstiegsbedrohter Verein zum Ende der Saison einen Trainer einstellen, der vor allem stark als Vorbild für die Spieler agiert, um zeitnah eine Verbesserung der sportlichen Leistung zu erreichen. Diese Verbesserung konnte jedoch nur auf individueller Ebene bestätigt werden, daher sollten zusätzliche Führungsstile erhoben werden, die es unter Umständen ermöglichen, die stärkere individuelle Leistung in eine stärkere Teamperformanz zu übersetzen. So erscheint der zusätzliche Einsatz von sportspezifischen Erhebungsinstrumenten wie der Leadership Scale for Sports (LSS, Chelladurai & Saleh, 1980) gewinnbringend. Durch transformationale Führungsstile werden Aspekte des Führungsprozesses abgebildet, welche die mit Leistung assoziierten Führungsstile des LSS wie beispielweise *Feedback* und *Training und Unterweisung* sinnvoll ergänzen und das Bild von Führung erweitern.

Der transformationale Führungsstil *Geistige Anregung* nimmt eher längerfristig Einfluss auf die individuelle Leistung und deren Entwicklung. Dieser Führungsstil geht mit einer linearen Leistungssteigerung über die Zeit einher, das bedeutet, dass besonders starke Leistungen in Abhängigkeit von der geistigen Anregung erst nach einem bestimmten Zeitraum zu erwarten sind. Vor allem für eine eher langfristig geplante Trainerimmission stellt der Führungsstil *Geistige Anregung* ein wichtiges Einstellungskriterium dar, welches mit einer stetigen Steigerung der sportlichen Leistung im Zusammenhang steht. Zusätzlich sollte bei der Auswahl neuer Trainer darauf geachtet werden, dass potenzielle Kandidaten wenig individualisierte Unterstützung zeigen. Da dieser transformationale Führungsstil einen negativen Effekt auf die Entwicklung der sportlichen Leistung hat, sind besonders langfristig starke Leistungseinbußen zu erwarten. Auch für diese Führungsstile sollten weitere Aspekte der sportspezifischen Führung ergänzt werden, um eine Verknüpfung der individuellen Leistung mit der Teamleistung zu ermöglichen (*Geistige Anregung*) oder negative Effekte zu kompensieren (*Individuelle Unterstützung*).

Besonders für die Personalentwicklung sind die Ergebnisse der vorliegenden Arbeit von einer hohen Relevanz. Im Folgenden wird vor allem auf die praktischen und konkreten Führungsverhaltensweisen eingegangen. Dabei entspricht die Konzeption Transformationaler Führung den speziellen Führungsverhaltensweisen, die in Sportteams beobachtet werden können (Hoption et al., 2007). Die Autoren gehen davon aus, dass die Fähigkeit, transformationale Verhaltensweisen zu verbessern und zu verfeinern, eine zentrale erfolgskritische Komponente von Führung im Sport darstellt. Quasi-experimentelle Studien unterstützen diese Annahme und zeigen, dass Transformationale Führung lehr- und lernbar ist (Barling et al., 1996; Dvir et al., 2002). Demensprechend können die Ergebnisse der vorliegenden Analyse gezielt für die Formulierung von Inhalten der Aus- und Weiterbildung von Fußballtrainern genutzt werden. In einer qualititativen und eher populärwissenschaftlich geprägten Arbeit analysiert Jenewein (2008) das Führungsverhalten von Jürgen Klinsmann während der Weltmeisterschaft 2006 und zieht Parallelen zwischen dem gezeigten Führungsverhalten und den verschiedenen transformationalen Führungsstilen.

Als Entsprechung der Dimension *Intellektuelle Anregung* beschreibt Jenewein, dass Jürgen Klinsmann von der Mannschaft und dem Betreuerstab bei seiner Arbeit stets als authentisches Vorbild wahrgenommen wurde. Jürgen Klinsmann war aufgrund seiner Erfolge als ehemaliger Welt- und Europameister und seines gezeigten Verhaltens eine starke Identifikationsfigur. Klinsmann vermittelte Enthusiasmus, wirkte als Identifikationsperson und handelte zu jedem Zeitpunkt integer und authentisch. Wie oben beschrieben, sollte verstärkt das transformationale Führungsverhalten *Vorbild sein* gezeigt werden, wenn zu Beginn einer Tätigkeit eine zeitnahe Leistungssteigerung erzielt werden soll. Spieler übernehmen das vorbildhafte und erfolgskritische Trainerverhalten und internalisieren so Anforderungen und Pflichten innerhalb der Mannschaft. Dieses Führungsverhalten sollte gezeigt werden, wenn der Trainer den Spielern ihre Rolle und Aufgaben effizient und zeitnah vermitteln möchte (s. Beauchamp, 2007). Auch wenn die von Jenewein (2008) beschriebenen Verhaltensweisen nur einen Ausschnitt des transformationalen Führungsstils *Vorbild sein* darstellen, wird ersichtlich, dass diese praktisch anwendbar sind und in die tägliche Arbeit der sportlichen Führung integriert werden können.

Jenewein (2008) beschreibt in seiner Analyse weitere Führungsverhaltensweisen, die inhaltlich dem transformationalen Führungsstil *Geistige Anregung* entsprechen. Das deutsche Führungsteam hatte bei der Weltmeisterschaft 2006 in Deutschland das Leitbild eines selbstverantwortlichen, offenen und interessierten Spielers formuliert. Zur Entwicklung dieses Spielertyps wollte die sportliche Führung auch durch die Vermittlung und Förderung neuer Einsichten aktiv beitragen. Um den Spielern neue Denkansätze zu ermöglichen, wurden namhafte Persönlichkeiten aus allen Bereichen der Gesellschaft zu Vorträgen in die Trainingscamps eingeladen. Beispielsweise traten Herbert Henzler, der ehemalige McKinsey-Chef Deutschland oder der Extrembergsteiger Stefan Glowacz als Redner auf. Darüber hinaus wurden die Spieler aktiv in Entscheidungen eingebunden. Dies ging so weit, dass vor jedem Spiel ein Mannschaftsmitglied eine kurze Kabinenansprache hielt. Bei der Anwendung geistiger Anregung ist die zeitliche Komponente zu beachten, da sich die positiven Effekte langsam kumulieren. *Geistige Anregung* führt nicht unmittelbar zu praktisch bedeutsamen Zuwächsen der sportlichen Leistung, sondern neue Erkenntnisse und Blickwinkel benötigen anscheinend eine gewisse Zeitperiode, um eine umfangreiche Verbesserung der Leistung zu bewirken. *Geistige Anregung* erscheint als besonders vielversprechender Führungsstil, da bei gleichem Ausmaß geistiger Anregung die Leistung zunehmend besser wird. Die von Jenewein (2008) beschriebenen Führungsverhaltensweisen zeigen, dass sich konkrete

Verhaltensweisen von Sporttrainern mit den gefundenen Ergebnissen dieser Arbeit verbinden und ihre Wichtigkeit bestätigt wird.

Geht man davon aus, dass die negativen Effekte des transformationalen Führungsstils *Individuelle Unterstützung* in der Größe des Kaders und der damit verbundenen sozialen Distanz und ungleichen Verteilung der Unterstützung begründet sind (s. Kapitel 10.2.1), könnten die negativen Folgen möglicherweise durch verschiedene Maßnahmen gemindert werden. Die negativen Einflüsse des transformationalen Führungsstils *Individuelle Unterstützung* lassen sich theoretisch durch verschiedene Maßnahmen begrenzen oder möglicherweise in positive Effekte umwandeln. Beispielsweise ist es denkbar, dass andere Mitglieder des Führungsteams wie Co-Trainer oder Mannschaftsbetreuer bestimmte Spieler gezielt betreuen und diese individuell unterstützen. Mit dieser Maßnahme könnte die soziale Distanz zum Führungsteam gemindert werden und eine gleichmäßige und umfassende Unterstützung gewährleisten.

Zusammenfassend lässt sich festhalten, dass auf Basis der Befunde konkrete Handlungsempfehlungen für Personalauswahl und -training formuliert werden können. Diese Arbeit erweitert so das praktische sportpsychologische Führungsverständnis und zeigt, dass einzelne transformationale Führungsverhaltensweisen auch im Sport angemessen sind und zu positiven individuellen Effekten führen. Fußballtrainer können die Befunde nutzen und gezielt transformationales Führungsverhalten lernen und anwenden.

10.5 Stärken, Limitationen und Ausblick

Die vorliegende Arbeit stellt nach Wissen des Autors zum jetzigen Zeitpunkt die erste Arbeit dar, die Effekte Transaktionaler und Transformationaler Führung im professionellen Fußball untersucht. Das methodische Vorgehen begegnet einer Reihe verschiedener Kritikpunkte, denen sich die empirische Führungsforschung immer wieder ausgesetzt sieht.

So können die von Podsakoff, MacKenzie, Lee und Podsakoff (2003) dargestellte Single-Source- und Single-Method-Verzerrung ausgeschlossen werden. Die Einschätzungen der Führungsstile der Trainer erfolgt anhand des TLI und die Operationalisierung der sportlichen Leistung anhand offen zugänglicher Leistungsdaten (Anzahl der erreichten Punkte, Anzahl der Siege und Niederlagen) und quantitativer Leistungseinschätzungen des KICKER-Sportmagazins. Aufgrund der unterschiedlichen Methoden und Datenquellen werden Zusammenhänge konservativer und valider geschätzt.

Auf individueller Ebene entspricht das Untersuchungsdesign auch der Forderung an die psychologische Führungsforschung nach längsschnittlichen Forschungsarbeiten (s. Felfe, 2006a). Die meisten wissenschaftlichen Arbeiten, die leistungsfördernde Effekte Transformationaler Führung (House & Aditya, 1997; Yukl, 2002; Podsakoff, MacKenzie & Bommer, 1996a; Judge & Piccolo, 2004) belegen konnten, weisen lediglich ein querschnittliches Untersuchungsdesign auf und lassen daher keine validen Rückschlüsse auf kausale Zusammenhänge zu. Nur sehr wenige Arbeiten, wie beispielsweise die von Waldman et al. (2001), untersuchten längerfristige Effekte Transaktionaler und Transformationaler Führung. Für den Sportbereich existiert lediglich die Arbeit von Charbonneau et al. (2001), die mit einem längsschnittlichen Design Effekte Transformationaler Führung auf die Leistung der Athleten untersucht. Die Untersuchung des Führungseinflusses über eine halbe Saison berücksichtigt (auf der Individualebene) eine zeitliche Komponente und weist somit eine hohe interne Validität auf, da die gefundenen Effekte auf die Führung des Trainers zurückgehen und statistische Artefakte, wie beispielsweise eine Regression zur Mitte, Reifung oder externe zeitliche Einflüsse (s. Bortz & Döring, 2006), ausgeschlossen beziehungsweise kontrolliert werden können.

Gleichzeitig wird durch die Nutzung von Mehrebenenanalysen die hierarchische Struktur von Trainer und Mannschaft statistisch angemessen abgebildet. Der Verzicht auf die Aggregation oder Disaggregation berücksichtigt die Abhängigkeit der Leistungsdaten der Spieler adäquat und kann somit Fehlinterpretationen vermeiden (Berson & Avolio, 2004; Gavin & Hofman, 2002).

Zusätzlich kann von einer hohen externen Validität der Untersuchung ausgegangen werden. Alle Daten beziehen sich direkt auf das im Alltag gezeigte Führungsverhalten der Trainer beziehungsweise die im Ligabetrieb gezeigte sportliche Leistung der Spieler. Die häufigste Gefährdung der externen Validität, die Künstlichkeit von Laborexperimenten (s. Bortz & Döring, 2006) kann daher ausgeschlossen werden.

Obwohl wesentlichen Kritikpunkten, die verschiedentlich an der Führungsforschung angebracht wurden (Felfe, 2006a), durch das methodische Vorgehen begegnet werden kann, liegen dennoch verschiedene Limitationen vor.

Diese Arbeit stellt die erste wissenschaftliche Untersuchung zu Effekten Transaktionaler und Transformationaler Führung auf die sportliche Leistung professioneller Fußballspieler dar. Untersucht wurden ausschließlich direkte Effekte auf die initiale Leistung und die Leistungsentwicklung. Von der sportpsychologischen Führungsforschung sind allerdings verschiedene Moderatoren und Mediatoren wie beispielsweise Kadergröße (Saborowski, 2001) oder Leistungsniveau (Chelladurai &

Carron, 1983) ermittelt worden, die nicht untersucht wurden. Vor allem die organisationale Führungsforschung konnte verschiedene mögliche Moderatorvariablen Transformationaler Führung identifizieren (Borgmann & Rowold, 2011), welche sich möglicherweise auf den Sportbereich übertragen lassen. Auch eine Untersuchung potenzieller Mediatorvariablen von Führung, wie intrinsische Motivation (Charbonneau et al., 2001), Sympathie (Brown & Keeping, 2005) oder LMX (Wang, Law, Hackett, Wang & Chen, 2005) erscheint erstrebenswert.

Vor allem besteht Bedarf, die Effekte Transformationaler Führung auf der Individualebene mit der Leistung auf der Teamebene zu verknüpfen. Die Befunde der vorliegenden Arbeit zeigen, dass die Beeinflussung der individuellen Leistung durch transformationale Führungsstile nicht zu einer Veränderung der Leistung auf der Teamebene führt. Daher erscheint es geboten, Interaktionseffekte oder Mediatoren zu identifizieren, die eine Verbindung zwischen individueller und kollektiver Leistung ermöglichen. Vor allem Interaktionseffekte mit sportspezifischen eher taktischen Führungsverhaltensweisen sind hier in Erwägung zu ziehen. So ist denkbar, dass erst klare taktische Anweisungen des Trainers die individuelle Leistung systematisch bündeln und mit Teamleistung verknüpfen. Fehlt diese Bündelung, zeigen die Spieler zwar als Folgen Transformationaler Führung eine höhere Leistung, diese wird aber nicht effektiv genutzt und hat keine Beeinflussung der Teamleistung zur Folge.

Auch sollten weitere Kriterien effektiver Führung im Sport untersucht werden. Vor allem Zusammenhänge zu motivational geprägten Erfolgskriterien wie affektives Commitment (Meyer et al., 2002) und die Bereitschaft, sich zusätzlich zu engagieren (Organ, 1988), konnten in organisationalen Settings hinreichend bestätigt werden. Besonders in einem Kontext geteilter Führung, wie beispielsweise einer Fußballmannschaft, verändert Transformationale Führung die Einstellungen, Motive und Werthaltungen dahingehend, dass egoistische Interessen zu Gunsten gemeinsamer oder übergeordneter Ziele zurückgestellt werden („beyond self-interest") (Felfe, 2006a). Besonders für den Mannschaftssport ergeben sich daher intuitiv relevante Kriterien wie kollektive Selbstwirksamkeitserwartung (Sosik et al., 1997), Gruppenerfolg (Boerner & von Streit, 2005) oder Kooperationsbereitschaft (De Cremer & van Knippenberg, 2002), die in der organisationalen Führungsforschung im Zusammenhang mit Transformationaler Führung aktuell intensiv diskutiert werden.

Die Ergebnisse der vorliegenden Arbeit können nur für den professionellen Fußball in Deutschland gelten. Eine Übertragbarkeit auf andere Länder ist nicht gegeben, da im internationalen Vergleich die Rolle und die Aufgaben des Trainers deutliche Unterschiede aufweisen. Beispielsweise unterscheidet sich das „klassische" englische Trainerprofil deutlich von dem in Deutschland. In England ist der Trainer üblicherweise nicht nur für die sportliche Leitung verantwortlich, sondern übernimmt auch sämtliche Managementfunktionen. Die überwiegende Mehrheit der deutschen Fußballtrainer der Ersten und Zweiten Bundesliga ist dagegen ausschließlich mit der sportlichen Leitung ihrer Mannschaft betraut. So existieren im englischen Profifußball möglicherweise Führungstätigkeiten oder Managementaufgaben, die ein besonderes Führungsverhalten erfordern, aber im deutschen Profifußball nicht vorhanden sind.

Selbst im deutschen Fußball der Ersten und Zweiten Bundesliga weisen die Trainerpositionen bedeutende Tätigkeitsunterschiede auf. Dabei reichen die Unterschiede vom beschriebenen „englischen" Modell der Gesamtverantwortung über einzelne zusätzliche Aufgaben wie die Spielerauswahl bis hin zur reinen sportlichen Leitung der Mannschaft.

Darüber hinaus existieren bedeutende Unterschiede hinsichtlich der organisationalen Rahmenbedingungen der einzelnen Vereine, wie beispielweise die sportliche Infrastruktur oder die finanziellen Möglichkeiten. Zukünftige Forschungsarbeiten sollten daher stärker Unterschiede in Funktionen, Aufgaben und Rahmenbedingungen der einzelnen Trainer im nationalen und internationalen Vergleich berücksichtigen.

Eine weitere Einschränkung liegt in der Art der erhobenen Variablen. Die Einschätzung des Transaktionalen und Transformationalen Führungsverhaltens erfolgte nicht, wie in der Führungsforschung üblich, durch direkt Geführte, sondern durch die Einschätzung von Sportjournalisten. Obwohl die Interrater-Übereinstimmung eine hohe Kongruenz der Einschätzungen von Vereinsmitarbeitern und Sportjournalisten belegt, zeigen die Werte dennoch marginale Unterschiede. Auch wenn Journalisten den Führungsstil des Trainers insgesamt angemessen einschätzen können, existieren dennoch zahlreiche Situationen, die nicht von Journalisten bewertet werden können. Gerade Führungsstile wie beispielsweise *Individuelle Unterstützung*, die von Nähe und Vertrauen geprägt sind, können unter Umständen von ihnen nicht vollständig erfasst werden.

Vor alle auf der Teamebene sind in Anbetracht der Stichprobe von $N = 38$ Trainern lediglich korrelative Zusammenhänge untersucht worden. Zum einen sollte daher in nachfolgenden Untersuchungen eine größere Stichprobe angestrebt werden, um eine größere Power der Untersuchung zu ermöglichen. Zum anderen erscheint es wünschenswert, Methoden zu nutzen, die eine längsschnittliche Untersuchung ermöglichen und zeitliche Dynamiken berücksichtigen können.

Darüber hinaus konnte pro Trainer lediglich eine Einschätzung der Transaktionalen und Transformationalen Führung gewonnen werden und nicht die Einschätzung mehrerer Mitarbeiter. Allerdings konnten wissenschaftliche Arbeiten, welche die Interrater-Übereinstimmung des TLIs berichten (Krüger, Rowold, Borgmann, Staufenbiel & Heinitz, 2011; Rowold et al., 2009), eine hohe Übereinstimmung zwischen den bewertenden Mitarbeitern belegen. Somit kann man davon ausgehen, dass auch bei mehreren Einschätzungen pro Trainer sich die aggregierten Einschätzungen nicht bedeutend von einzelnen Einschätzungen unterscheiden. Nichtdestotrotz weisen aggregierte Mittelwerte zum Beispiel schmalere Konfidenzintervalle des wahren Wertes auf, sodass die aggregierten Werte als höherwertige Schätzer des wahren Wertes betrachtet werden müssen.

Die Population der Bundesligatrainer ist insgesamt sehr beschränkt; im Ganzen sind in der Ersten und Zweiten Bundesliga zu einem bestimmten Zeitpunkt lediglich 36 Vereine und Trainer vertreten. Dementsprechend ist die Stichprobe auf Ebene der Fußballtrainer mit einem $N = 38$ eher gering. Auch wenn diese Stichprobengröße laut Bassiri (1988) und Kim (1990) eine adäquate Power aufweist, könnten bei einer umfangreicheren Stichprobe möglicherweise zusätzliche Effekte transaktionaler und transformationaler Führungsstile identifiziert werden.

Auch ist es bei dieser geringen Stichprobe nicht möglich, die faktorielle Struktur des TLI angemessen zu überprüfen. Als absolute Mindestgröße für die Durchführung einer konfirmatorischen Faktorenanalyse wird von Ding, Velicer und Harlow (1995) ein Stichprobenumfang von $N = 100$ gefordert, der in der vorliegenden Arbeit nicht erreicht werden konnte. Da der TLI bislang noch nicht in einem Sportkontext angewandt wurde, steht die Prüfung der faktoriellen Struktur, also der Frage, ob sich die sechs postulierten Dimensionen Transformationaler Führung replizieren lassen, noch aus.

Auch sind die mit dem TLI erhobenen transformationalen Führungsstile sowie Transaktionale Führung untereinander korreliert. Die Korrelationen liegen im Mittel bei $r = .50$, was als hoher Zusammenhang angesehen werden kann (Cohen et al., 2002). Allerdings stellen die hohen Interkorrelationen möglicherweise das Resultat von Methodeneinflüssen dar, wie Krüger et al. (2011) zeigen konnten. Aufgrund der verwendeten linearen Wachstumsmodelle war es in dieser Arbeit allerdings nicht möglich, diese zu kontrollieren und unabhängige Führungsstile zu erhalten.

Die Reliabilität für die Führungsstile *Individuelle Unterstützung* ($\alpha = .62$) und *Transaktionale Führung* ($\alpha = .64$) ist eher gering. Auch wenn die internen Konsistenzen in Anbetracht der Skalenlänge nach Cortina (1993) noch in einem angemessenen Bereich liegen, mindern Messfehler die Validität der Zusammenhänge.

Ein weiterer methodischer Kritikpunkt bezieht sich auf den Zeitraum zwischen der Einstellung des Trainers und dem ersten Spiel. Trainer, die beispielsweise geplant in der Sommerpause einen neuen Posten antreten, haben bis zum ersten Spiel mehr Zeit, mit der Mannschaft zu arbeiten, als Trainer, die während der laufenden Saison einen neuen Posten übernehmen. Möglicherweise sind mit dem unterschiedlichen Zeitpunkt der Einstellung auch Selektionseffekte verbunden. Unter Umständen weisen Trainer, die während der Saison als sogenannter „Retter" oder „Feuerwehrmann" verpflichtet wurden, ein anderes Führungsprofil auf als Trainer, die langfristig geplant eine Einstellung eingehen. Diese möglichen Effekte werden allerdings dadurch gemindert, dass auch Spieler berücksichtigt werden, die später als der zugehörige Trainer eingestellt wurden. Als erster Messzeitpunkt für diese Spieler wird das erste absolvierte Spiel unter dem betreffenden Trainer herangezogen. Somit können mehr Spieler berücksichtigt werden, als die tatsächliche Mannschaft beim ersten Spiel des Trainers umfasst, und mögliche Effekte zwischen Einstellung des Trainers und erstem Spiel gemindert werden. Nichtsdestotrotz sollte bei künftigen Arbeiten dieser Zeitraum als mögliche Einflussgröße kontrolliert werden.

Auch wenn im Vergleich zu herkömmlichen regressionsanalytischen Verfahren hierarchische lineare Wachstumsmodelle eine Reihe von Vorteilen aufweisen, sind an deren Nutzung einige Annahmen und Einschränkungen gebunden. Die genutzten Mehrebenenmodelle unterstellen ein lineares Wachstum der sportlichen Leistung. Auch wenn für die transformationalen Führungsstile *Individualisierte Zuwendung* und *Geistige Anregung* über eine Zeitraum von 17 Spieltagen die Linearitätsannahme angemessen erscheint, liegen für die anderen Führungsstile möglicherweise alternative Kurven der sportlichen Leistungsentwicklung vor. Allgemein wird die sportliche Entwicklung meist mit einer S-Kurve modelliert: Nach einem langsamen Beginn erfolgt eine Beschleunigung als Folge und in Anbetracht der Begrenztheit menschlicher Möglichkeiten eine spätere Abflachung – eine asymptotische Kurve (Fuchs & Lames, 1989). Es erscheint daher gewinnbringend, in zukünftigen Arbeiten gezielt alternative und theoretisch abgeleitete Entwicklungskurven zu untersuchen.

Aufgrund der Linearitätsannahme wurde nur ein Untersuchungszeitraum von einer halben Saison, das heißt von 17 Spieltagen, gewählt. Die Annahme einer linearen Leistungsentwicklung über einen längeren Zeitraum erscheint unrealistisch, da nach einer gewissen Zeit – wie oben erwähnt – eine asymptotische Kurve erwartet werden muss. Da Transformationale Führung innerhalb des MML berücksichtigt wurde, um erstmals eine eher langfristig und situationsinvariant konzipierte Einflussgröße zu berücksichtigen, erscheint vor allem eine längerfristige Untersuchung von Transformationaler Führung im Sport erstrebenswert. Daher sollte zukünftige Forschung alternative und vor allem längere

Untersuchungszeiträume bei Berücksichtigung einer anderen Leistungsentwicklung in Betracht ziehen.

Dieser Abschnitt zeigt, dass sich für zukünftige Forschungsarbeiten, die Führung im Sport untersuchen, zahlreiche Anstöße sowie methodische und inhaltliche Erweiterungen ergeben. Vor allem die Limitationen der vorliegenden Untersuchung zeigen weiteren Bedarf an wissenschaftlichen Arbeiten auf, um einen vollständigeren und ganzheitlicheren Blick auf das Phänomen Transaktionale und Transformationale Führung zu erhalten. Als Fazit lässt sich konstatieren, dass bestimmte transformationale Führungsstile die individuelle sportliche Leistung der Spieler beeinflussen und die Berücksichtigung dieses Führungsparadigmas somit erste neue theoretische Impulse sowie praktische Handlungsempfehlungen für die professionelle Führungsarbeit im professionellen Fußball liefern kann.

Diese Arbeit zum transaktionalen und transformationalen Führungsverhalten von Fußballtrainern beschreibt lediglich einen kleinen Ausschnitt der umfangreichen psychologischen Prozesse und Beziehungen, die im Fußball vorliegen. Und obwohl es zahlreiche weitere psychologische Arbeiten zu fußballbezogenen Themen, wie beispielsweise zu Unterschieden in den Attributionsprozessen von Verteidigern, Mittelfeldspielern und Stürmern (Fiedler & Gebauer, 1986), zu sozialen Vergleichen von Spielern bei der Einschätzung der eigenen Leistung (Van Yperen, 1992) oder zur Vorhersagegenauigkeit von Spielergebnissen durch Experten (Halberstadt & Levine, 1999) gibt, wird Fußball (glücklicherweise) wohl nie vollständig erklär- und vorhersagbar sein, sodass es abschließend festzuhalten gilt:

„Grau ist alle Theorie, entscheidend ist auf dem Platz."

(Adi Preißler)

11 Zusammenfassung

„Der Trainer ist der Schlüssel" – diese Aussage von DFB-Sportdirektor Matthias Sammer unterstreicht die Wichtigkeit von Trainer und Führung. Aus wissenschaftlicher Sicht kann als gesicherter Befund gelten, dass der Trainer durch die Art seiner Führung Einfluss auf die von ihm betreuten Athleten, deren Zufriedenheit, Motivation und Leistung nimmt (Case, 1998).

Das bekannteste und einflussreichste Modell der Führung im Sport ist das Multidimensional Model of Coach Leadership (MML) von Chelladurais (1978; 1990; 1993). Es berücksichtigt in der aktuellen Version neben sportspezifischen Elementen auch Transformationale Führung als zentrale Komponente. Dieser Führungsstil wird seit Mitte der 80er Jahre in der Führungsforschung verstärkt diskutiert und untersucht. Obwohl in der organisationalen Forschung Transformationale Führung das am häufigsten untersuchte Führungskonstrukt darstellt (Antonakis et al., 2003), finden sich für den Sportkontext nur sehr wenige empirisch belegte Studien.

Das Ziel der vorliegenden Studie ist die Untersuchung der Transformationalen Führung (und deren Subskalen) im professionellen Fußball. Von Interesse sind dabei Effekte dieser Führungsstile auf die sportliche Leistung und deren Entwicklung bei professionellen Fußballspielern in der Ersten und Zweiten Bundesliga.

Beginnend mit der Einstellung des Trainers, wird die Leistungsentwicklung der Teams und der Spieler über eine halbe Saison hinweg analysiert. Die Stichprobe umfasst 38 Trainer; als Erfolgsmaße wurden die erreichte Punktzahl sowie die Anzahl der Siege und Niederlagen analysiert. Individuelle Leistungsbeurteilungen der Spieler wurden der Sportpresse entnommen und beschreiben 844 Athleten.

Auf Teamebene konnten keine signifikanten Effekte gefunden werden. Allerdings zeigen sich signifikante Effekte verschiedener transformationaler Führungsstile auf die individuelle Leistung und deren Entwicklung. Die Befunde verdeutlichen, dass durch das Paradigma der Transformationalen Führung lediglich auf die individuelle Leistung der Geführten Einfluss genommen werden kann. Die transformationalen Führungsstile *Geistige Anregung*, *Vorbild sein* und *Individuelle Unterstützung* zeigen signifikante Effekte auf die sportliche Leistung der Spieler.

Die Ergebnisse stützen zum Teil die wenigen bisherigen Befunde zu Transformationaler Führung im Sport (Zacharatos et al., 2000; Rowold, 2006; Charbonneau et al., 2001; Vallee & Bloom, 2005; Hall, 2007). Aus der Berücksichtigung der verschiedenen transformationalen Führungsstile können erste theoretische und praktische Erkenntnisse abgeleitet werden.

12 Literatur

Alban-Metcalfe, R. J. & Alimo-Metcalfe, B. (2000). An analysis of the convergent and discriminant validity of the transformational leadership questionnaire. *International Journal of Selection and Assessment, 8,* 158-175.

Alfermann, D. (2010). Trainer- und Trainerinnenverhalten. In O.Stoll, I. Pfeffer & D. Alfermann (Hrsg.), *Lehrbuch Sportpsychologie* (S. 149-172). Bern: Huber.

Alfermann, D., Lee, M. J. & Würth, S. (2005). Perceived Leadership Behavior and Motivational Climate as Antecedents of Adolescent Athletes' Skill Development. *Athletic Insight, 7,* 14-36.

Alfermann, D. & Stoll, O. (2005). *Sportpsychologie: Ein Lehrbuch in 12 Lektionen.* Aachen: Meyer & Meyer.

Alfermann, D., Würth, S. & Sabarowski, C. (2004). Soziale Einflüsse auf die Karriereentwicklung im Jugendleistungssport. Die Bedeutung von Eltern und Trainern. *Zeitschrift für Sportpsychologie, 2,* 50-61.

Alimo-Metcalfe, B. & Alban-Metcalfe, R. J. (2001). The development of a new transformational leadership questionnaire. *Journal of Occupational & Organizational Psychology, 74,* 1-27.

Allport, G. & Odbert, H. (1936). Trait-names: A psycho-lexical study. *Psychological Monographs, 47,* (1, Whole No. 211).

Alvesson, M. & Sveningsson, S. (2003). Good Visions, Bad Micromanagement and Ugly Ambiguity: Contradictions of (Non-)Leadership in a Knowledge-Intensive Organization. *Organization Studies, 24,* 961-988.

Amason, A. C. (1996). Distinguishing the effects of functional and dysfunctional conflict on strategic decision making: Resolving a paradox for top management teams. *Academy of Management Journal, 39,* 123-148.

Amorose, A. J. (2007). Coaching effectiveness. Exploring the relationship between coaching behavior and self-determing motivation. In M. S. Hagger & N. L. D. Chatzisarantis (Eds.), *Intrinsic motivation and self-determination in exercise and sport* (pp. 209-227). Champaign, IL: Human Kinetics.

Andriessen, E. J. H. & Drenth, P. J. D. (1996). Leadership: Theories ans Models. In P. J. D. Drenth, H. Thierry & C. W. de Wolf (Eds.), *Handbook of Organiazational Psychology* (pp. 321-355). Hove, East Sussex: Psychology Press.

Antonakis, J., Avolio, B. J. & Sivasubramaniam, N. (2003). Context and leadership: An examination of the nine-factor full-range leadership theory using the Multifactor Leadership Questionnaire. *Leadership Quarterly, 14,* 261-295.

Antonakis, J., Cianciolo, A. T. & Sternberg, R. J. (2004). Leadership: Past, present and future. In J.Antonakis, A. T. Cianciolo & R. J. Sternberg (Eds.), *The nature of leadership* (pp. 3-15). Thousand Oaks: Sage.

Antonakis, J. & House, R. (2004). *On instrumental leadership: Beyond transactions and transformations.* Omaha: UNL Gallup Leadership Institute Summit.

Antonakis, J. & House, R. J. (2002). The full-range leadership theory: The way forward. In B. J. Avolio & F. J. Yammarino (Eds.), *Transformational and charismatic leadership: the road ahead* (pp. 3-34). Amsterdam: JAI.

Arnold, K. A., Barling, J. & Kelloway, E. K. (2001). Transformational leadership or the iron cage: Which predicts trust, commitment and team efficacy? *Leadership & Organization Development Journal, 22,* 315-320.

Ashour, A. S. (1973). Further discussion of Fiedler's contingency model of leadership effectiveness. *Organizational Behavior and Human Performance, 9,* 369-376.

Atwater, L. E. & Bass, B. M. (1994). Transformational leadership in teams. In B. M. Bass & B. J. Avolio (Eds.), *Improving Organisational Effectiveness Through Transformational Leadership* (pp. 48-83). Thousand Oaks, CA: Sage.

Avolio, B. J. (1999). *Full leadership development: Building the vital forces in organizations.* Thousand Oaks, CA: Sage Publications.

Avolio, B. J. (2002). *Developing potential across a full range of leadership.* Mahwah, N.J.: Lawrence Erlbaum Associates.

Avolio, B. J. & Bass, B. M. (1988). Transformational leadership, charisma, and beyond. In J. G. Hunt, B. R. Baliga, H. P. Dachler & C. A. Schriesheim (Eds.), *Emerging leadership vistas* (pp. 29-49). Lexington, MA: Lexington Books.

Avolio, B. J. & Bass, B. M. (2004). *Multifactor Leadership Questionnaire. Manual and Sampler Set* (3rd ed.). Redwood City: Mind Garden, Inc.

Avolio, B. J. & Yammarino, F. J. (2002a). Introduction to, and overview of, transformational and charismatic leadership. In B. J. Avolio & F. J. Yammarino (Eds.), *Transformational and charismatic leadership: The road ahead* (pp. VIII-XXIII) Amsterdam: JAI.

Avolio, B. J. & Yammarino, F. J. (2002b). *Transformational and charismatic leadership: The road ahead.* Amsterdam: JAI.

Avolio, B. J., Zhu, W., Koh, W. L. & Bhatia, P. (2004). Transformational leadership and organizational commitment: Mediating role of psychological empowerment and moderating role of structural distance. *Journal of Organizational Behavior, 25,* 951-968.

Awamleh, R. & Gardner, W. L. (1999). Perceptions of leader charisma and effectiveness: The effects of vision content, delivery, and organizational performance. *Leadership Quarterly, 10,* 345-373.

Baker, J., Horton, S., Robertson-Wilson, J. & Wall, M. (2003). Nurturing sport expertise: Factors influencing the development of the elite athlete. *Journal of Sports Science and Medicine, 2,* 1-9.

Bandura, A. (1991). Social cognitive theory of self-regulation. *Organizational Behavior and Human Decision Processes, 50,* 248-287.

Barling, J., Weber, T. & Kelloway, E. K. (1996). Effects of transformational leadership training on attitudinal and financial outcomes: A field experiment. *Journal of Applied Psychology, 81,* 827-832.

Bass, B. M. (1985a). Leadership - good, better, best. *Organizational Dynamics, 13,* 26-40.

Bass, B. M. (1985b). *Leadership and performance beyond expectations.* New York: Free Press.

Bass, B. M. (1990a). *Bass & Stogdill's Handbook of Leadership* (3 ed.). New York: Free Press.

Bass, B. M. (1990b). From transactional to transformational leadership - learning to share the vision. *Organizational Dynamics, 18,* 19-31.

Bass, B. M. (1994). Transformational leadership and team and organizational decision making. In B. M. Bass & B. J. Avolio (Eds.), *Improving Organizational Effectiveness Through Transformational Leadership* (pp. 104-120). Thousand Oaks, CA: Sage.

Bass, B. M. (1997). Does the transactional-transformational leadership paradigm transcend organizational and national boundaries? *American Psychologist, 52,* 130-139.

Bass, B. M. (1998). *Transformational leadership: Industrial, military and educational impact.* Mahway, NJ: Lawrence Erlbaum Associates.

Bass, B. M. (1999). Two decades of research and development in transformational leadership. *European Journal of Work and Organizational Psychology, 8,* 9-32.

Bass, B. M. & Avolio, B. J. (1995). *MLQ Multifactor Leadership Questionnaire, Sampler Set.* CA: Mind Garden.

Bass, B. M. & Avolio, B. J. (1992). *Transformational leadership development: Manual for the Multifactor Leadership Questionnaire.* Palo Alto, CA: Consulting Psychologist Press.

Bass, B. M. & Avolio, B. J. (1993). Transformational leadership: A response to critiques. In M. M. Chemers & R. Ayman (Eds.), *Leadership theory and research: Perspectives and directions* (pp. 49-80). San Diego: Academic Press.

Bass, B. M. & Avolio, B. J. (1994). *Improving organizational effectiveness through transformational leadership.* Thousand Oaks: Sage.

Bass, B. M. & Avolio, B. J. (2000a). *Improving organizational effectiveness through transformational leadership.* Thousand Oaks: Sage.

Bass, B. M. & Avolio, B. J. (2000b). *MLQ Multifactor Leadership Questionnaire.* Redwood City: Mind Garden.

Bass, B. M., Avolio, B. J. & Atwater, L. (1996). The transformational and transactional leadership of men and women. *Applied Psychology: An International Review, 45,* 5-34.

Bass, B. M., Avolio, B. J. & Goodheim, L. (1987). Biography and the Assessment of Transformational Leadership at the World-Class Level. *Journal of Management, 13,* 7-19.

Bass, B. M., Avolio, B. J., Jung, D. I. & Berson, Y. (2003). Predicting unit performance by assessing transformational and transactional leadership. *Journal of Applied Psychology, 88,* 207-218.

Bass, B. M. & Riggio, R. E. (2006). *Transformational Leadership.* Mahwah: Lawrence Erlbaum Associates.

Bass, B. M. & Steidlmeier, P. (1999). Ethics, character, and authentic transformational leadership behavior. *Leadership Quarterly, 10,* 181-217.

Bassiri, D. (1988). *Large and small sample properties of maximum likelihood estimates for the hierarchical linear model.* Ph.D. thesis, Department of Counseling, Educational Psychology, and Special Education, Michigan State University.

Beauchamp, M. R. (2007). Efficacy beliefs within relational and group contexts in sport. In S. Jowett & D. Lavallee (Eds.), *Social psychology in sport* (pp. 181-193). Champaign, IL: Human Kinetics.

Behling, O. & Starke, F. A. (1973). The postulates of expectancy theoriy. *Academy of Management Journal, 16,* 373-388.

Bennis, W. & Nanus, B. (1990). *Die vier Schlüsselstrategien erfolgreichen Führens* (4 Aufl.). Frankfurt: Campus.

Bennis, W. G. (1959). *Leadership theory and administrative behavior: the problem of authority.* Boston University, Human Relations Center.

Bennis, W. G. & Nanus, B. (1985). *Leaders: The strategy for taking charge.* New York: Harper York.

Berson, Y. & Avolio, B. J. (2004). Transformational leadership and the dissemination of organizational goals: A case study of a telecommunication firm. *Leadership Quarterly, 15,* 625-646.

Bette, K. H. (1984). *Der Trainer im Hochleistungssport: System- und rollentheoretische Überlegungen zur Sozialfigur des Trainers.* Sankt Augustin: Richarz.

Bettenhausen, K. L. (1991). Five Years of Groups Research: What We Have Learned and What Needs to Be Addressed. *Journal of Management, 17,* 345-381.

Beyer, J. M. (1999). Two Approaches to Studying Charismatic Leadership: Competing or Complementary? *Leadership Quarterly, 10,* 575-588.

Blake, R. R. & Mouton, J. (1964). *The Managerial Grid, The Key to Leadership Excellence.* Houston: Golf Publishing.

Blake, R. R. & Mouton, J. (1978). *The new managerial grid: Strategic new insights into a proven system for increasing organization productivity and individual effectiveness, plus a revealing examination of how your managerial style can affect your mental and physical health.* Houston: Gulf Pub. Co.

Blank, W. A. R., Green, S. G. & Weitzel, J. R. (1990). A test of the situational leadership theory. *Personnel Psychology, 43,* 579-597.

Bliese, P. D. (2000). Within-group agreement, non-independence, and reliability: Implications for data aggregation and analysis. In K. J. Klein & S. W. J. Kozlowski (Eds.), *Multilevel theory, research, and methods in organizations: Foundations,extensions,and new directions* (pp. 349-389). San Francisco: Jossey-Bass.

Block, J. (1995). A contrarian view of the five-factor approach to personality description. *Psychological Bulletin, 117,* 187-215.

Bloom, G. A., Crumpton, R. & Anderson, J. E. (1999). A systematic observation study of the teaching behaviors of an expert basketball coach. *The Sport Psychologist, 13,* 157-170.

Boerner, S. & von Streit, C. (2005). Transformational leadership and group climate: Empirical results from symphony orchestras. *Journal of Leadership & Organizational Studies, 12,* 31-41.

Bommer, W. H., Rubin, R. S. & Baldwin, T. T. (2004). Setting the stage for effective leadership: Antecedents of transformational leadership behavior. *Leadership Quarterly, 15,* 195-210.

Bono, J. E. & Judge, T. A. (2004). Personality and Transformational and Transactional Leadership: A Meta-Analysis. *Journal of Applied Psychology, 89,* 901-910.

Bono, J. E. & Anderson, M. H. (2005). The Advice and Influence Networks of Transformational Leaders. *Journal of Applied Psychology, 90,* 1306-1314.

Borgmann, L. & Rowold, J. (2001) Eine Taxonomie organisationaler Strukturdimensionen und ihre Anwendung in der Führungsforschung. *Zeitschrift Arbeit, 20,* 32 - 64.

Bortz, J. & Döring, N. (2006). *Forschungsmethoden und Evaluation für Human- und Sozialwissenschaftler.* Heidelberg: Springer.

Bourner, F. & Weese, W. J. (2011). Executive leadership and organizational effectiveness in the Canadian Hockey League. *European Journal of Integrative Medicine, 2,* 88-100.

Boyd, L. H. & Iversen, G. R. (1979). *Contextual analysis: Concepts and statistical techniques.* Belmont, CA: Wadsworth Publishing.

Brack, R. (2002). *Sportspieltheoretische Trainingslehre: Wissenschafts- und objekttheoretische Grundlagen am Beispiel Handball.* Hamburg: Czwalina.

Brack, R. & Hohmann, A. (2005). Sportspiel-Trainer und Sportspiel-Trainerinnen. In A. Hohmann, M. Kolb & K. Roth (Hrsg.), *Handbuch Sportspiel* (S. 401-408). Schorndorf: Hofmann.

Brand, H., Schmidt, P., Klinger, U., Ranze, H. & Wieneke, F. (2000). Trainer - Macher oder Mitläufer? Stellenwert im neuen Jahrtausend. *Leistungssport, 30,* 17.

Brand, R. & Brand, R. (2010). Perspektive Gruppe und soziale Beeinflussung. In *Sportpsychologie* (S. 93-115). Wiesbaden: VS Verlag für Sozialwissenschaften.

Brodbeck, F. C. & Frese, M. (2007). Societal Culture and Leadership in Germany. In J. S. Chhokar, C. Brodbeck, R. J. House (Eds.), *Culture and leadership across the world: The GLOBE book of in-depth studies of 25 societies* (pp. 147-214). Mahwah, NJ: Erlbaum.

Brodbeck, F. C., Frese, M., Akerblom, S., Audia, G., Bakacsi, G., Bendova, H. et al. (2000). Cultural variation of leadership prototypes across 22 european countries. *Journal of Occupational & Organizational Psychology, 73,* 1-29.

Brodbeck, F. C., Frese, M. & Javidan, M. (2002). Leadership made in Germany: Low on compassion, high on performance. *Academy of Management Executive, 16,* 16-30.

Brodbeck, F. C., Maier, G. W. & Frey, D. (2002). Führungstheorien. In D. Frey & M. Irle (Hrsg.), *Theorien der Sozialpsychologie* (S. 329-364). Bern: Hans Huber.

Brown, D. J. & Keeping, L. M. (2005). Elaborating the construct of transformational leadership: The role of affect. *Leadership Quarterly, 16,* 245-272.

Brown, D. J., Scott, A. J. & Lewis, H. (2004). Information Processing and Leadership. In J. Antonakis, A. T. Cianciolo & R. J. Sternberg (Eds.), *The nature of leadership* (pp. 125 – 147). Thousand Oaks: Sage Publications.

Brown, R. D. & Hauenstein, N. (2005). Interrater Agreement Reconsidered: An Alternative to the rwg Indices. *Organizational Research Methods, 8,* 165.

Bryk, A. S. & Raudenbush, S. W. (1992). *Hierarchical linear models: Applications and data analysis methods.* Thousand Oaks, CA: Sage.

Bryman, A. (1992). *Charisma and leadership in organizations.* London: Sage.

Burke, C. S., Stagl, K. C., Klein, C., Goodwin, G. F., Salas, E. & Halpin, S. M. (2006). What type of leadership behaviors are functional in teams? A meta-analysis. *Leadership Quarterly, 17,* 288-307.

Burke, M. J. & Dunlap, W. P. (2002). Estimating interrater agreement with the Average Deviation Index: A User's guide. *Organizational Research Methods, 5,* 159-172.

Burke, M. J., Finkelstein, L. M. & Dusig, M. S. (1999). On Average Deviation Indices for Estimating Interrater Agreement. *Organizational Research Methods, 2,* 49-68.

Burns, J. M. (1978). *Leadership.* New York: Harper & Row.

Burstein, L. (1980). The role of levels of analysis in the specification of educational effects. In R. Dreeben & J. A. Thomas

(Eds.), *Analysis of educational producrivity: Issues in microanalysis* (pp. 119-190).Cambridge, MA: Ballinger.

Buse, A. (1982). The Likelihood Ratio, Wald, and Lagrange Multiplier Tests: An Expository Note. *The American Statistician, 36,* 153-157.

Bußmann, T. (2009). *Leistungsbestimmte Faktoren im Fußball.* GRIN Verlag.

Bycio, P., Hackett, R. D. & Allen, J. S. (1995). Further assessments of Bass (1985) conceptualization of transactional and transformational leadership. *Journal of Applied Psychology, 80,* 468-478.

Cachay, K., Borggrefe, C. & Thiel, A. (2007). "Ich muss etwas vermitteln, ich muss überzeugen!" - Sozialkompetenz von Trainerinnen und Trainern im Spitzensport. *Leistungssport, 37,* 5-10.

Carless, S. A., Wearing, A. J. & Mann, L. (2000). A short measure of transformational leadership. *Journal of Business and Psychology, 14,* 389-405.

Case, R. (1990). Situational leadership theory and leadership effectiveness in sport settings. In L.Van der Velden & J. H. Humphrey (Eds.), *Psychology and sociology of sport: Current selected research* (pp. 77 -90). New York: AMS Press.

Case, R. (1998). Leader member exchange theory and sport: Possible applications. *Journal of Sport Behavior, 21,* 387.

Charbonneau, D., Barling, J. & Kelloway, E. K. (2001). Transformational leadership and sports performance: The mediating role of intrinsic motivation. *Journal of Applied Social Psychology, 31,* 1521-1534.

Chelladurai, P. (1978). *A contingency model of leadership in athletics.* University of Waterlooo, Kanada.

Chelladurai, P. (1981). The coach as motivator and chameleon of leadership styles. *Science Periodical on Research and Technology in Sport.*.

Chelladurai, P. (1999). *Leadership: Full engagement for success.* Champaign, IL: Human Kinetics.

Chelladurai, P. (2001). *Managing organisations for sport and physical activity: A systems perspective.* Scottsdale, AZ: Holcomb Hathaway.

Chelladurai, P. (2006). *Management of human resources in sport and recreation* (2nd ed.). Champaign, IL: Human Kinetics.

Chelladurai, P. (2007). Leadership in sports. In G. Tenenbaum & R. C. Eklund (Eds.), *Handbook of sport psychology* (3 ed., pp. 113-135). New York: Wiley.

Chelladurai, P. & Carron, A. V. (1983). Athletic maturity and preferred leadership. *Journal of Sport Psychology, 5,* 371-380.

Chelladurai, P. & Doherty, A. J. (1998). Styles of decision-making in coaching. In *Applied sport psychology: personal growth to peak performance* (3 ed., pp. 115-126). Mountain View, CA: Mayfield.

Chelladurai, P., Imamura, H., Yamaguchi, Y., Oinuma, Y. & Miyauchi, T. (1988). Sport leadership in a cross-national setting: The case of Japanese and Canadian university athletes. *Journal of Sport & Exercise Psychology, 10,* 374-389.

Chelladurai, P. & Riemer, H. A. (1998). Measurement of leadership in sports. In J. L. Duda (Ed.), *Adcances in sport and exercise psychology measurement* (pp. 227-253). Morgantown, WV: Fitness Information Technology.

Chelladurai, P. (1990). Leadership in sports: A review. *International Journal of Sport Psychology, 21,* 328-354.

Chelladurai, P. (1993). Leadership. In R. N. Singer, M. Murphy & L. K. Tennant (Eds.), *Handbook of research on sport psychology* (pp. 647-671). New York: Macmillian.

Chelladurai, P. & Saleh, S. (1980). Dimensions of leader behavior in sports: Development of a leadership scale. *Journal of Sport Psychology, 2,* 34-45.

Chen, G., Bliese, P. D., Payne, S. C., Zaccaro, S. J., Simsarian Webber, S., Mathieu, J. E. et al. (2002). Simultaneous Examination of the Antecedents and Consequences of Efficacy Beliefs at Multiple Levels of Analysis. *Human Performance, 15,* 381-409.

Chen, G. & Tjosvold, D. (2002). Conflict Management and Team Effectiveness in China: The Mediating Role of Justice. *Asia Pacific Journal of Management, 19,* 557-572.

Chow, G. M. & Feltz, D. L. (2008). Exploring the relationships between collective efficacy, perceptions of success, and team attributions. *Journal of Sports Sciences, 26,* 1179-1189.

Cohen, P., Cohen, J., West, S. G. & Aiken, L. S. (2002). *Applied multiple regression/correlation analysis for the behavioral sciences.* New Jersey: Lawrence Erlbaum Associates.

Coleman, S., Fairweather, M. & Ferrier, B. (2003). The analysis of football kicking skills within the Scottish Institute of Sport. *Insight: The FA Coaches Association Journal, 6,* 36-37.

Conger, J. A. (1989). *The charismatic leader: Behind the mystique of exceptional leadership.* San Francisco, CA: Jossey-Bass.

Conger, J. A. (1990). The dark side of leadership. *Organizational Dynamics, 19,* 44-55.

Conger, J. A. & Kanungo, R. N. (1987). Toward a behavioral theory of charismatic leadership in organizational settings. *Academy of Management Review, 12,* 637-647.

Conger, J. A. & Kanungo, R. N. (1988). *Charismatic leadership. The elusive factor in organisational effectiveness.* San Francisco: Jossey-Bass.

Conger, J. A. & Kanungo, R. N. (1998). *Charismatic leadership in organizations.* Thousand Oaks: Sage.

Conroy, D. E. & Coatsworth, J. D. (2006). Coach training as a strategy for promoting youth social development. *The Sport Psychologist, 20,* 128-144.

Cortina, J. M. (1993). What is coefficient alpha? An examination of theory and applications. *Journal of Applied Psychology, 78,* 98-104.

Côté, J., Salmela, J., Trudel, P. B. A. & Russell, S. (1995). The coaching model: A grounded assessment of expert gymnastic coaches' knowledge. *Journal of Sport and Exercise Psychology, 17,* 1-17.

Cotton, J. L., Vollrath, D. A., Froggatt, K. L. & Lengnick-Hall, M. L. (1988). Employee participation: Diverse forms and different outcomes. *The Academy of Management Review, 13,* 8-22.

Crust, L. & Lawrence, I. (2006). A Review of Leadership in Sport: Implications for Football Management. *Athletic Insight, 8,* 28-48.

Crust, L. (2008). A review and conceptual re-examination of mental toughness: Implications for future researchers. *Personality and Individual Differences, 45,* 576-583.

Cumming, S. P., Smith, R. E. & Smoll, F. L. (2006). Athlete-perceived coaching behaviors in sport: Relating two research traditions. *Journal of Sport & Exercise Psychology, 28,* 205-213.

Davis, D. J. (2002). An analysis of the perceived leadership styles and levels of satisfaction of selected junior college athletic directors and head coaches. *Sport Journal, 5,* 27-33.

Day, D. V. (2004). Can chameleons lead? *The Leadership Quarterly, 15,* 699-707.

Day, D. W. & Lord, R. G. (1988). Executive leadership and organizational performance: Suggestions for a new theory and methodology. *Journal of Management, 14,* 453-464.

De Cremer, D. & van Knippenberg, D. (2002). How do leaders promote cooperation? The effects of charisma and procedural fairness. *Journal of Applied Psychology, 87,* 858-866.

De Hoogh, A. H., Den Hartog, D. N., Koopman, P. L., Thierry, H., Van Den Berg, P. T., Van der Weide, J. G. et al. (2005). Leader motives, charismatic leadership, and subordinates' work attitude in the profit and voluntary sector. *Leadership Quarterly, 16,* 17-38.

Deci, E. L. & Ryan, R. M. (1985). *Intrinsic motivation and self-determination in human behavior.* New York: Plenum.

DeGroot, T., Kiker, D. S. & Cross, T. C. (2000). A meta-analysis to review organizational outcomes related to charismatic leadership. *Canadian Journal of Administrative Sciences, 17,* 356-371.

Den Hartog, D. N., House, R., Hanges, P., Dorfman, P. W. & Ruiz-Quintanilla, S. A. (1999). Emics and Etics of Culturally-Endorsed Implicit Leadership Theories: Are Attributes of Charismatic/ Transformational Leadership Universally Endorsed? *Leadership Quarterly, 10,* 219 -256.

Deutsch, M. & Gerard, H. (1955). A study of normative and informational social influence upon individual judgement. *Journal of Abnormal & Social Psychology, 51,* 629-636.

Deutscher Fußball Bund e.V. (2011). *Ausbildung Fußball-Lehrer.* Verfügbar unter http://www.dfb.de/index.php?id=11285 [14.05.2011].

DFL Deutsche Fußball Liga GmbH. (2011). *Bundesliga Report 2011 Die wirtschaftliche Situation im Lizenzfußball.* Verfügbar unter http://static.bundesliga.de/media/native/autosync/dfl_bl_report_2011 _fin_150dpi_deutsch.pdf [14.05.2011].

Digman, J. M. (1990). Personality Structure: Emergence of The Five-Factor Model. *Annual Review of Psychology, 41,* 417-440.

Ding, L., Velicer, W. F. & Harlow, L. L. (1995). Effects of estimation methods number of indicators per factor and improper solutions on structural equation modeling fit indices. *Structural Equation Modeling, 2,* 119-144.

Dionne, S. D., Yammarino, F. J., Atwater, L. E. & Spangler, W. D. (2004). Transformational leadership and team performance. *Journal of Organizational Change Management, 17,* 177-193.

Ditton, H. (1998). *Mehrebenenanalyse: Grundlagen und Anwendungen des hierarchisch linearen Modells.* Weinheim: Juventa.

Doherty, A. J. & Danylchuk, K. E. (1996). Transformational and transactional leadership in interuniversity athletics management. *Journal of Sport Management, 10,* 292-309.

Dörr, S. L. (2008). *Motive, Einflussstrategien und transformationale Führung als Faktoren effektiver Führung.* München: Mering.

Downtown, J. R. (1973). *Rebel leadership: Commitment and charisma in the revolutionary process.* New York: Free Press.

Drath, W. H. & Paulus, C. J. (1994). *Making Common Sense: Leadership as meaning-making in a communitiy of practice.* Greensboro, NC: Center for Creative Leadership.

Dumdum, U. R., Lowe, K. B. & Avolio, B. J. (2002). A meta-analysis of transformational and transactional leadership correlates of effectiveness and satisfaction: An update and extension. In B. J. Avolio & F. J. Yammarino (Eds.), *Transformational and charismatic leadership: the road ahead* (pp. 35-66). Amsterdam: JAI.

Dvir, T., Eden, D., Avolio, B. J. & Shamir, B. (2002). Impact of transformational leadership on follower development and performance: A field experiment. *Academy of Management Journal, 45,* 735-744.

Dwyer, J. J. M. & Fisher, D. G. (1990). Wrestlers' perceptions of coaches' leadership as predictors of satisfaction with leadership. *Perceptual and Motor Skills, 71,* 511-517.

Dyer, W. G. (1995). *Team building: current issues and new alternatives.* Addison-Wesley.

Eitzen, D. S. & Sage, G. H. (1997). *The Sociology of North American Sports* (6 ed.). Dubuque, IA.: Brown & Benchmark.

Emrich, E., Pitsch, W. & Papathanassiou, V. (1999). Die Trainerrolle aus Athletensicht. *Leistungssport, 29,* 9-14.

Ericcson, A. & Hagemann, N. (2007). Der "Expert-Performance-Approach" zur Erklärung sportlicher Höchstleistung. In N. Hagamann, M. Tietjens & B. Strauß (Hrsg.), *Psychologie der sportlichen Höchstleistung* (S. 17-39). Göttigen: Hogrefe.

Evans, M. G. (1970). The effects of supervisory behavior on the path-goal relationship. *Organizational Behavior and Human Performance, 5,* 277-298.

Evans, M. G. (1974). Extensions of a path-goal theory of motivation. *Journal of Applied Psychology, 59,* 172-178.

Felfe, J. (2003). *Transformationale und charismatische Führung und Commitment im organisationalen Wandel.* Habilitationsschrift, Universität Halle.

Felfe, J. (2005). *Charisma, transformationale Führung und Commitment.* Köln: Kölner Studien Verlag.

Felfe, J. (2006a). Transformationale und charismatische Führung: Stand der Forschung und aktuelle Entwicklungen. *Zeitschrift für Personalpsychologie, 5,* 163-176.

Felfe, J. (2006b). Validierung einer deutschen Version des "Multifactor Leadership Questionnaire" (MLQ Form 5 x Short) von Bass und Avolio (1995). *Zeitschrift für Arbeits- und Organisationspsychologie, 50,* 61-78.

Felfe, J., Tartler, K. & Liepmann, D. (2004). Advanced research in the field of transformational leadership. *Zeitschrift für Personalforschung (German Journal of Human Resource Research), 18,* 262-288.

Fernandez, C. F. & Vecchio, R. P. (1997). Situational leadership theory revisited: A test of an across-jobs perspective. *Leadership Quarterly, 8,* 67.

Fiedler, F. E. (1967). *A theory of leadership effectiveness.* New York: McGraw-Hill.

Fiedler, F. E. (1978). The Contingency Model and the Dynamics of the Leadership Process. In B. Leonard (Ed.), *Advances in Experimental Social Psychology* (11 ed., pp. 59-112). Academic Press.

Fiedler, K. & Gebauer, A. (1986). Egozentrische Attributionen unter Fußballspielern. *Zeitschrift für Sozialpsychologie, 17,* 173-176.

Fishbein, M. (1967). Attitude and the prediction of behavior. In M. Fishbein (Ed.), *Readings in attitude theory and measurement* (pp. 477-492). New York, NY: Wiley.

Fleishman, E. A. (1953). The description of supervisory behavior. *Journal of Applied Psychology, 12,* 1-6.

Fornoff, J. & Kilzer, R. M. (1994). *Ausbildung und Arbeitsbedingungen des Trainers.* Schorndorf: Hofmann.

Franke, E. (1996). Zum Selbstbild des Trainerberufs im Spiegel seiner Verantwortung. *Leistungssport, 26,* 21-24.

Friedrich, G., Grosser, M. & Preising, R. (1988). *Einführung in die Ausbildung von Trainern an der Trainerakademie.* Schorndorf: Hofmann.

Fry, L. W., Kerr, S. & Lee, C. (1986). Effects of Different Leader Behaviors under Different Levels of Task Interdependence. *Human Relations, 39,* 1067-1081.

Fuchs, P. & Lames, M. (1989). Mathematische Modellierung der Leistungsentwicklung und Leistungsprognosen in der Leichtathletik. *Sportwissenschaft, 19,* 420-435.

Fuller, J. B., Patterson, C. E. P., Hester, K. & Stringer, S. Y. (1996). A quantitative review of research on charismatic leadership. *Psychological Reports, 78,* 271-287.

Gabele, E., Liebel, H. & Oechsler, E. (1992). *Führungsansätze und Mitarbeiterführung: Führungsprobleme erkennen und lösen.* Wiesbaden: Gabler.

Gabler, H. (2002). *Motive im Sport.* Schorndorf: Hofmann.

Gavin, M. B. & Hofman, D. A. (2002). Using hierarchical linear modeling to investigate the moderating influence of leadership climate. *The Leadership Quarterly, 13,* 15-33.

Gebert, D. (2002). *Führung und Innovation.* Stuttgart: Kohlhammer.

Gebert, D., Steinkamp, T. & Wendler, E. (1987). *Führungsstil und Absatzerfolg im Kreditbereich.* Wiesbaden: Gabler.

Gebert, D. & von Rosenstiel, L. (2002). *Organisationspsychologie: Person und Organisation* (5 Aufl.). Stuttgart: Springer.

Georgopoulos, B. S., Mahoney, G. M. & Jones, N. W. Jr. (1957). A path-goal approach to productivity. *Journal of Applied Psychology, 41,* 345-353.

Gerstner, C. R. & Day, D. V. (1994). Cross-Cultural Comparison of Leadership Prototypes. *Leadership Quarterly, 5,* 121-134.

Geyer, A. L. J. & Steyrer, J. M. (1994). Transformationale Führung, klassische Führungstheorien und Erfolgsindikatoren von Bankbetrieben. *Zeitschrift für Betriebswirtschaftslehre, 64,* 961-979.

Geyer, A. L. J. & Steyrer, J. M. (1998). Transformational leadership and objective performance in banks. *Applied Psychology: An International Review, 47,* 397-420.

Goodstein, L. D. & Lanyon, R. I. (1999). Applications of personality assessment to the workplace. *Journal of Business and Psychology, 13,* 291-321.

Grote, G. (2008). Führung. In P. Badke-Schaub, G. Hofinger & K. Lauche (Eds.), *Human Factors* (pp. 176-190). Heidelberg: Springer.

Guzzo, R. A. & Dickson, M. W. (1996). Teams In Organizations: Recent Research on Performance and Effectiveness. *Annual Review of Psychology, 47,* 307-338.

Guzzo, R. A. & Shea, G. P. (1992). Group performance and intergroup relations in organizations. In M. D. Dunnette & L. M. Hough (Eds.), *Handbook of Industrial and Organizational Psychology* (2nd ed., *Vol. 3,* (pp. 269–313). Palo Alto, CA: Consulting Psychology.

Hagedorn, G. (2000). *Sportspiele: Training und Wettkampf.* Reinbek: Rowohlt.

Halberstadt, J. B. & Levine, G. M. (1999). Effects of reasons analysis on the accuracy of predicting basketball games. *Journal of Applied Social Psychology, 29,* 517-530.

Hales, C. P. (1986). What do managers do? A critical review of the evidence. *Journal of Management Studies, 23,* 88-115.

Hall, M. D. (2007). *An examination of the transformational leadership behaviors of female head coaches and satisfaction with team performance in Division I intercollegiate women's soccer teams: The mediating role of cohesion.* Denver: University of Denver.

Halpin, A. & Winer, B. (1957). A factorial study of the leader behavior descriptions. In R. Stogdill & A. E. Coons (Eds.), *Leader Behavior* (pp. 39-55). Columbus, OH: Ohio State University.

Hater, J. J. & Bass, B. M. (1988). Superiors evaluations and subordinates' perceptions of transformational and transactional leadership. *Journal of Applied Psychology, 73,* 695-702.

Heinitz, K. (2006). *Assessing the validity of the Multifactor Leadership Questionnaire.*

Heinitz, K. & Rowold, J. (2007). Gütekriterien einer deutschen Adaptation des Transformational Leadership Inventory (TLI) von Podsakoff. *Zeitschrift für Arbeits- und Organisationspsychologie, 51,* 1-15.

Hemphill, J. K. (1950). Relations between the size of the group and the behavior of "superior" leaders. *The Journal of Social Psychology, 32,* 11-22.

Hemphill, J. K. (1959). Job descriptions for executives. *Harvard Business Review, 37,* 55-67.

Hemphill, J. K. & Coons, A. E. (1957). Development of the Leader Behavior Description Questionnaire. In R. M. Stogdill & A. E. Coons (Eds.), *Leader behavior: Its description and measurement* (pp. 6-38). Columbus, OH: Bureau of Business Research.

Hendry, L. (1969). A personality study of highly successful and 'ideal' swimming coaches. *Research Quarterly, 40,* 299-305.

Hentze, J., Kammel, A. & Lindert, K. (1997). *Personalführungslehre: Grundlagen, Funktionen und Modelle der Führung.* Bern: Haupt.

Hersey, P. & Blanchard, K. H. (1977). *Management of organizational behaviour: Utilizing human resources* (3 ed.). Englewood Cliffs N.J.: Prentice-Hall.

Hinkin, T. R. & Tracey, J. B. (1999). The relevance of charisma for transformational leadership in stable organizations. *Journal of Organizational Change Management, 12,* 105-119.

Hodges, L. & Carron, A. V. (1992). Collective efficacy and group performance. *International Journal of Sport Psychology, 23,* 48-59.

Hofmann, D. A. (1997). An Overview of the Logic and Rationale of Hierarchical Linear Models. *Journal of Management, 23,* 723-744.

Hofmann, D. A., Jacobs, R. & Gerras, S. J. (1992). Mapping individual performance over time. *Journal of Applied Psychology, 77,* 185-195.

Hofstede, G. (1980). *Culture's consequences.* Beverly Hills, CA: Sage.

Hofstede, G. & Bond, M. H. (1984). Hofstede's Culture Dimensions. *Journal of Cross-Cultural Psychology, 15,* 417-433.

Hogan, R., Curphy, G. J. & Hogan, J. (1994). What We Know About Leadership. Effectiveness and Personality. *American Psychologist, 49,* 493-504.

Hollingshead, A. B. (1996). The Rank-Order Effect in Group Decision Making. *Organizational Behavior and Human Decision Processes, 68,* 181-193.

Hoption, C., Phelan, J. & Barling, J. (2007). Transformational leadership in sport. In M. R. Beauchamp & M. A. Eys (Eds.), *Group Dynamics in Exercise and Sport Psychology* (pp. 45-60). New York: Routledge.

Horn, T. S. (1985). Coache´s feedback and and changes in children´s perceptions of their phsysical competence. *Journal of Educational Psychology, 77,* 174-186.

Horn, T. S. (2002). Coaching effectiveness in the sport domain. In T.S.Horn (Ed.), *Advances in Sport Psychology* (pp. 309-354). Champaign, IL: Human Kinetics.

Horn, T. S. (2007). Coaching effectiveness in the sport domain. In T.S.Horn (Ed.), *Advances in Sport Psychology* (2nd ed., pp. 309-354). Champaign, IL: Human Kinetics.

Horne, T. & Carron, A. V. (1985). Compatibility in coach-athlete relationships. *Journal of Sport Psychology, 7,* 149.

Hotz, A. (1997). *Qualitatives Bewegungslernen.* Bern: SVSS.

Hough, L. M. (1992). The „Big-Five" personality variables-construct confusion: Description versus prediction. *Human Performance, 5,* 139-155.

House, R. J. (1977). A 1976 Theory of charismatic leadership. In J. G. Hunt & L. L. Larson (Eds.), *Leadership: The cutting edge* (pp. 189-207). Carbondale: Southern Illinois University Press.

House, R. J. (1996). path-goal theory of leadership: lessons, legacy, and a reformulated theory. *Business Source Elite, 7,* 323-352.

House, R. J. & Aditya, R. M. (1997). The social scientific study of leadership: Quo Vadis? *Journal of Management, 23,* 409-473.

House, R. J. & Dessler, G. (1974). The path-goal theory of leadership: some post hoc and a priori tests. In J. G. Hunt & L. L. Larson (Eds.), *Contengency approaches to leadership* (pp. 29-62). Carbondale, IL: Southern Illinois University Press.

House, R. J., Hanges, P. J., Javidan, M., Dorfman, P. W. & Gupta, N. (2004). *Culture, leadership, and organizations: The GLOBE study of 62 societies.* Thousand Oaks: Sage.

House, R. J. & Howell, J. M. (1992). Personality and charismatic leadership. *Leadership Quarterly, 3,* 81-108.

House, R. J. & Javidan, M. (2004). Overview of GLOBE. In *Leadership, culture, and organizations: The GLOBE study of 62 societies* (pp. 9-28). Thousand Oaks, CA: Sage.

House, R. J. & Mitchell, T. R. (1974). Path-goal theory of leadership. *Journal of Contemporary Business, 12,* 81-97.

House, R. J. & Shamir, B. (1993). Toward the integration of transformational, charismatic, and visionary thories. In M. M. Chemers & R. Ayman (Eds.), *Leadership theory and research: Perspectives and directions* (pp. 167-188). San Diego: Academic Press.

House, R. J. (1971). A Path Goal Theory of Leader Effectiveness. *Administrative Science Quarterly, 16,* 321-339.

Howell, J. M. & Avolio, B. J. (1992). The ethics of charismatic leadership: Submission or liberation? *Academy of Management Executive, 6,* 43-54.

Howell, J. M. & Avolio, B. J. (1993). Transformational leadership, transactional leadership, locus of control, and support for innovation:

Key predictors of consolidated-business-unit performance. *Journal of Applied Psychology, 78,* 891-902.

Howell, J. M. & Frost, P. J. (1989). A laboratory study of charismatic leadership. *Organizational Behavior and Human Decision Processes, 43,* 243-269.

Howell, J. M. & Hall-Merenda, K. E. (1999). The ties that bind: The impact of leader-member exchange, transformational and transactional leadership, and distance on predicting follower performance. *Journal of Applied Psychology, 84,* 680-694.

Howell, J. P. & Dorfman, P. W. (1981). Substitutes for Leadership: Test of a Construct. *Academy of Management Journal, 24,* 714-728.

Howell, J. M. (1988). Two faces of charisma: Socialized and personalized leadership in organizations. In *Charismatic leadership: The elusive factor in organizational effectiveness* (pp. 213-236). San Francisco, CA: Jossey-Bass.

Hox, J. J. (2002). *Multilevel Analysis: Techniques and Applications, Second Edition.* Mahwah, NJ: Erlbaum.

Hsu, C. H., Bell, R. C. & Cheng, D. M. (2002). Transformational leadership and organizational effectiveness in recreational sports/fitness programs. *Sport Journal, 5.*

Hungenberg, H. & Wulf, T. (2011). Personal und Führung. In H. Hungenberg & T. Wulf (Hrsg.), *Grundlagen der Unternehmensführung* (4 Aufl., S. 255-437). Heidelberg: Springer.

Hunt, J. G. (1999). Transformational/charismatic leadership's transformation of the field: An historical essay. *Leadership Quarterly, 10,* 129-144.

Jacobs, T. O. & Jaques, E. (1987). Leadership in complex systems. In J. Zeidner (Ed.), *Human productivity enhancement: Organizations, personnel, and decision making, vol. 2* (pp. 7-65). New York: Praeger.

James, L. R., Demaree, R. G. & Wolf, G. (1984). Estimating within-group interrater reliability with and without response bias. *Journal of Applied Psychology, 69,* 85-98.

James, L. R., Demaree, R. G. & Wolf, G. (1993). $r_{(wg)}$: An assessment of within-group interrater agreement. *Journal of Applied Psychology, 78,* 306-309.

Janda, K. F. (1960). Towards the explication of the concept of leadership in terms of the concept of power. *Human Relations, 13,* 345-363.

Janman, K., Jones, G., Payne, R. L. & Rick, J. T. (1988). Clustering individuals as a way of dealing with multiple predictors in occupational stress research. *Beiträge zur Hochschulforschung, 14,* 17-29.

Jehn, K. A. & Chatman, J. A. (2000). The Influence of Proportional And Perceptual Conflict Composition On Team Performance. *International Journal of Conflict Management, 11,* 56.

Jenewein, W. (2008). Das Klinsmann-Projekt. *Harvard Buisness Manager, 29,* 16-31.

Jones, G. (1987). Stress in psychiatric nurses. In R.Payne & J. Firth-Corzen (Eds.), *Stress in health professionals* (pp. 189-210). Chichester, UK: Wiley.

Jones, G. (2002). Performance excellence: A personal perspective on the link between sport and business. *Journal of Applied Psychology, 14,* 268-281.

Judge, T. A., Piccolo, R. F. & Ilies, R. (2004). The forgotten ones? The validity of consideration and initiating structure in leadership research. *Journal of Applied Psychology, 89,* 36-51.

Judge, T. A., Woolf, E. F., Hurst, C. & Livingston, B. (2006). Charismatic and transformational leadership. A review and research agenda. *Zeitschrift für Arbeits- und Organisationspsychologie, 50,* 203-214.

Judge, T. A., Bono, J. E., Ilies, R. & Gerhardt, M. W. (2002). Personality and leadership: A qualitative and quantitative review. *Journal of Applied Psychology, 87,* 765-780.

Judge, T. A. & Piccolo, R. F. (2004). Transformational and transactional leadership: A meta-analytic test of their relative validity. *Journal of Applied Psychology, 89,* 755-768.

Jung, D. I., Chow, C. & Wu, A. (2003). The role of transformational leadership in enhancing organizational innovation: Hypotheses and some preliminary findings. *The Leadership Quarterly, 14,* 525-544.

Kahai, S. S., Sosik, J. J. & Avolio, B. J. (2000). *Effects of leadeship style, anonymity and rewards in an electronic meeting system environment.* Center for Leadership Studies. Binghamton University.

Kanungo, R. N. & Misra, S. (1992). Managerial Resourcefulness: A Reconceptualization of Management Skills. *Human Relations, 45,* 1311-1332.

Kark, R., Shamir, B. & Chen, G. (2003). The two faces of transformational leadership: Empowerment and dependency. *Journal of Applied Psychology, 88,* 246-255.

Katz, D. & Kahn, R. L. (1966). *The social psychology of organizations.* New York: Wiley.

Keidel, R. W. (1987). Team sports models as a generic organizational framework. *Human Relations, 40,* 591-612.

Keller, R. T. (1992). Transformational leadership and the performance of research and development project groups. *Journal of Management, 18,* 489-501.

Kellett, P. (1999). Organisational Leadership: Lessons from Professional Coaches. *Sport Management Review, 2,* 150-171.

Kelloway, E. K., Barling, J. & Helleur, J. (2000). Enhancing transformational leadership: The roles of training and feedback. *Leadership & Organization Development Journal, 21,* 145-149.

Kennedy, J. (1982). Middle LPC leaders and the contingency model of leadership effectiveness. *Organizational Behavior and Human Performance, 30,* 1-14.

Kent, A. & Chelladurai, P. (2001). Perceived transformational leadership, organizational commitment, and citizenship behavior: A case study in intercollegiate athletics. *Journal of Sport Management, 15,* 135-159.

Kerr, S. & Jermier, J. M. (1978). Substitutes for Leadership - Their Meaning and Measurement. *Organizational Behavior and Human Performance, 22,* 375-403.

kicker ONLINE. (13-4-2011). *kicker-Managerspiel zur 1. Bundesliga 2010/11 Die Classic-Spielregeln.* Verfügbar unter http://www.kicker.de/games/interactive/bundesliga/spielregeln/artikel /511085 [13.05.2001].

Kim, J. S. (1990). *Multilevel data analysis: A comparison of analytical alternatives.* Ph.D. thesis, University of California, Los Angeles..

Klein, K. J. & House, R. J. (1995). On fire: Charismatic leadership and levels of analysis. *The Leadership Quarterly, 6,* 183-198.

Klöckner, W. (2000a). Menschenführung im Sport – oder der lange Abschied von unseren preußischen Tugenden. *Leistungssport, 30,* 12-16.

Klöckner, W. (2000b). Wissen-Schaffen in einer neuen Denkkultur. Wie erwerben Trainerinnen und Trainer psychologische Kompetenz? In H. Allmer, W. Harmtann & D. Kayser (Hrsg.), *Sportpsychologie in Bewegung: Forschung für die Praxis* (S. 119-124). Köln: Sport und Buch Strauß.

Koning, R. H. (2003). An Econometric Evaluation of the Effect of Firing and Coach on Team Performance. *Applied Economics, 35,* 495-502.

Kotter, J. (1982). What effective general managers really do. *Harvard Business Review, 60,* 145-159.

Kouzes, J. M. & Posner, B. Z. (1987). *The Leadership Challenge.* San Francisco: Jossey-Bass.

Kozlowski, S. W. & Hattrup, K. (1992). A disagreement about within-group agreement: Disentangling issues of consistency versus consensus. *Journal of Applied Psychology, 77,* 161-167.

Kreft, I. G. G. & de Leeuw, J. (1998). *Introducing multilevel modeling.* London: Sage.

Kröger, M. & Tartler, K. (2002). Multifactor Leadership Questionnaire: From the American to the German culture. In J. Felfe (Ed.), *Organizational Development and Leadership* (pp. 125-139). Frankfurt: Peter Lang.

Krosnick, J. A. & Alwin, D. F. (1989). Aging and susceptibility to attitude change. *Journal of Personality and Social Psychology, 57,* 416-425.

Krüger, C., Rowold, J., Borgmann, L., Staufenbiel, K. & Heinitz, K. (2011). Discriminant Validity of Transformational and Transactional Leadership - A Multi-trait-multi-method Analysis of and Norms for the

German Transformational Leadership Inventory (TLI). *Journal of Personnel Psychology, 10,* 49-60.

Kuchinke, K. P. (1999). Leadership and culture: Work-related values and leadership styles among one company`s U.S. and German telecommunication employees. *Human Resource Development Quarterly, 10,* 135-154.

Kuhnert, K. W. (1994). Transforming Leadership: Developing People through Delegation. In B. M. Bass & B. J. Avolio (Eds.), *Improving organizational effectiveness through transformational leadership* (pp. 10-25). Thousand Oaks: Sage.

Kuhnert, K. W. & Lewis, P. (1987). Transactional and transformational leadership: a constructive/ developmental analysis. *Academy of Management Review, 12,* 648-657.

Laird, N. M. & Ware, J. H. (1982). Random-Effects Models for Longitudinal Data. *Biometrics, 38,* 963-974.

Langer, W. (2009). *Mehrebenenanalyse: Eine Einführung für Forschung und Praxis* (2 Aufl.). Wiesbaden: Verlag für Sozialwissenschaften.

Larson, L. L., Hunt, J. G. & Osborn, R. N. (1976). The Great Hi-Hi Leader Behavior Myth: A Lesson from Occam's Razor. *The Academy of Management Journal, 19,* 628-641.

Lau, A., Kauffeld, S., Schliermann, R., Conrad, J. & Stoll, O. (2008). Teammerkmale und Teamdiagnose □ Arbeits- und Sportteams im Vergleich. *Zeitschrift für Sportpsychologie, 15,* 78-87.

Lawler, E. E. (1981). *Pay and organization development.* Reading, MA: Addison-Wesley.

Leana, C. R., Locke, E. A. & Schweiger, D. M. (1990). Fact and fiction in analyzing research on participative decision making: A critique of Cotton, Vollrath, Froggatt, Lengnick-Hall, and Jennings. *The Academy of Management Review, 15,* 137-146.

Lebreton, J. M., Burgess, J. R. D., Kaiser, R. B., Atchley, E. K. P. & James, L. R. (2003). The Restriction of Variance Hypothesis and Interrater Reliability and Agreement: Are Ratings from Multiple Sources Really Dissimilar? *Organizational Research Methods, 6,* 80.

LeBreton, J. M. & Senter, J. L. (2007). Answers to 20 questions about interrater reliability and interrater agreement. *Organizational Research Methods, 11,* 815-852.

Lehmann, E. & Weigant, J. (1999). Determinanten der Entlohnung von Profifußballspielern-Eine empirische Analyse für die deutsche Bundesliga. *Betriebswirtschaftliche Forschung und Praxis, 2,* 124-135.

Lenk, H. (1977). *Team dynamics.* Champaign, IL: Human Kinnetics.

LePine, J. A., Erez, A. & Johnson, D. E. (2002). The nature and dimensionality of organizational citizenship behavior: A critical review and meta-analysis. *Journal of Applied Psychology, 87,* 52-65.

Lewin, K., Lippitt, R. & White, R. K. (1939). Patterns of aggressive behavior in experimentally created "social climates". *Journal of Social Psychology, 10,* 271-299.

Lichacz, F. M. & Partington, J. T. (1996). Collective efficacy and true group performance. *International Journal of Sport Psychology, 27,* 146-158.

Likert, R. (1961). *New Patterns in Leadership.* New-York: McGraw-Hill.

Lim, B. C. & Ployhart, R. E. (2004). Transformational leadership. Relations to the five-factor model and team performance in typical maximum contexts. *Journal of Applied Psychology, 89,* 610-621.

Lim, J. Y. & Cromartie, F. (2001). Transformational leadership, organizational culture and organizational effectiveness in sport organizations. *Sport Journal, 4,* 6-10.

Littkemann, J. & Kleist, S. (2002). Sportlicher Erfolg in der Bundesliga: Eine Frage der Ein- oder Austellung? *Zeitschrift für Betriebswirtschaft, 62,* 201.

Loehr, J. (2005). Leadership: Full engagement for success. In S. M. Murphy (Ed.), *The sport psych handbook* (pp. 155-170). Champaign, IL: Human Kinetics.

Longford, N. (1990). *VARCL. Software for variance component analysis of data with nested random effects (maximum likelihood).* Princeton, NJ.

Lord, R. G. (2000). Thinking Outside The Box By Looking Inside The Box: Extending The Cognitive Revolution In Leadership Research. *Leadership Quarterly, 11,* 551.

Lowe, K. B., Kroeck, K. G. & Sivasubramaniam, N. (1996). Effectiveness correlates of transformational and transactional leadership: A meta-analytic review of the MLQ literature. *Leadership Quarterly, 7,* 385-425.

Lück, H. E. (2001). *Kurt Lewin: eine Einführung in sein Werk.* Weinheim: Beltz.

Lyle, J. (2002). *Sports coaching concepts: A framework for coaches' behaviors.* London: Routledge.

MacKenzie, S., Podsakoff, P. & Rich, G. (2001). Transformational and transactional leadership and salesperson performance. *Journal of the Academy of Marketing Science, 29,* 115-134.

Madzar, S. (2001). Subordinates' information inquiry: Exploring the effect of perceived leadership style and individual differences. *Journal of Occupational and Organizational Psychology, 74,* 221-232.

Mahoney, T. A., Jerdee, T. H. & Carroll, S. J. (1965). The Job(s) of Management. *Industrial Relations: A Journal of Economy and Society, 4,* 97-110.

Martens, R. (1987). *Coaches Guide to Sport Psychology.* Champaign, IL: Human Kinetics.

McCullagh, P. & Weiss, M. R. (2001). Modeling: Considerations for motor skill performance ans psychological perfomance. In J. L. Duda & H. Hall (Ed.), *Handbook of sport psychology* (2nd ed., pp. 205-238). New York: Wiley.

Meyer, J. P., Stanley, D. J., Herscovitch, L. & Topolnytsky, L. (2002). Affective, Continuance, and Normative Commitment to the Organization: A Meta-analysis of Antecedents, Correlates, and Consequences. *Journal of Vocational Behavior, 61,* 20-52.

Miller, K. I. & Monge, P. R. (1986). Participation, satisfaction, and productivity: A meta-analytic review. *Academy of Management Journal, 29,* 727-753.

Mintzberg, H. (1973). *The Nature of Managerial Work.* New York: Harper and Row.

Mintzberg, H. (1991). *Mintzberg über Management: Führung und Organisation, Mythons und Realität.* Wiesbaden: Gabler.

Mitchell, T. R. (1973). Motivation and participation: An integration. *Academy of Management Journal, 16,* 660-679.

Mok, M. (1995). Sample Size Requirements for 2-level Designs in Educational Research. Mulitlevel Models Project, University of London: London

Morgan, B. B., Jr. & Lassiter, D. L. (1992). Team composition and staffing. In R. W. Swezey & E. Salas (Eds.), *Teams: Their training and performance* (pp. 75-100). Westport, CT: Ablex Publishing.

Moritz, S. E. & Watson, C. B. (1998). Levels of analysis issues in group psychology: Using efficacy as an example of a multilevel model. *Group Dynamics: Theory, Research, and Practice, 2,* 285-298.

Muck, P. M., Stumpp, T. & Maier, G. W. (2008). Personale und situationale Bedingungen des Bedürfnisses nach organisationaler Gerechtigkeit. *Wirtschaftpsychologie, 10,* 76-88.

Mullen, B. & Copper, C. (1994). The relation between group cohesiveness and performance: An integration. *Psychological Bulletin, 115,* 210-227.

Muthén, B. & Muthén, L. K. (2003). *Mplus.* Los Angeles, CA.

Myers, N. D. & Feltz, D. L. (2007). From self-efficacy to collective efficacy in sport: Transitional issues. In G. Tenenbaum & R. C. Eklund (Eds.), *Handbook of sport psychology* (3 ed., pp. 799 – 819). New York: Wiley.

Myers, N. D., Feltz, D. L. & Short, S. E. (2004). Collective Efficacy and Team Performance: A Longitudinal Study of Collegiate Football Teams. *Group Dynamics: Theory, Research, and Practice, 8,* 126-138.

Nash, C. & Collins, D. (2006). Tacit knowledge in expert coaching: Science or art? *Quest, 58,* 465-477.

Nerdinger, F. W., Blickle, G. & Schaper, N. (2008). Führung von Mitarbeitern. In *Arbeits- und Organisationspsychologie* (S. 87-101). Heidelberg: Springer.

Neuberger, O. (1976). *Führungsverhalten und Führungserfolg.* Berlin: Duncker & Humblot.

Neuberger, O. (2002a). *Führen und führen lassen: Ansätze, Ergebnisse und Kritik der Führungsforschung.* Stuttgart: Lucius & Lucius.

Neuberger, O. (2002b). *Führen und geführt werden* (6 Aufl.). Stuttgart: Enke.

Nicholls, A. R., Polman, R. C. J., Levy, A. R. & Backhouse, S. H. (2008). Mental toughness, optimism, pessimism, and coping among athletes. *Personality and Individual Differences, 44,* 1182-1192.

Nordmann, L. (2007). Bestandsaufnahme, Perspektiven und Erfordernisse der Trainerausbildung in Deutschland. *Leistungssport, 37,* 17-21.

Northouse, P. G. (2006). *Leadership. Theory and practice* (3 ed.). Thousand Oaks, CA: Sage.

Nunnally, J. C. & Bernstein, I. H. (1967). *Psychometric Theory.* New York: McGraw-Hill.

Offermann, L. R. & Beil, C. (1992). Achievement styles of women leaders and their peers. *Psychology of Women Quarterly, 16,* 37.

Ogilvie, B. C. & Tutko, T. A. (1966). *Problem athletes and how to handle them.* London: Palham Books.

Ogilvie, B. C. & Tutko, T. A. (1970). Self-perceptions as compared with measured personality of selected male physical educators. In G. S. Kenyon (Ed.), *Self-perceptions as compared with measured personality of selected male physical educators* (pp. 73-78). Chicago: Athletic Institute.

Organ, D. W. (1988). *Organizational Citizenship Behavior: The Good Soldier Syndrome.*

Osborn, R. N. (1974). Discussant comments. In J. G. Hunt & L. L. Larson (Eds.), *Contingency approaches to leadership* (pp. 56 – 59). Carbondale: Southern Illinois Unicersity Press.

Pain, M. A. & Harwood, C. G. (2004). Knowledge and perception of sport psychology within English soccer. *Journal of Sports Sciences, 22,* 813-826.

Patsantáras, N. (1994). *Der Trainer als Sportberuf.* Schorndorf: Hofmann.

Payne, R. L. (1979). Demands, supports, constraints and psychological health. In C. J. Mackay & T. Cox (Eds.), *Response to stress: Occupational aspects* London: International Publishing.

Penman, K. A., Hastad, D. N. & Cords, W. L. (1974). Success of the authoritarian coach. *Journal of Social Psychology, 92,* 155-156.

Perry, B. (2000). The boss? The contemporary role of the football manager. In P.Murphy (Ed.), *Singer and Friedlander's review 1999-2000 season* (pp. 59-62). London: Singer and Friedlander in association with the University of Leicester.

Peters, L. H., Hartke, D. D. & Pohlmann, J. T. (1985). Fiedler's contingency theory of leadership: An application of the meta-analysis procedure of Schmidt and Hunter. *Psychological Bulletin, 97,* 274-285.

Peus, C., Frey, D. & Braun, S. (2009). Einsatz von Gruppenworkshops in Kombination mit Individualcoaching zur Förderung von Führungskompetenzen. In B. Birgmeier (Hrsg), *Coachingwissen* (pp. 363-374). Wiesbaden: VS Verlag für Sozialwissenschaften.

Pfeffer, I. & Gallitschke, M. (2008). Trainerinnen und Trainer im Frauenfußball aus Sicht der Athletinnen. *Zeitschrift für Sportpsychologie, 15,* 88-95.

Pfeffer, I., Würth, S. & Alfermann, D. (2004). Die subjektive Wahrnehmung der Trainer-Athlet-Interaktion in Individualsportarten und Mannschaftsspielen. *Zeitschrift für Sportpsychologie, 11,* 24-32.

Pheysey, D. C. (1972). Activities of middle managers - a training guide. *Journal of Management Studies, 9,* 158-171.

Pillai, R. & Williams, E. A. (2004). Transformational leadership, self-efficacy, group cohesiveness, commitment, and performance. *Journal of Organizational Change Management, 17,* 144-159.

Podsakoff, P. M. (1997). Kerr and Jermier's substitutes for leadership model: Background, empirical assessment, and suggestions for future research. *The Leadership Quarterly, 8,* 117.

Podsakoff, P. M., MacKenzie, S. B., Ahearne, M. & Bommer, W. H. (1995). Searching for a needle in a haystack: trying to identify the illusive moderatores of leadership behaviors. *Journal of Management, 21,* 422-470.

Podsakoff, P. M., MacKenzie, S. B. & Bommer, W. H. (1996a). Meta-analysis of the relationships between Kerr and Jermier's substitutes for leadership and employee job attitudes, role perceptions, and performance. *Journal of Applied Psychology, 81,* 380-399.

Podsakoff, P. M., MacKenzie, S. B. & Bommer, W. H. (1996b). Transformational leader behaviors and substitutes for leadership as determinants of employee satisfaction, commitment, trust, and organizational citizenship behaviors. *Journal of Management, 22,* 259-298.

Podsakoff, P. M., MacKenzie, S. B., Lee, J. Y. & Podsakoff, N. P. (2003). Common method biases in behavioral research: A critical review of the literature and recommended remedies. *Journal of Applied Psychology, 88,* 879-903.

Podsakoff, P. M., MacKenzie, S. B., Moorman, R. H. & Fetter, R. (1990). Transformational leader behaviors and their effects on followers' trust in leader, satisfaction, and organizational citizenship behaviors. *Leadership Quarterly, 1,* 107-142.

Podsakoff, P. M., MacKenzie, S. B., Podsakoff, N. P. & Lee, J. Y. (2003). The mismeasure of man(agement) and its implications for leadership research. *Leadership Quarterly, 14,* 615-656.

Podsakoff, P. M., Todor, W. D., Grover, R. A. & Huber, V. L. (1984). Situational moderators of leader reward and punishment behaviors: Fact or fiction? *Organizational Behavior and Human Performance, 34,* 21-63.

Podsakoff, P. M., Todor, W. D. & Skov, R. (1982). Effects of leader contingent and noncontingent reward and punishment behaviors on subordinate performance and satisfaction. *Academy of Management Journal, 25,* 810-821.

Podsakoff, P. M., MacKenzie, S. B., Paine, J. B. & Bachrach, D. G. (2000). Organizational Citizenship Behaviors: A Critical Review of the Theoretical and Empirical Literature and Suggestions for Future Research. *Journal of Management, 26,* 513-563.

Porter, L. W. & Bigley, B. A. (2003a). Motivation and Transforamtional Leadership: Some Organizational Context Issues. In L. W. Porter, H. L. Angle & R. W. Allen (Eds.), *Organizational influence processes* (pp. 263 -274) New York: M.E. Sharpe.

Pospeschill, M. (2006). *Statistische Methoden. Strukturen, Grundlagen, Anwendungen.* Heidelberg: Spektrum Elsevier.

Pratt, S. & Eitzen, D. S. (1989). Contrasting leadership styles and organizational effectiveness: The case of athletic teams. *Social Science Quarterly, 70,* 311-322.

Pyke, F. (2002). The expanding role of the modern coach. *The Pinnacle, 9,* 15-21.

Raglin, J. (1992). Anxiety and Sport Performance. *Exercise and Sport Sciences Reviews, 20,* 243-274.

Rasbash, J. & Woodhouse, G. (1995). *Mln Command Reference.* London.

Rauch, C. F. & Behling, O. (1984). Functionalism: Basis for an alternate approach to the study of leadership. In J. G. Hunt, D. M. Hosking, C. A. Schriesheim & R. Stewart (Eds.), *Leaders and managers: International perspectives on managerial behavior and leadership* (pp. 45-62). Elmsford, NY: Pergamon Press.

Raudenbush, S. W. & Bryk, A. S. (2001). *Hierarchical linear models: Applications and data analysis methods* (2nd ed.). London: Sage.

Raudenbush, S. W. & Liu, X. (2000). Statistical power and optimal design for multisite randomized trials. *Psychological Methods, 5,* 199-213.

Rehm, H. & Sommerfeld, K. (2009). Rekordumsatz über 1,8 Mrd. *Sponsors, 2,* 10-11.

Richardson, D. & Engle, S. (1986). After the vision: Suggestions to corporate visionaries and vision champions. In D. M. Adams (Ed.), *Transforming leadership* (pp. 199-214). Alexandria, VA: Miles River Press.

Richardson, D. & Riley, P. (2004). The role of the Sports Scientist within professional football. *Insight: The FA Coaches Association Journal, 3,* 52.

Riemer, H. (2007). Multidimensional model of coach leadership. In S. Jowett & D. Lavallee (Eds.), *Social psychology in sport* (pp. 57-73). Champaign: Human Kinetics.

Riemer, H. A. & Chelladurai, P. (1998). Development of the athlete satisfaction questionaire. *Journal of Sport and Exercise Psychology, 20,* 127-156.

Riemer, H. A. & Toon, K. (2001). Leadership and satisfaction in tennis: examination of congruence, gender, and ability. *Research Quarterly for Exercise and Sport, 72,* 243-256.

Ripoll, H., Kerlirzin, Y., Stein, J. F. & Reine, B. (1995). Analysis of information processing, decision making, and visual strategies in complex problem solving sport situations. *Human Movement Science, 14,* 325-349.

Rosenstiel, L., Regnet, E. & Domsch, M. E. (1999). *Führung von Mitarbeitern.: Handbuch für erfolgreiches Personalmanagement.* Stuttgart: Schäffer-Poeschel.

Rosenstiel, L. v. (2003). *Grundlagen der Organisationspsychologie: Basiswissen und Anwendungshinweise* (5 Aufl.). Stuttgart: Schäffer-Poeschel.

Rosenstiel, L. v. (2007). *Grundlagen der Organisationspsychologie: Basiswissen und Anwendungshinweise* (6 Aufl.). Stuttgart: Schäffer-Poeschel.

Rowold, J. (2006). Transformational and Transactional Leadership in Martial Arts. *Journal of Applied Sport Psychology, 18,* 312-325.

Rowold, J. Heterogeneity of the work team moderates the influence of leadership styles on performance. *Leadership and Organizational Development Journal,* (in press).

Rowold, J., Borgmann, L. & Heinitz, K. (2009). Ethische Führung - Gütekriterien einer deutschen Adaptation der Ethical Leadership Scale (ELS-D) von Brown et al. (2005). *Zeitschrift für Arbeits- und Organisationspsychologie, 52,* 1-13.

Sabock, R. J. (1985). *The coach.* Champaign, IL: Human Kinnetics.

Saborowski, C. (2001). *Der sportliche Karriereverlauf von Kindern und Jugendlichen unter besonderer Berücksichtigung des Einflusses der Trainerinnen und Trainer.* Leipzig: Universität Leipzig.

Sashkin, M. (2004). Transformational leadership approaches: A review and synthesis. In J. Antonakis, A. T. Cianciolo & R. J. Sternberg (Eds.), *The nature of leadership* (pp. 171-196). Thousand Oaks: Sage.

Sayles, L. R. (1964). *Managerial Behavior.* New York: McGraw-Hill.

Schein, E. H. (1992). *Organizational culture and leadership* (2nd ed.). San Francisco: Jossey-Bass Publishers.

Schlicht, W., Strauß, B. & Alfermann, D. (2004). Sozialpsychologie des Sports. *Sportwissenschaft, 34,* 81-84.

Schmidt, S. L., Torgler, B. & Frey, B. S. (2009). Die Auswirkungen von Neid auf individuelle Leistungen: Ergebnisse einer Panelanalyse. *Zeitschrift für Betriebswirtschaft, 79,* 303-334.

Schreyögg, G. & Koch, J. (2010). Führung. In G. Schreyögg & J. Koch (Hrsg.), *Grundlagen des Managements* (S. 247-283). Stuttgart: Gabler.

Schreyögg, G. & Noss, C. (1995). Organisatorischer Wandel - Von der Organisationsentwicklung zur lernenden Organisation. *Die Unternehmung, 48,* 17-33.

Schriesheim, C. A., House, R. & Kerr, S. (1976). Leader initiating structure: A reconciliation of discrepant research results and some empirical tests. *Organizational Behavior and Human Performance, 15,* 297-321.

Schriesheim, C. A. & Kerr, S. (1977). Theories and measures of leadership: A critical appraisal. In J. G. Hunt & L. L. Larson (Eds.), *Leadership: The cutting edge* (pp. 9-45). Carbondale, IL: Southern Illinois University Press.

Schriesheim, C. A., Tepper, B. J. & Tetrault, L. A. (1994). Least preferred co-worker score, situational control, and leadership effectiveness: A meta-analysis of contingency model performance predictions. *Journal of Applied Psychology, 79,* 561-573.

Schroeter, T. (2009). *Profite oder Pokale in der Fußball-Bundesliga?* Hamburg: Kovac.

Schulze, K., Burrmann, U. & Stucke, C. (2007). Soziale Unterstützungsleistungen des Trainers. *Leistungssport, 37,* 4-10.

Schwesig, R., Darmochwal, M., Diedrich, T., Wälfel, A., Weirauch, H., Eder, P. et al. (2011). Entwicklung und Evaluierung eines fußballspezifischen Komplextests. *Sportverletzung, Sportschaden, 25,* 30,36.

Serpa, S., Pataco, V. & Santos, F. (1991). Leadership patterns in handball international competition. *International Journal of Sport Psychology, 22,* 78-89.

Shamir, B. (1995). Social distance and charisma: Theoretical notes and an exploratory study. *Leadership Quarterly, 6,* 19-47.

Shamir, B., House, R. J. & Arthur, M. B. (1993). The motivational effects of charismatic leadership: A self-concept based theory. *Organization Science, 4,* 577-594.

Shea, C. M. & Howell, J. M. (1999). Charismatic Leadership and Task Feedback: A Laboratory Study of Their Effects on Self-Efficacy and Task Performance. *Leadership Quarterly, 10,* 375-396.

Shields, D. L. L., Shields, D. L. L., Bredemeier, B. J. L. & Bostro, A. (1997). The relationship between leadership behaviors and group cohesion in team sports. *Journal of Psychology, 131,* 196-210.

Shiflett, C. C. (1973). The Contingency Model of Leadership Effectiveness: Some Implications of Its Statistical and Methodological Properties. *Behavioral Science, 18,* 429-441.

Shin, S. J. & Zhou, J. (2003). Transformational leadership, conservation, and creativity: Evidence from Korea. *Academy of Management Journal, 46,* 703-714.

Singer, J. & Willett, J. (2003). *Applied longitudinal data analysis: Modeling change and event occurrence.* New York: Oxford University Press.

Singer, R. N., Hausenblas, H. A. & Janelle, C. M. (2001). *Handbook of Sport Psychology* (2nd ed.). Canada: John Wiley & Sons, Inc.

Smircich, L. & Morgan, G. A. (1982). Leadership: The management of meaning. *Journal of Applied Behavioral Science, 18,* 257-273.

Smith, R. E. & Smoll, F. L. (1990). Self-esteem and children's reactions to youth sport coaching behaviors: A field study of self-enhancement processes. *Developmental Psychology, 26,* 987-993.

Smith, R. E., Smoll, F. L. & Cumming, S. P. (2007). Effects of a Motivational Climate Intervention for Coaches on Young Athletes' Sport Performance Anxiety Intervention for Coaches on Young Athletes' Sport Performance Anxiety. *Journal of Sport & Exercise Psychology, 29,* 39-59.

Smith, R. E., Smoll, F. L. & Curtis, B. (1978). Coaching behavior in little league baseball. In F.L.Smoll & R. E. Smith (Eds.), *Psychological perpectives in youth sports* (pp. 173-201). Washington, DC: Hemisphere.

Smith, R. E., Smoll, F. L. & Hunt, E. (1977). A system for the behavioral assessment of athletic coaches. *Research Quarterly, 48,* 401-407.

Smith, R. E., Smoll, F. L. & Christensen, D. S. (1996). Behavioral Assessment and Interventions in Youth Sports. *Behavior Modification, 20,* 3-44.

Smoll, F. L. & Smith, R. E. (1989). Leadership behaviors in sport: A theoretical model and research paradigm. *Journal of Applied Social Psychology, 19,* 1522-1551.

Smoll, F. L. & Smith, R. E. (1996). *Children and youth in sport: A biopsychosocial perspective.* Chicago: Brown & Benchmark.

Smoll, F. L., Smith, R. E., Barnett, N. P. & Everett, J. J. (1993). Enhancement of Children's Self-Esteem Through Social Support Training for Youth Sport Coaches. *Journal of Applied Psychology, 78,* 602-610.

Smoll, F. L., Smith, R. E. & Cumming, S. P. (2007). Effects of a motivational climate intervention for coaches on changes in young athletes' achievement goal orientations. *Journal of Clinical Sport Psychology, 1,* 23-46.

Smoll, F. L., Smith, R. E., Curtis, B. & Hunt, E. (1978). Toward a mediational model of coach-player relationships. *Research Quarterly, 49,* 528-541.

Snijders, T. A. B. & Bosker, R. J. (1994). Modeled Variance in Two-Level Models. *Sociological Methods & Research, 22,* 342-363.

Snijders, T. A. B. & Bosker, R. J. (1999). *Multilevel analysis*. Newbury Park, CA: Sage.

Sosik, J. J., Avolio, B. J. & Kahai, S. S. (1997). Effects of leadership style and anonymity on group potency and efectiveness in a group support system environment. *Journal of Applied Psychology, 82,* 89-103.

Sparks, J. R. & Schenck, J. A. (2001). Explaining the effects of transformational leadership: An investigation of the effects of higher-order motives in multilevel marketing organizations. *Journal of Organizational Behavior, 22,* 849-869.

Spink, K. S. (1990). Collective efficacy in the sport setting. *International Journal of Sport Psychology, 21,* 380-395.

Spreitzer, G. M. (1995). Psychological empowerment in the workplace: Dimensions, measurement, and validation. *Academy of Management Journal, 38,* 1442-1465.

Sprenger, R. K. (2010). *Gut aufgestellt: Fußballstrategien für Manager* (2 Aufl.). Frankfurt: Campus.

Staehle, W. H. (1991). Redundanz, Slack und lose Kopplung in Organisationen: Eine Verschwendung von Ressourcen? In W.H.Staehle & J. Sydow (Hrsg.), *Managementforschung 1* (S. 313-345). Berlin: De Gruyter.

Staehle, W. H. (1999). *Management* (8 Aufl.). München: Franz Vahlen.

Steinmann, H. & Schreyögg, G. (2005). *Management: Grundlagen der Unternehmensführung.* Wiesbaden: Gabler.

Stevens, M. J. & Campion, M. A. (1994). The knowledge, skill, and ability requirements for teamwork: Implications for human resource management. *Journal of Management, 20,* 503-530.

Stewart, G. L., Fulmer, I. S. & Barrick, M. R. (2005). An exploration of member roles as a multilevel linking mechanism for individualm traits and team outcomes. *Personnel Psychology, 58,* 343-365.

Stewart, R. (1967). *Managers and their Jobs.* London: MacMillan.

Stewart, R. (1982). *Choices for the manager.* Englewood Cliffs, N.J.: Prentice-Hall.

Steyrer, R. (1995). *Charisma in Organisationen - zum Stand der Theorienbildung und empirischen Forschung.* Berlin: De Gruyter.

Stogdill, R. M. (1948). Personal factors associated with leadership: a survey of the literature. *The Journal of Psychology, 25,* 35-71.

Stogdill, R. M. (1974). *Handbook of leadership: A survey of the literature.* New York: Free Press.

Strube, M. J. & Garcia, J. E. (1981). A meta-analytic investigation of Fiedler's contingency model of leadership effectiveness. *Psychological Bulletin, 90,* 307-321.

Sturm, M., Reiher, S., Heinitz, K. & Soellner, R. (2011). Transformationale, transaktionale und passiv-vermeidende Führung - Eine metaanalytische Untersuchung ihres Zusammenhangs mit Führungserfolg. *Zeitschrift für Arbeits- und Organisationspsychologie, 55,* 88-108.

Sullivan, J. J. (1988). Three roles of language in motivation theory. *The Academy of Management Review, 13,* 104-115.

Sullivan, P. J. & Kent, A. (2003). Coaching efficacy as a predictor of leadership style in intercollegiate athletics. *Journal of Applied Sport Psychology, 15,* 1-11.

Swieter, D. (2000). *Eine ökonomische Analyse der Fußball Bundesliga.* Berlin: Duncker & Humblot.

Tajfel, H. & Turner, J. C. (1979). An integrative theory of intergroup conflict. In W.Austin & S. Worchel (Eds.), *The social psychology of intergoup relations* (pp. 33-47). Monterey, CA: Brooks/Cole.

Tannenbaum, R. & Schmidt, W. H. (1958). How to choose a leadership pattern. *Harvard Business Review, 36,* 95-102.

Tejeda, M. J., Scandura, T. A. & Pillai, R. (2001). The MLQ revisited - Psychometric properties and recommendations. *Leadership Quarterly, 12,* 31-52.

Tengblad, S. (2006). Is there a New Managerial Work? A Comparison with Henry Mintzberg's Classic Study 30 Years Later. *Journal of Management Studies, 43,* 1437-1461.

Tepper, B. J. & Percy, P. M. (1994). Structural validity of the Multifactor Leadership Questionnaire. *Educational and Psychological Measurement, 54,* 734-744.

Terry, P. (1984). The coaching preferences of elite athletes competing at Universiade '83. *Canadian Journal of Applied Sport Sciences, 9,* 201-208.

Terry, P. C. & Howe, B. L. (1984). Coaching preferences of athletes. *Canadian Journal of Applied Sport Science, 9,* 188-193.

Tharp, R. G. & Gallimore, R. (1976). What a coach can teach a teacher. *Psychology Today, 9,* 74-78.

Tippenhauer, H. D. (2010). *Der wahrgenommene Einfluss von Führungsspielern in der Fußball-Bundesliga.* Münster: Universität Münster.

Tornow, W. W. & Pinto, P. R. (1976). The development of a managerial job taxonomy: A system for describing, classifying, and evaluating executive positions. *Journal of Applied Psychology, 61,* 410-418.

Tosi, H. L., Misangyi, V. F., Fanelli, A., Waldman, D. A. & Yammarino, F. J. (2004). CEO charisma, compensation, and firm performance. *Leadership Quarterly, 15,* 405-420.

Vallee, C. N. & Bloom, G. A. (2005). Building a Successful University Program: Key and Common Elements of Expert Coaches. *Journal of Applied Sport Psychology, 17,* 179-196.

van der Leeden, R. & Busing, F. M. T. A. (1994). *First Iteration Versus Final IGLS/RIGLS Estimators in Two-level Models: A Monte Carlo Study with ML3.* Leiden: Department of Psychometrica and Research Methodology, Leiden University.

van Knippenberg, D. & Hogg, M. A. (2003). A social identity model of leadership effectiveness in organisations. *Research in Organizational Behavior, 25,* 245-297.

Vandenberghe, C. (1999). Transactional vs. Transformational Leadership: Suggestions for Future Research. *European Journal of Work and Organizational Psychology, 8,* 26-32.

Vandenberghe, C., Stordeur, S. & D'hoore, W. (2002). Transactional and transformational leadership in nursing: Structural validity and substantive relationships. *European Journal of Psychological Assessment, 18,* 16-29.

VanYperen, N. W. (1992). Self-enhancement among major league soccer players: The role of importance and ambiguity on social comparison behavior. *Journal of Applied Social Psychology, 22,* 1186-1198.

Voelpel, S. C. & Lanwehr, R. (2009). *Management für die Champions League: Was wir vom Profifußball lernen können.* Erlangen: Publicis Publishing.

von Rosenstiel, L. (2002). Führung. In H.Schuler (Hrsg.), *Lehrbuch der Personalpsychologie* (S. 317-347). Göttingen: Hogrefe.

Vroom, V. H. (1964). *Work and Motivation*. New York: Wiley.

Waldman, D. A. (1994). Transformational leadership in multifunctional teams. In B. M. Bass & B. J. Avolio (Eds.), *Improving Organizational Effectiveness Through Transformational Leadership* (pp. 84-103). Thousand Oaks, CA: Sage.

Waldman, D. A., Bass, B. M. & Yammarino, F. J. (1990). Adding to contingent-reward behavior - the augmenting effect of charismatic leadership. *Group & Organization Studies, 15,* 381-394.

Waldman, D. A., Javidan, M. & Varella, P. (2004). Charismatic leadership at the strategic level: A new application of upper echelons theory. *Leadership Quarterly, 15,* 355-380.

Waldman, D. A., Ramirez, G. G., House, R. J. & Puranam, P. (2001). Does leadership matter? CEO leadership attributes and profitability under conditions of perceived environmental uncertainty. *Academy of Management Journal, 44,* 134-143.

Wallace, M. & Weese, W. J. (1995). Leadership, organizational culture, and job satisfaction in Canadian YMCA organizations. *Journal of Sport Management, 9,* 182-193.

Walter, S. G. & Rack, O. (2009). Eine anwendungsbezogene Einführung in die Hierarchische Lineare Modellierung (HLM). In S. Alber, D. Klapper, A. Walter & J. Wolf (Hrsg.), *Methodik der empirischen Forschung* (3. Aufl., S. 277-292). Wiesbaden: Gabler.

Walumbwa, F. O., Orwa, B., Wang, P. & Lawler, J. J. (2005). Transformational Leadership, Organizational Commitment, and Job Satisfaction: A Comparative Study of Kenyan and U.S. Financial Firms. *Human Resource Development Quartely, 16,* 235-256.

Walumbwa, F. O., Wang, P., Lawler, J. J. & Shi, K. (2004). The role of collective efficacy in the relations between transformational leadership and work outcomes. *Journal of Occupational and Organizational Psychology, 77,* 515-530.

Wang, H., Law, K. S., Hackett, R. D., Wang, D. & Chen, Z. X. (2005). Leader-member exchange as a mediator of the relationship between transformational leadership and followers' performance and organizational citizenship behavior. *Academy of Management Journal, 48,* 420-432.

Weber, M. (1947). *The theory of social and economic organizations.* New York: Free Press.

Weber, M. (1972). *Wirtschaft und Gesellschaft. Grundrisse der verstehenden Soziologie.* Tübingen: Mohr-Siebeck.

Weese, W. J. (1994). A leadership discussion with Dr. Bernhard Bass. *Journal of Sport Management, 8,* 179-189.

Weibler, J. (2001). *Personalführung.* München: Vahlen.

Weick, K. E. (1993). The collapse of sensemaking in organisations: The Mann Gulch disaster. *Administrative Science Quarterly, 38,* 628-652.

Weidig, T. (2010). *Erfolgsfaktor Trainer.* Köln: Sportverlag Strauß.

Weierter, S. J. M. (1997). Who wants to play Follow the leader? A theory of charismatic relationships based on routinized charisma and follower characteristics. *The Leadership Quarterly, 8,* 171-193.

Weinberg, R. S. & Gould, D. (2007). *Foundations of sport and excercise psychology* (4 ed.). Champaign, IL: Human Kinnetics.

Weinert, A. (2004). *Organisationspsychologie* (4 Aufl.). Weinheim: Beltz.

Weiss, M. R. & Friedrichs, W. D. (1986). The influence of leader behaviors, coach attributes, and institutional variables on performance and satisfaction of collegiate basketball teams. *Journal of Sport Psychology, 8,* 332-346.

Werthner, P. & Trudel, P. (2006). A new theoretical perspective for understanding how coaches learn to coach. *The Sport Psychologist, 20,* 198-202.

Whisenant, W. A. & Pedersen, P. M. (2004). The Influence of Managerial Activities on the Success of Intercollegiate Athletic Directors. *American Business Review, 22,* 21-26.

Wilhelm, A. (2001). *Im Team zum Erfolg.* Lengerich: Pabst.

Wirtz, M. & Caspar, F. (2002). *Beurteilerübereinstimmung und Beurteilerreliabilität.* Göttingen: Hogrefe.

Wofford, J. C. & Liska, L. Z. (1993). Path-Goal Theories of Leadership: A Meta-Analysis. *Journal of Management, 19,* 857-876.

Woodman, L. (1993). Coaching: a science, an art, an emerging profession. *Sports Science Review, 2,* 13.

Wunderer, R. (2000). *Führung und Zusammenarbeit: eine unternehmerische Führungslehre* (3 Aufl.). Neuwied: Kriftel.

Würth, S., Saborowski, C. & Alferman, D. (1999). Trainingsklima und Führungsverhalten aus der Sicht jugendlicher Athleten und deren Trainer. *Psychologie und Sport, 6,* 146-157.

Yammarino, F. J. (1996). Group leadership: a multiple levels of analysis perspective. In M.A.West (Ed.), *The Handbook Of Workgroup Psychology* (pp. 189-224). Chichester: Wiley.

Yammarino, F. J. & Bass, B. M. (1990). Transformational leadership and multiple levels of analysis. *Human Relations, 43,* 975-995.

Yukelson, D. (1997). Principles of effective team building interventions in sport: a direct services approach at Penn State University. *Journal of Applied Sport Psychology, 9,* 73-96.

Yukl, G. (1971). Toward a behavioral theory of leadership. *Organizational Behavior and Human Performance, 6,* 414-440.

Yukl, G. (1981). *Leadership in Organizations.* Englewood Cliffs, NJ: Prentice-Hall.

Yukl, G. (1989). Managerial leadership: A review of theory and research. *Journal of Management, 15,* 251-289.

Yukl, G. (1999a). An evaluation of conceptual weaknesses in transformational and charismatic leadership theories. *Leadership Quarterly, 10,* 285-305.

Yukl, G. (1999b). An evaluative essay on current conceptions of effective leadership. *European Journal of Work and Organizational Psychology, 8,* 33-48.

Yukl, G. (2002). *Leadership in organizations* (5th ed.). Upper Saddle River, NJ: Prentice Hall.

Yukl, G. (2007). *Leadership in organizations* (7 ed.). Upper Saddle River, NJ: Prentice Hall.

Yukl, G. A. & Lepsinger, R. (2004). *Flexible leadership: creating value by balancing multiple challenges and choices.* Jossey-Bass.

Zacharatos, A., Barling, J. & Kelloway, E. K. (2000). Development and effects of transformational leadership in adolescents. *Leadership Quarterly, 11,* 211-226.

Zander, A. (1994). *Making Groups Effective* (2nd ed.). San Francisco, CA: Jossey-Bass.

13 Anhang

A. Transformational Leadership Inventory

Herzlich willkommen und vielen Dank für Ihre Teilnahme an der Datenerhebung, die im Rahmen einer Studie durchgeführt wird!

Im Folgenden finden Sie 26 Aussagen, die das Verhalten Ihrer Führungskraft beschreiben. Bitte geben Sie jeweils an, inwieweit Sie den Aussagen zustimmen.

Es geht dabei um Ihre persönliche Meinung, daher gibt es keine "richtigen" oder "falschen" Antworten!
Bitte lesen Sie die Fragen *sorgfältig* durch und antworten Sie *spontan*.

Bitte beginnen Sie nun auf der nächsten Seite mit dem Ausfüllen des Fragebogens.

Die Person, die ich einschätze...	stimme gar nicht zu				stimme völlig zu
... hat mir neue Wege gezeigt, an Dinge heranzugehen, die für mich unverständlich waren.	☐	☐	☐	☐	☐
... ist ständig auf der Suche nach neuen Möglichkeiten für die Abteilung.	☐	☐	☐	☐	☐
... hat Ideen, die mich dazu gebracht haben, einige meiner eigenen Gedanken zu überdenken, die ich vorher nicht in Frage gestellt habe.	☐	☐	☐	☐	☐
... zeichnet ein interessantes Bild der Zukunft unserer Arbeitsgruppe.	☐	☐	☐	☐	☐
... zeigt offen, dass sie viel von uns erwartet.	☐	☐	☐	☐	☐
... gibt mir immer eine positive Rückmeldung, wenn ich gute Leistungen erbringe.	☐	☐	☐	☐	☐
... pflegt die Zusammenarbeit unter Arbeitsgruppen.	☐	☐	☐	☐	☐
... handelt, ohne meine Gefühle zu beachten.	☐	☐	☐	☐	☐
... ermutigt ihre Mitarbeiter dazu, „team player" zu sein (d.h. gruppenorientiert zu arbeiten).	☐	☐	☐	☐	☐
... führt eher durch "Taten" als durch "Anweisungen".	☐	☐	☐	☐	☐
... bringt die Gruppe dazu, gemeinsam für ein Ziel zu arbeiten.	☐	☐	☐	☐	☐
... hat ein klares Verständnis dafür, wohin sich unsere Arbeitsgruppe bewegt.	☐	☐	☐	☐	☐
... zeigt Respekt für meine persönlichen Gefühle.	☐	☐	☐	☐	☐
... hat mich dazu angeregt, alte Probleme auf neue Art und Weise zu bedenken.	☐	☐	☐	☐	☐

Die Person, die ich einschätze...	stimme gar nicht zu				stimme völlig zu
... entwickelt ein Wir-Gefühl und Teamgeist bei den Mitarbeitern ihrer Abteilung.	☐	☐	☐	☐	☐
... inspiriert durch ihre Pläne für die Zukunft.	☐	☐	☐	☐	☐
... lobt mich, wenn meine Arbeit besser ist als das Mittelmaß.	☐	☐	☐	☐	☐
... besteht auf Höchstleistungen.	☐	☐	☐	☐	☐
... schafft es, andere an ihre Zukunftsträume zu binden.	☐	☐	☐	☐	☐
... ist ein gutes Vorbild, dem man leicht folgen kann.	☐	☐	☐	☐	☐
... behandelt mich auf eine Art und Weise, ohne auf meine persönlichen Gefühle Rücksicht zu nehmen.	☐	☐	☐	☐	☐
... wird sich nicht mit dem Zweitbesten zufrieden geben.	☐	☐	☐	☐	☐
... führt durch beispielhaftes Verhalten.	☐	☐	☐	☐	☐
... beglückwünscht mich persönlich, wenn ich herausragende Arbeit leiste.	☐	☐	☐	☐	☐

Bitte geben Sie Vor- und Nachnamen Ihres/Ihrer Vorgesetzten an, so dass wir die Informationen zuordnen können:

Hinweis: Die Auswertung erfolgt auf Gruppenebene. Ihr Vorgesetzter/ Ihre Vorgesetzte hat somit keine Möglichkeit, gezielt Ihre Antworten aus dem Führungsstilbericht zu entnehmen.

Vielen Dank für Ihre Teilnahme!

B. Das Anschreiben für die Vereine und Sportjournalisten

Lars Borgmann

WWU | Psychologisches Institut II | Fliednerstrasse 21 | 48149 Münster

Psychologisches Institut II

Fliednerstrasse 21

48149 Münster

Tel. +49 251 83-xxx

Fax +49 251 83-xxx

Betr.: Führungsstile im Profifußball   lxxx

Liebe XX,

Vielen Dank für das nette Gespräch, wie besprochen sende ich Dir eine genaue Beschreibung der Studie sowie den Fragebogen.

Allgemeines zu dem Projekt „Führungsstile im Profifußball":

Im Rahmen eines von der Deutschen Forschungsgemeinschaft geförderten Projektes untersucht die Arbeitseinheit für Arbeitspsychologie der Universität Münster verschiedene Führungsstile und deren Auswirkungen auf Kriterien wie Arbeitsleistung der Mitarbeiter, Zufriedenheit oder Zugehörigkeit.

In einer aktuellen Studie möchten wir gerne untersuchen, ob im Bereich des Profifußballs der Führungsstil des Trainers mit der Leistung der Spieler zusammenhängt.

Auf den folgenden Seiten findest Du eine detaillierte Beschreibung der geplanten Studie:

Generelle Beschreibung:

Von Interesse ist, ob der Führungsstil des Trainers einen Einfluss auf die Leistung der Spieler hat. Untersucht werden sieben, aus der Forschung bekannte und wissenschaftlich fundierte, Führungsstile. Ziel ist es, zu ermitteln, ob und wie diese Führungsstile mit der Leistung der Spieler zusammenhängen.

Mögliche Fragestellungen:

Hängt der Führungsstil mit der Leistung der Mitarbeiter zusammen?

Gibt es verschiedene Trainertypen wie bspw. den „Feuerwehrmann", der kurzfristig Erfolg hat?

Führen erfolgreiche Trainer anders?

Stichprobe

Untersucht werden sollen die Führungsstile der Trainer der Ersten und der Zweiten Bundesliga.

Untersuchte Führungsstile

Transformationale Führung
(bezieht sich darauf, Visionen aufzeigen, individuelle Unterstützung, Gruppenziele fördern, Vorbild sein, hohe Leistungserwartung)

Transaktionale Führung
(behandelt den Austausch von Leistung und Belohnung und umfasst klare Forderungen und Zielsetzungen)

Einschätzung der Führungsstile

Eine Einschätzung aller Bundesligatrainer erfolgt durch Sportjournalisten und Vereinsmitarbeiter. Um eine angemessene Einschätzung des Führungsverhaltens zu erlangen, benötigen wir die Einschätzung eines Mitarbeiters des Trainers (bspw. Spieler, Trainerstab, Teambetreuer), da diese das Verhalten des Trainers aus nächster Nähe am besten beurteilen können.

Die Einschätzung kann anhand eines Online-Fragebogens zeitlich flexibel und anonym durchgeführt werden und dauert ca. 15 Minuten.

Anonymität

Wir versichern Ihnen, dass die durch den Verein gewonnenen Daten anonym behandelt werden und lediglich zu wissenschaftlichen Zwecken verwendet werden. Von wissenschaftlichem Interesse ist lediglich das über alle Trainer untersuchte Führungsverhalten. Es erfolgt also keine Auswertung für einzelne Trainer (außer dies wird vom Verein/Trainer gewünscht).

Einschätzung der Spielerleistung

Als Kriterium für die Leistung der jeweiligen Spieler werden die vom Kicker Sportmagazin vergebenen Spielernoten herangezogen.

Veröffentlichung der Ergebnisse

Die Veröffentlichung der Ergebnisse erfolgt in wissenschaftlichen Journals. Im Rahmen des Projektes wurden bereits Untersuchungen im Freizeitsport durchgeführt, der Artikel hierzu wird derzeit von den Herausgebern des Journals „The Sport Psychologist" begutachtet.

Ich würde mich sehr freuen, wenn ich Euch für diese Studie begeistern könnte und Ihr mich dabei unterstützen würdet.

Für weitere Fragen stehe ich jederzeit zur Verfügung.

Mit freundlichen Grüßen,

Lars Borgmann

C. Die Spielernoten auf der Homepage des KICKER-Sportmagazins

Abbildung 20: Die Spielernoten des KICKER-Sportmagazins

Im Feld rechts finden sich hinter den Namen der Spieler in Klammern die Bewertungen für die sportliche Leistung

Aus unserem Verlagsprogramm:

Florian Schuhmacher
**Einfluss vertikaler, lateraler und struktureller Führung
auf organisationales Commitment und Produktivität**
Hamburg 2012 / 252 Seiten / ISBN 978-3-8300-6411-4

Guido Heckmann
**Der Einfluss des Organisationsmodells auf die Effektivität
des Variantenmanagements in der Nutzfahrzeugindustrie**
Hamburg 2012 / 240 Seiten / ISBN 978-3-8300-6375-9

Mirjam Barnert
Die personale Dimension der Projektarbeit
Commitment, abweichendes Verhalten und Erfolg im Fokus
Hamburg 2012 / 468 Seiten / ISBN 978-3-8300-6280-6

Verena Mell
***„Denn sie wissen nicht, was sie tun"* –**
**Eine Arbeit über das Verständnis von Führung und Management
unter besonderer Berücksichtigung unbewusster Prozesse
und psycho-sozialer Dynamik in Organisationen**
Hamburg 2012 / 246 Seiten / ISBN 978-3-8300-6214-1

Christof Schneck
Narzisstische Phänomene und Management
Coaching als Initial einer erfolgreichen Unternehmensevolution
Hamburg 2012 / 660 Seiten / ISBN 978-3-8300-6127-4

Stefan Klaußner
Abusive Supervision
Eine systemtheoretische Analyse prekärer Führungsbeziehungen in Organisationen
Hamburg 2011 / 348 Seiten / ISBN 978-3-8300-5921-9

Inga Mertin
**Entwicklung und Validierung eines innovativen Intelligenztests
für die Managementdiagnostik**
Hamburg 2011 / 252 Seiten / ISBN 978-3-8300-5592-1

Petra Hemmerling-Wegmann
Wahrnehmung kompensatorischen Verhaltens alternder Arbeitnehmer
Ansätze einer alternsorientierten Personalentwicklung
Hamburg 2011 / 156 Seiten / ISBN 978-3-8300-5584-6

VERLAG DR. KOVAČ
FACHVERLAG FÜR WISSENSCHAFTLICHE LITERATUR

Postfach 57 01 42 · 22770 Hamburg · www.verlagdrkovac.de · info@verlagdrkovac.de